KB142662

20★23

김성원
이원만
김진회
윤진만
박찬준
김가을
지음

2023 K리그 스카우팅리포트

K 리 그 관 전 을 위 한 가 장 쉽 고 도 완 벽 한 준 비

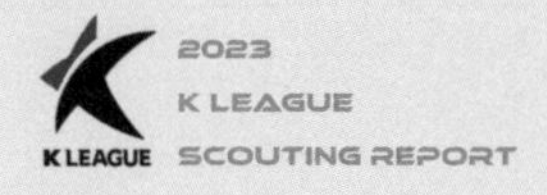

FILA
계룡건설
Daejeon isU
KELME
인천경제자유구역
INCHEON
QLED 8K
포스코
adidas
JEONBUK
태화강
국가정원
HYUNDAI
XTeer
프리미엄 윤활유
bs
브레인스토어

CONTENTS

CHAPTER 1. FEATURE

CHAPTER 2. 2023 K LEAGUE SCOUTING REPORT

2023 K리그 이렇게 달라진다!

10년이면 강산도 변한다. K리그도 먼 길을 뚜벅뚜벅 걸어왔다. 1983년 출범한 한국 프로축구가 올해로 출범 40주년을 맞았다.

40주년을 기념하는 첫 단추로 'K리그 명예의 전당'이 설립된다. 지난 40년 동안 K리그를 빛낸 선수와 지도자, 관계자들 가운데 최고 중의 최고를 선정해 발자취를 남긴다. '명예의 전당'은 '선수(STARS)', '지도자(LEADERS)', '공헌자(HONORS)' 등 3개 부문으로 나뉘어 구성된다. 올해 선수 부문에서는 40주년의 의미를 담아 지난 10년별로 최고의 선수 1명씩, 4명을 선정한다. '공헌자'는 선수와 지도자 외에 행정, 산업, 미디어 등 다양한 분야에서 K리그 발전에 기여한 자들 가운데 기릴만한 인물을 뽑아 헌액된다.

계묘년 2023년 K리그도 새롭다. 올해 K리그1은 2월 25일, K리그2는 3월 1일 막을 올린다. 또 한 번 양적 성장이 이뤄졌다. 충북청주FC와 천안시티FC가 올해부터 K리그2에 참가한다. K리그는 1부 리그 12개, 2부 리그 13개 등 총 25개 구단 체제로 운영된다. K리그2의 경우 각 팀당 36경기를 치르는 일정으로 진행된다.

올해 1부에는 광주FC와 대전하나시티즌이 새롭게 가세한다. 반면 성남FC와 김천상무가 2부에서 새 출발한다. 대전이 기업구단으로 재전환한 후 처음으로 1부 무대를 누비면서 균형의 추도 재편됐다. 기업구단이 7개팀으로 확대된 반면 시도민구단은 5개팀으로 줄어들었다.

'1+2' 승강 시스템은 유지된다. 1부 최하위인 12위는 다이렉트 강등되고, 11위는 K리그2 2위, 10위는 3~5위 플레이오프를 통과한 팀과 승강 플레이오프를 통해 생존 여부를 가린다. 최다 3개팀까지 강등과 승격의 운명이 뒤바뀔 수 있다.

K리그1 외국인 선수 보유는 확대된다. 2023시즌부터 K리그1의 외국인선수 보유 한도는 '국적무관 5명+아시아축구연맹(AFC) 가맹국 국적 1명'으로 변경된다. 다만 제약은 있다. 등록된 외국인 선수 전원을 출전선수명단 18명에 포함할 수 있으나, 경기 중 동시 출전은 '국적무관 3명+AFC 가맹국 국적

1명'까지만 할 수 있다. 외국인선수 보유 한도가 기존보다 늘어남에 따라 동남아시아 쿼터는 폐지된다. K리그2는 기존대로 '국적무관 3명+AFC 가맹국 국적 1명+동남아시아 국적 1명'까지 보유 및 출전할 수 있다.

아시아챔피언스리그(ACL)도 대변화를 맞는다. '춘추제(봄→가을)'에서 '추춘제(가을→봄)'로 옷을 갈아입는다. 단일연도 시즌이 아닌 2023-2024시즌으로 바뀐다. ACL 1차 예선은 올해 8월, 조별리그는 9월~12월 펼쳐진다. 16강부터 치러지는 토너먼트는 2024년 2월부터 4월까지 개최된다. 결승 1, 2차전은 2024년 5월 열린다.

규정도 일부 개정됐다. 기존에는 모든 한국 선수의 선수계약은 12월 31일부로 종료하도록 돼 있었으나, 임대의 경우에는 예외를 두어 추가 등록기간 중에도 종료될 수 있도록 개정했다. 또 출전정지 징계를 받은 지도자가 라커룸에 출입하거나 기자회견, 인터뷰를 하는 것을 금지하는 규정을 도입했다. 감독 공식 기자회견의 경우 감독이 출전정지 중이라면 대행자가 참석해야 한다. 아울러 연맹에 등록하는 팀 스태프의 유형에 '스포츠사이언티스트'도 추가됐다.

올해부터 시행될 K리그 재정건전화 규정의 운영을 담당할 재무위원회도 신설된다. 재정건전화 제도는 구단의 재정 운영에 있어 손익분기점 준수, 선수단 관련 비용을 전체 예산의 70% 이하로 유지, 자본잠식 방지 등을 골자로 한다. 지난 2년간 연구를 거쳐 지난해 10월 규정화됐다. 재무위원회는 앞으로 각 구단이 제출한 재무자료를 검토하여 규정 준수 여부를 확인하고 시정명령을 하는 등의 역할을 담당하게 된다.

2022년 카타르월드컵에서 화제가 된 '늘어난 추가시간'도 꼼꼼하게 적용된다. 실제경기시간(APT; Actual Playing Time)을 확보하기 위한 방편이다. 교체, 부상, VAR 체크, 골 세리모니 등으로 손실된 시간을 추가시간에 정확히 반영한다는 방침이다. '추가시간'이 K리그의 새로운 변수가 될 전망이다.

K리그1 승격 광주 & 대전 4팀의 엇갈린

'희비', 승격과 강등 팀이 결정되는 K리그 마지막 자락의 표정이다. 승강 시스템의 환경은 2022년부터 더 가혹해졌다. 기존 1팀(자동강등)+1팀(승강 플레이오프)에다 K리그1 10위도 K리그2 플레이오프(PO) 승자와 승강전을 치러야 했다. 치열한 혈투 끝에 운명이 갈렸다. 1부 리그행 티켓을 획득한 팀은 광주FC와 대전하나시티즌이었다. 반면 성남FC와 김천 상무는 2023시즌부터 2부 리그에서 다시 승격에 도전해야 하는 입장으로 바뀌었다.

세 번째 K리그2 우승으로 자동승격한 광주는 운도 따랐고, 새 역사도 썼다. 승격한 지 1년 만에 강등됐지만, 1부 리그에서 뛰던 선수 대부분을 잔류시켰다. '신의 한 수'였다. 전력누수를 최소화한 결과는 K리그1 승격뿐만 아니라 K리그2 역대 최단 기간 우승, K리그2 최다승(25승), 최다승점(86점), 홈 최다연승(10연승) 등 신기록으로 연결됐다.

대전의 승격은 '고군분투'의 결과물이다. 시즌 초반 공수밸런스 불안 속 중하위권에 머물렀다. 그러나 팀이 점차 안정을 되찾으면서 전반기 2위까지 순위를 끌어올렸다. 안양과 부천의 상승세에 밀려 10월 초까지 3위에 랭크됐지만, 막판

K리그2 강등 성남 & 김천 명운 조명

뒷심을 발휘해 2위로 K리그1 11위 김천과 승강PO를 펼쳤다. 대전은 뒷심이 강했다. 1, 2차전 합계 6 대 1로 꺾고 하나금융그룹 인수 3년 만에 승격의 기쁨을 누렸다.

성남과 김천은 강등의 화살을 피하지 못했다. K리그1 꼴찌로 자동 강등된 성남은 수비력이 빈약했다. 새로 영입된 고액 연봉자 권완규와 김민혁이 제 역할을 제대로 하지 못했다. 특히 김민혁은 무릎 부상으로 4경기밖에 뛰지 못했다. 마상훈과 '준프로' 김지수가 버텨내기에는 K리그1 팀들의 공격력이 날카로웠다. 결국 전반기가 끝난 뒤 김남일 감독이 사퇴했고, 대행체제로 전환돼 좀처럼 팀 분위기가 잡히지 않았다. 공격수들도 부진했다. 특히 외국인 공격수 뮬리치와 팔라시오스의 부진도 뼈아팠다.

김천은 '황금 멤버'를 갖추고 있었다. '레알 김천'이란 평가를 받았다. 그러나 조직력은 모래알이었다. 5월 말부터 하위권으로 추락한 뒤 반등의 기회를 잡지 못했다. 특히 9월 초 13명의 무더기 전역으로 전력이 급락됐다. 어수선한 분위기는 끝까지 봉합되지 않았고, K리그2 2위를 차지한 대전의 승격을 도운 희생양이 되고 말았다.

AGAIN! 중요한 건 꺾이지 않는 마음

2023 아시안컵 & 2022 아시안게임

2022년 한국축구는 꽃길을 걸었다. 카타르월드컵서 2010년 남아공 대회 이후 12년 만에 월드컵 16강을 이뤘다. 4년간 착실히 준비한 벤투식 빌드업 축구가 꽃을 피웠다. 우루과이, 가나, 포르투갈, 만만치 않은 팀들 틈바구니 속에서 결과와 내용 두 마리 토끼를 잡았다. 월드컵은 끝났지만, 축구는 계속된다.

이제 새로운 4년의 시작이다. 2023년 가장 주목해야 하는 이벤트는 역시 항저우아시안게임이다. 군복무라는 한국만의 특수한 배경 때문에, 병역 문제를 해결할 수 있는 아시안게임은 한국축구에서 중요한 대회 중 하나다. 한국축구는 2014년 인천 대회, 2018년 자카르타-팔렘방 대회에서 연속으로 금메달을 목에 걸며, 새로운 황금기를 열었다. 2014년 대회의 1992년생, 2018년 대회의 1996년생들은 카타르월드컵의 주역으로 활약했다. 이들 중 상당수는 병역 혜택을 통해 해외 무대로 진출, 한국축구의 위상을 높였다.

항저우아시안게임은 새 출발을 하는 한국축구에 첫 걸음이 될 수 있다. 당초 2022년 열릴 예정이었던 항저우아시안게임은 코로나19 문제로 1년 연기됐다. 올해 9월 23일 개막하는 항저우아시안게임은 참가 제한 연령을 2000년생이 아닌 1999년생으로 확정했다. 아시안게임은 23세 이하 선수들이 나서는데, 역시 코로나로 1년 개막이 늦춰지며 출전 제한 연령을 1년 늦췄던 도쿄올림픽의 선례를 따랐다. 정우영(프라이부르크), 송민규(전북), 엄원상(울산) 등 국대급 자원들이 1999년생 선수층에 대거 몰려 있는 만큼, 3회 연속 금메달을 노리는 황선홍호 입장에서는 호재다. 하지만 이 연령대의 중심인 2019년 U-20 월드컵 준우승 신화 주역들의 발전세가 더딘데다, 군필, 해외 진출, 비슷한 시기 열리는 파리올림픽 예선 등 변수가 많다는 것은 고민이다. 황선홍 감독은 "연령 상관없이 최강의 팀을 뽑겠다"고 공언한 상태다. 카타르월드컵을 통해 한국축구의 새로운 에이스로 떠오른 이강인(마요르카)이 중심에 설 전망이다.

아시안게임이 끝나면, 이제 아시안컵 모드다. 당초 아시안컵은 2023년 중국에서 개최될 예정이었지만, 중국이 코로나 문제로 포기했고, 최종 심사 결과 카타르로 개최지가 변경됐다. 아직 개최 시기가 확정되지 않았지만, 카타르의 무더위를 감안, 빠르면 11~12월, 늦으면 2024년 1~2월 개최가 유력하다.

한국축구에 아시안컵은 아픔이었다. 1956년 초대 대회와 1960년 한국에서 열린 2회 대회에서 연거푸 우승을 차지한 이후 한 차례도 우승컵을 들어 올리지 못했다. 준우승만 4번을 차지했다. 한국은 그간 월드컵에 집중하며, 상대적으로 아시안컵에는 큰 공을 들이지 않았다. 아시아 최고의 축구 축제에서 비틀거리는 사이, 아시아 맹주 타이틀은 일본으로 넘어갔다. 최근에는 투자를 아끼지 않는 중동팀들에, 급성장한 동남아팀들까지 가세하며, 아시아 축구가 급변하고 있다. 더이상 월드컵 출전만으로 아시아 강호 지위를 유지하기 힘든 상황이다.

이번 아시안컵은 기회다. 'PL 득점왕' 손흥민(토트넘)의 전성기 마지막 메이저 대회인데다, 김민재(나폴리), 황인범(올림피아코스), 이강인 등의 기량이 무르익을 때다. 김영권(울산) 정우영(알사드), 이재성(마인츠) 등도 마지막 불꽃을 태울 수 있다. 카타르월드컵의 기운을 그대로 이어갈 수 있다. 멤버 구성은 역대급이다.

변수는 역시 새로운 감독이다. 한국축구는 카타르월드컵을 끝으로 파울루 벤투 감독과 작별했다. 아시안컵까지 함께 하는 안을 제시했지만, 계약기간에서 이견이 있었다. 성공시대를 연 벤투 감독을 뒤로 하고, 한국축구는 새 판짜기에 집중하고 있다. 외국인 감독이 유력한 가운데, 대한축구협회는 3월 A매치 전 선임을 공언한 바 있다. 누가 되던, 1차 시험대는 아시안컵이 될 공산이 크다. 여기서 성적을 낸다면 월드컵까지 롱런이고, 그렇지 못할 경우 타격을 받을 수 있다. 기분 좋은 기억이 남아 있는 카타르서, 한국축구가 아시안컵의 한을 씻을 수 있을지 지켜볼 일이다.

K리그 머니 게임
돈으로 행복(우승)을 살 수는 없지만, 불행(강등)은 막을 수 있다

적게는 수십 억, 많게는 수백 억이 오가는 그라운드 위 머니 게임. K리그는 결국 '쩐'의 전쟁인 것일까. 결론부터 말하자면 반은 맞고, 반은 틀렸다.

한국프로축구연맹은 매년 K리그 선수 연봉 지출 현황 및 국내외 선수 연봉 상위 5명을 공개한다(군 팀 김천상무 제외). 2022년만 두고 본다면 K리그 연봉 지출 순위가 최종 순위를 의미하는 것은 아니었다. 지난해 선수 연봉 지출과 최종 순위가 동일한 팀은 강원FC와 성남FC에 불과했다. 강원은 선수단에 총 94억 4,765만 6,000원을 투자했다. 전체 6위에 해당하는 숫자다. 강원은 지난해 최종 순위에서도 6위를 기록했다. 성남은 지난해 선수단에 61억 2,039만 9,000원을 사용했다. 연봉 리그 최하위, 성적도 리그 최하위를 기록하며 강등의 아픔을 경험했다.

왕좌 탈환에 성공한 울산 현대는 176억 8,525만 6,000원을 투자했다. 이는 리그에서 두 번째로 많은 금액이다. 전북 현대(197억 1,399만 3,000원)는 K리그 구단 중 가장 많은 금액을 선수단에 투자했지만, 최종 순위 2위에 랭크됐다.

FC서울과 대구FC는 아쉬움을 남겼다. 서울은 113억 556만 7,000원을 쓰며 네 번째로 많은 금액을 투자했다. 그러나 최종 순위는 9위에 머물렀다. 대구(99억 7,038만 7,000원)는 다섯 번째로 많은 돈을 썼지만 8위를 기록했다.

그렇다면 지난해 최고의 '아웃풋'을 낸 구단은 어디일까. 역시 '기동매직' 포항 스틸러스였다. 포항의 선수단 총 연봉은 77억 3,727만 7,000원이다. 11개 구단 중 10위다. 하지만 포항은 리그 3위를 차지하며 활짝 웃었다.

한편, 국내외 연봉 '킹'은 이름값을 톡톡히 해냈다. 국내 '연봉킹' 전북의 김진수(14억 7,000만원)는 소속팀과 대표팀을 오가며 최고의 기량을 선보였다. 2위 울산의 김영권(13억 9,000만원)도 팀에 우승컵을 안기며 찬사를 받았다. 외국인 선수 최고 연봉 제르소(17억원)도 K리그 최고의 크랙으로 맹활약했다. 그는 최근 제주에서 인천 유나이티드로 이적해 새 도전에 나선다. 2위 세징야(16억원)도 '대구의 심장'으로 꾸준히 깊은 인상을 남기고 있다. 올해도 K리그 구단, 선수들의 머니게임은 계속된다.

2023시즌 기대되는 꿀케미

'의기투합 절친' 조규성 X 정태욱

조규성은 스페인 전지훈련지에 뒤늦게 합류한 '이적생' 정태욱의 볼에 뽀뽀를 하며 격하게 환영했다. 동갑내기인 두 선수는 올림픽 대표팀을 거치면서 끈끈한 연을 맺었다. 조규성이 유럽 진출을 잠시 미루고, 정태욱이 거액의 이적료에 대구에서 전북으로 이적하면서 한솥밥을 먹게 됐다. 김상식 감독은 전방에 조규성, 후방에 정태욱이라는 리그 최고의 '재료'를 손에 쥐었다.

'진격의 거구 투톱' 마틴 아담 X 주민규

두 '거구'가 울산의 K리그 2연패 사냥을 위해 뭉쳤다. 헝가리 출신 마틴 아담은 프로축구연맹 프로필상으로 190cm 95kg, 주민규는 183cm 79kg다. 상대적으로 왜소(?)한 주민규는 힘이 장사다. 두 선수가 동시에 박스 안으로 돌진한다고 상상해보라. 피하는 게 상책일 수 있다. 그렇다고 아담과 주민규가 굼뜨다고 생각하면 곤란하다. 득점각이 잡히면 나비처럼 날아 벌처럼 쏘는 능력을 장착했다.

'축구도사x2' 신진호 X 이명주

그 누가 예상했을까. 포철공고-영남대 선후배 관계로, 포항에서 2012년 FA컵, 2013년 K리그1 우승을 합작한 신진호-이명주 콤비가 다시 같은 팀에서 호흡을 맞추리라고. 그 팀이 포항이 아닌 인천이 될 거라고는 더더욱 예상치 못했을 터다. 포항 시절 호흡을 맞춘 시간은 1년 반 남짓. 길지 않았다. 인천 팬들은 두 '축구도사'들이 오래오래 머물며 인천을 한 차원 끌어올려 주길 바랄 것 같다.

'대표' 김병지 X '감독' 최용수

김병지 강원 대표이사는 과거 자신의 유튜브에서 '최용수 썰'을 풀었다. 한 살 후배인 만큼 편하게 최용수 강원 감독을 평가하고 비화를 들려줬다. 당시만 해도 '용수야'라고 불렀던 이를 이제는 '감독님'이라고 불러야 한다. 김 대표는 취임 기자회견에서 "최 감독님은 우승해본 경험도 있고, ACL도 진출해봤다. 나는 믿는다"라며 예를 갖췄다. 한일월드컵 4강 신화 달성에 기여한 '꽁지머리'와 '독수리'는 강원의 새로운 신화를 위해 손을 맞잡았다. 목표는 6강 그 이상이다.

'세드가 퓨~전' 세징야 X 에드가

2022년 12월 1일, 대구는 에드가의 복귀를 발표했다. 에드가는 2022년 3월 십자인대 부상으로 시즌아웃 판정을 받고 대구와 계약을 해지했다. 브라질에서 피나는 재활을 거쳐 대팍에 복귀한 에드가는 세징야와 다시 '퓨전'했다. 대구의 히트 상품인 '세드가'는 같이 뛴 2018년부터 지난해까지 5년간 K리그에서만 93골 53도움을 합작했다. 눈빛만 봐도 공격포인트다.

빅사이닝 이적, 영입 뉴스

이번 K리그 겨울이적시장에는 특급 FA 3인방이 시장에 나왔다. '2시즌 연속 최다골'을 기록한 주민규와 국가대표 중앙수비수 박지수, 그리고 2022시즌 K리그 도움왕 이기제였다. 각자의 영역에서 특급 기량을 뽐낸 이들은 이적료가 발생하지 않는 FA라는 장점까지 갖춰 매력적인 구매대상이었다. 선수들도 이점을 최대한 활용해 해외리그에까지 문을 열고 시장의 움직임에 몸을 맡겼다.

그 결과 오직 주민규만이 K리그 내에서 유니폼을 바꿔 입게 됐다. 자금력을 갖춘 울산은 지난 1월 4일 주민규 영입을 공식 발표했다. 제주유나이티드에서 K리그2 우승(2020)과 K리그1 득점왕(2021), K리그1 베스트11(2022) 등 화려한 성적을 거둔 주민규는 4년 만에 친정팀으로 돌아가 팀의 K리그1 2연패에 힘을 보탤 전망이다. 반면 박지수는 포르투갈 포르티모넨스로 떠났고, 이기제는 수원 삼성에 남게 됐다.

'국가대표 스트라이커' 황의조의 K리그 컴백 소식도 이적시장의 빅 뉴스였다. 공격력 보강에 고심하던 FC서울은 지난 2월 5일 황의조의 6개월 단기 임대영입 소식을 알렸다. 올림피아코스에서 팀내 입지를 잃은 황의조는 경기력 회복을 위해 경기에 나갈 수 있는 새 팀을 비유럽 리그에서 찾아야 했고, 지난해 리그 두 번째로 적은 득점(43골) 때문에 강등 위기까지 몰렸던 서울은 확실한 스트라이커가 필요했다. FC서울과 황의조의 니즈가 서로 부합한 '윈-윈 영입'으로 평가할 수 있다.

마침 서울은 2013년 프로 데뷔(성남 일화) 때의 스승인 안익수 감독이 지휘봉을 잡고 있고, 기성용, 나상호 등 대표팀 동료들도 있다. 적응에는 문제가 없을 전망. 비록 6개월이라는 짧은 기간이 아쉽지만, 황의조가 초반부터 골 생산력을 보여준다면 FC서울의 비상도 가능할 수 있다.

이 밖에 아마노 준을 전북에 내준 울산이 영입한 에사카 아타루, 2017년 J리그 우라와 레즈 우승의 주역으로 전북이 영입한 하파엘 실바, 간판 공격수 주민규를 울산에 뺏긴 제주가 데려온 유리 등이 기대를 받는 외국인 선수들이다.

스쿼드 일러두기

스포츠조선 기자들이 각 팀의 주목할 만한 선수 5인과 1군 경기에서 얼굴을 자주 비출 선수 15인을 선정하였다.

이청용 ❶

1988년 7월 2일 | 35세 | 대한민국 | 180cm | 69kg 

경력 ❼

서울(04~09)
▷볼턴(09~15)
▷크리스탈 팰리스(15~18)
▷보훔(18~20)
▷울산(20~)

K리그 통산기록 ❽

148경기 22골 21도움

대표팀 경력 ❾

89경기 9골
2010 · 2014 월드컵

3골 2도움이라는 많지 않은 공격 포인트에도 주간 베스트11에는 세 번째로 많은 8차례나 뽑혔다. 이청용의 클래스다. 지난해 K리그는 그의 천하였다. 중학교 3학년 때인 2003년 프로에 발을 들인 이후 20년 만에 '최고의 별'로 우뚝섰다. 우승 한을 말끔하게 씻어버린 후 영예의 MVP를 거머쥐었다. 엄마같은 주장이었고, 우승의 구심점이었다. 그라운드에서는 매 경기 모든 것을 쏟아냈다. 다행인 점은 지난 시즌의 경우 예년과 달리 큰 부상이 없었다는 것이다. 2021년 25경기에 비해 10경기 늘어난 35경기에 출전해 홍명보 감독을 웃게 했다. 번뜩이는 움직임과 순간적인 재치, 영리한 경기운영은 타의 추종을 불허한다. 올해 주장 완장을 후배인 정승현에게 넘겨줬다. 2년 재계약에도 성공했다. 오로지 축구에만 전념할 수 있다. 이청용은 기복이 없다. 천성이 착하다. 후배들의 눈에는 늘 따뜻한 리더십이 자리하고 있다. 하지만 세월은 어쩔 수 없다. 30대 중반의 나이다. 부상 위험에 더 자주 노출될 수 있다. 그래서 조금의 빈틈도 허락지 않는다. 은퇴 후 후회가 남지 않도록 더 최선을 다하자는 마음이다. 워낙 축구 지혜가 뛰어나다. 풍부한 경험은 설명이 필요없다. 승부욕에 나이는 없다.

2022시즌 기록

❿	⓬	⓭	⓮	⓫	⓯
5	2,397(35) MINUTES 출전시간(경기수)	3 GOALS 득점	2 ASSISTS 도움	0	8 WEEKLY BEST 11 주간베스트11

강점	순간적인 재치, 흐름 읽는 눈 탁월	특징	품격이 달랐던 주장, 이젠 안녕
약점	어느덧 노장, 최대의 적은 부상	별명	블루드래곤

■ 스쿼드 일러두기 페이지는 정보와 기록 등 각각의 요소를 설명하기 위한 예시로 구성된 것이며, 도서 본문 내용과 일치하지 않을 수 있습니다. 정확한 정보는 구단별 스쿼드 페이지 내의 선수 데이터를 확인해주세요.

홍정호 ①

1989년 8월 12일 | 34세 | 대한민국 | 187cm | 82kg ②

경력 | 제주(10~13) ▷ 아우크스부르크(13~16) ▷ 장쑤 쑤닝(16~19) ▷ 전북(18~) ⑦

K리그 통산기록 | 189경기 9골 6도움 ⑧

대표팀 경력 | 42경기 2골, 2009 U-20 월드컵, 2014 월드컵 ⑨

아쉬운 2022년이었다. 2021년 수비수로는 24년만에 MVP를 거머쥐었던 홍정호는 많은 기대 속 2022시즌을 나섰지만, 부상에 발목이 잡혔다. 아킬레스건 부상으로 중요한 시기에, 3개월이나 경기에 나서지 못했다. 팀이 울산에 밀리는 모습을 지켜봐야 했다. 전북 입성 후 첫 우승 실패였다. 한국인 최초의 빅리그 중앙 수비수 타이틀을 갖고 있는 홍정호는 수비수가 갖춰야 할 모든 덕목을 갖췄다는 평가다. 다만 아킬레스건에 큰 부상을 겪은 만큼, 올 시즌 어느 정도 기량을 유지할지가 변수다. 물론 아프지 않은 홍정호는 여전히 최고의 수비수다.

2022시즌 기록						강점	약점
4 ⑩	1 ⑪	1,705(19) MINUTES 출전시간(경기수) ⑫	1 GOALS 득점 ⑬	2 ASSISTS 도움 ⑭	5 WEEKLY BEST 11 주간베스트11 ⑮	육각형 수비수	잦은 부상

① 이름

② 프로필

③ 포지션

④ 등번호

⑤ 주장 마크

⑥ 국적

이중국적의 선수의 경우 K리그에 등록된 국가만 표기했다.

⑦ 경력

과거의 군 · 경 팀은 '상무'와 '경찰'로 표기를 통일했다.

⑧ K리그 통산 기록

K리그 통산기록은 1부리그, 2부리그, 승강 PO경기가 포함된 기록이다.

⑨ 대표팀 경력

국가대표 A매치 출전 기록 & 참가한 주요 대회를 표기했다. (2023년 2월 24일 기준)

⑩ 경고

⑪ 퇴장

⑫ 출전시간(경기수)

⑬ 득점수 / GK 선방수

⑭ 도움수 / GK 실점수

⑮ 주간베스트11

⑯ POTM

EA 코리아의 후원으로 전문가와 FIFA 온라인 4 유저 투표 등으로 선정하는 상으로, 월간 최우수 선수에게 '이달의 선수(POTM; Player Of The Month)'의 영예가 주어진다. 수상 이력이 있는 선수에 한하여 표기했다.

일러두기

- 각종 기록 및 사진 출처는 한국프로축구연맹이다.
- 지난 시즌 K리그 두 팀에서 뛰었던 선수는 합산 기록을 반영했다.
- 1쇄는 이적시장 1차 선수등록 마감일인 2023년 2월 24일까지 반영하였으며, 2쇄는 3월 24일까지 반영했다.
- 골키퍼의 경우 득점과 도움 대신 선방과 실점을 표기하였다.
- 국가대표 경력의 경우 KFA 홈페이지를 참조하였고, 출전기록은 A대표 경기만 포함한다.
- 외국인 선수의 경력과 기록은 트랜스퍼마크트를 참조하였다.
- 2023시즌 공식 프로필 사진이 미촬영, 미확보된 선수는 지난 시즌 혹은 전 소속팀 유니폼을 입은 모습을 담았다.
- 감독의 K리그 통산 전적은 K리그1, K리그2 성적이 포함된 기록이다.

마틴아담
보야니치
루빅손
아타루
바코
주민규
엄원상
이청용
윤일록
김성준
박용우
이규성
황재환
김영권
정승현
임종은
김기희
김태환
이명재
설영우
장시영
김민혁
조현우
조수혁
민동환

울산현대축구단

17년 만의 감격 우승, 첫 술에 배부르랴!

울산 현대

'만년 2위'의 아픔을 털어낸 울산 현대, 17년 만에 일군 우승은 달콤했다. 전북 현대의 우승 DNA도 지우며, 트라우마에서 탈출했다. 2022년 K리그1은 울산의 천하였다. 올해는 지난해와는 차원이 다른 도전이 시작된다. 정상을 오르는 것보다 지키는 것이 더 힘들다. 그래도 여유가 좀 생겼다. 일찌감치 전열도 재정비했다. 외국인 선수 3명을 새롭게 교체했다. 스웨덴의 듀오 다리얀 보야니치, 구스타브 루빅손과 일본 출신의 에사카 아타루가 울산에 새 둥지를 틀었다. 토종 득점왕 주민규도 품에 안았다. 이탈 선수가 많지 않은 것은 든든한 힘이다. 포지션마다 핵심 뼈대는 그대로 구축돼 있다. 홍명보 감독은 '새로운 길'을 걷겠다고 선언했다. 전북의 '폭풍영입'이 오히려 반가울 정도다. 울산으로선 특별한 동기부여다. K리그에서 2년 연속 우승을 경험한 팀은 3개 구단밖에 없다. 2연패는 울산에는 미지의 세계다. 결국 한 단계 더 도약해야 꿈을 이룰 수 있다. 2023년은 진정한 의미의 명문구단으로 도약하는 원년이 될 것이다. 문수 축구경기장을 '축구명소'로 자리잡을 수 있도록 하겠다는 것이 구단의 철학이다. 결국 재밌는 축구, 이기는 축구가 하모니를 연출해야 그 고지에 오를 수 있다. 울산의 '뉴웨이브'가 닻을 올렸다

구단 소개

정식 명칭	울산 현대 축구단
구단 창립	1983년 12월 6일
모기업	HD 현대
상징하는 색	블루 & 옐로우
경기장(수용인원)	울산 문수축구경기장 (37,897명)
마스코트	미타
레전드	유상철, 김현석, 김병지, 이천수, 이호
서포터즈	처용전사
온라인 독립 커뮤니티	울티메이트

우승

K리그	3회(1996, 2005, 2022)
FA컵	2회(2017)
AFC챔피언스리그(ACL)	2회(2012, 2020)

최근 5시즌 성적

시즌	K리그	FA컵	ACL
2022시즌	1위	4강	조별리그
2021시즌	2위	4강	4강
2020시즌	2위	준우승	우승
2019시즌	2위	32강	16강
2018시즌	3위	준우승	16강

HOME

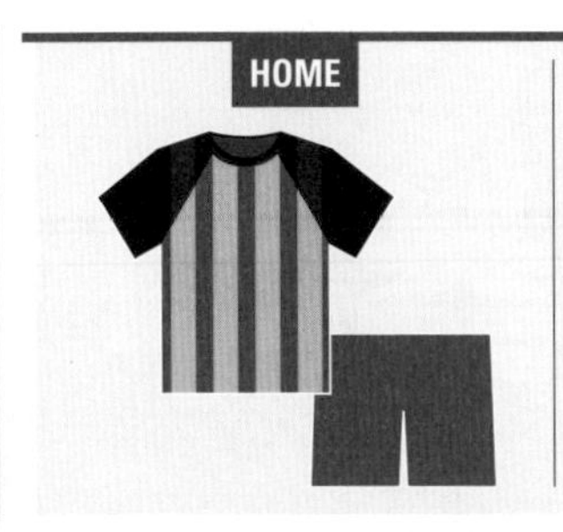

GK

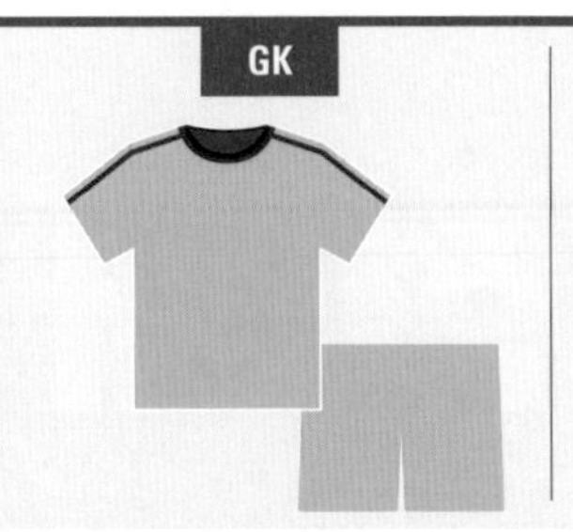

AWAY

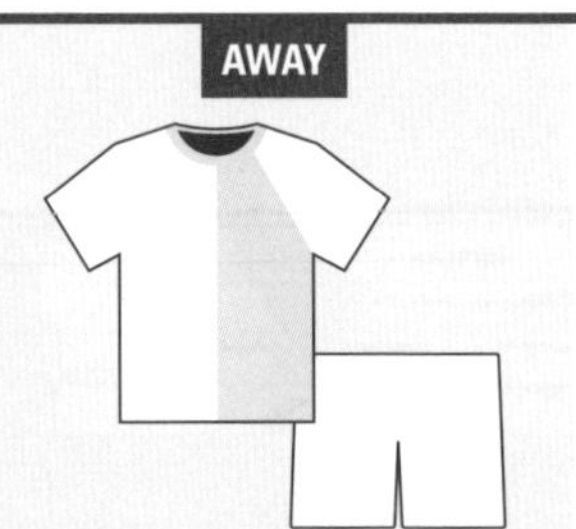

'10년 대운 → 1년 주기' K리그 첫 2연패,
우승은 투자 순이 아니야

홍명보

1969년 2월 12일 | 54세 | 대한민국

K리그 전적
76전 43승 21무 12패

K리그 사령탑으로 3년차를 맞았다. 첫 해 준우승에 이어 지난해 17년 만에 울산의 우승 한을 털어냈다. '홍명보 10년 대운'은 과학이었다. 홍명보 감독은 1992년 신인 선수 최초로 K리그 MVP를 거머쥐었다. 2002년에는 월드컵 4강 기적을 쏘아 올렸고, 2012년 런던올림픽에선 한국 축구 사상 첫 동메달 신화를 연출했다. 2022년에는 K리그 정상이었다. 홍 감독은 "우승을 계기로 1년 주기설로 바꿔야 될 것 같다"고 자신감을 나타냈다. 2023년 청사진은 또 다른 의미의 개혁이다. 비싼 선수가 아니더라도 성적을 낼 수 있는 팀을 만드는 것이 목표다. 입버릇처럼 강조하는 것이 '축구는 팀 스포츠'라는 점이다. 투자가 아닌 내실에 방점이 찍혀 있다. 지난 2년간의 축적된 데이터를 앞세워 단점마저 지워나가겠다는 것도 '빅픽처'다.

선수 경력

상무	포항	쇼난 벨마레	가시와 레이솔	포항	LA 갤럭시

지도자 경력

A대표팀 코치	U-23 대표팀 코치	U-20 대표팀 감독	U-23 대표팀 감독	안지 코치	A대표팀 감독	항저우 뤼청 감독	울산 감독(21~)

주요 경력

1990년~2002년 4회 연속 월드컵 출전	2002년 월드컵 브론즈볼	2014년 브라질월드컵 감독	대한축구협회 전무	FIFA 창립 100주년 '세계 100인의 축구 스타'	2022년 K리그 올해의 감독상

선호 포메이션	4-2-3-1	3가지 특징	강력한 카리스마 앞세운 세대교체	동기부여 통한 시대정신 구현	안정적인 수비 바탕 빌드업 축구

STAFF

코치	플레잉 코치	GK코치	피지컬코치	선수 트레이너	전력분석관	통역
이경수 김상록 조광수	박주영	양지원	이케다 세이고	이인철 정성덕 박영훈	이순석 김형철	정유찬

2022 REVIEW

다이나믹 포인트로 보는 울산의 2022시즌 활약도

울산은 3월 선두를 꿰찬 후 단 한 차례의 흔들림이 없었다. 마지막까지 1위 자리를 내주지 않았다. 12개팀 가운데 최다 득점, 최소 실점이 울산이 걸어온 길이다. 영입생들의 활약도 돋보였다. 이동준을 대체한 엄원상은 커리어 최다인 12골 6도움을 기록하며 울산의 공격을 이끌었다. 레오나르도는 두 자릿수 득점, 아마노는 세트피스 스페셜리스트로 제몫을 했다. 김영권이 가세한 중앙수비도 한층 견고해졌다. 바코, 조현우, 이청용, 박용우, 설영우 등 기존 선수들도 팀의 중심을 잡고 고비마다 순도 높은 활약으로 시즌을 유쾌하게 이끌었다. 이유 있는 우승이었다.

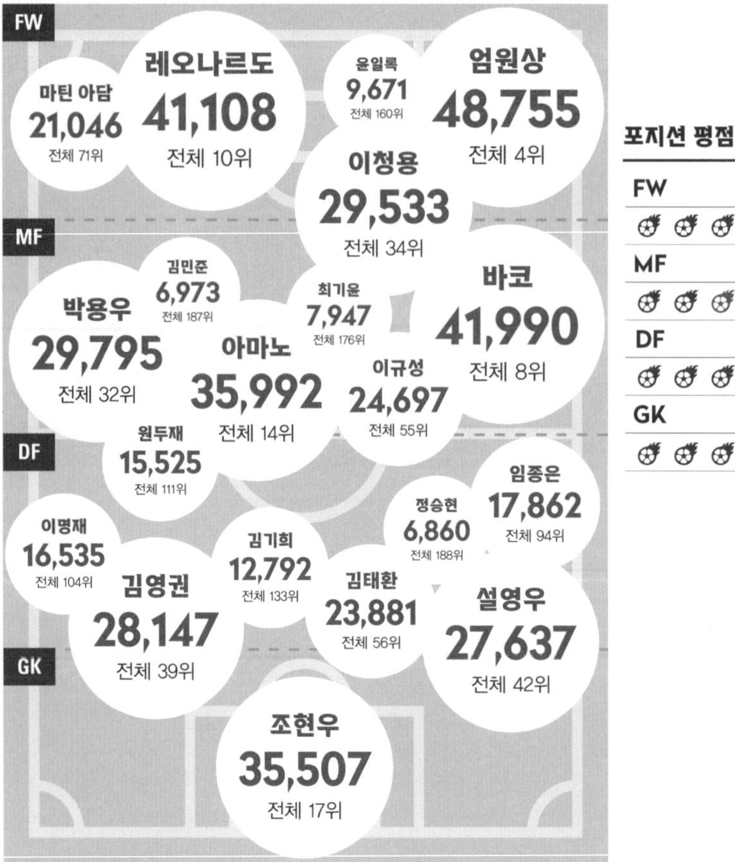

2022시즌 다이나믹 포인트 상위 20명 ■ 포인트 점수

포지션 평점

FW ⚽⚽⚽⚽

MF ⚽⚽⚽⚽⚽

DF ⚽⚽⚽⚽

GK ⚽⚽⚽⚽⚽

출전시간 TOP 3

1위	김영권	3,287분
2위	바코	3,003분
3위	설영우	2,879분

■골키퍼 제외

득점 TOP 3

1위	엄원상	12골
2위	레오나르도	11골
3위	마틴 아담	9골

도움 TOP 3

1위	엄원상	6도움
2위	마틴 아담, 레오나르도	4도움
3위	김태환	3도움

주목할 기록

600	K리그 최초 600승 달성
17	17년 만의 K리그 우승

성적 그래프

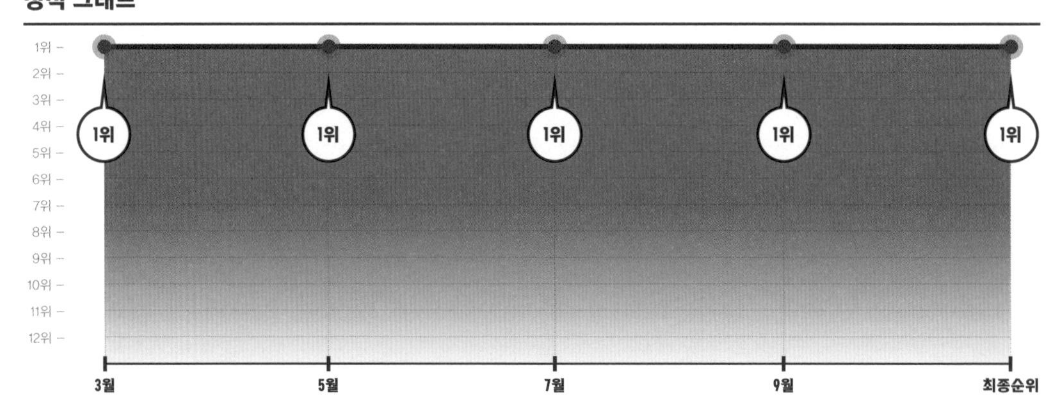

2023 시즌 스쿼드 운용 & 이적 시장 인앤아웃

보야니치 루빅손_함바르뷔
아타루_우라와레즈
김민혁_성남
주민규_제주
강윤구 조현택_임대복귀
이상혁 이재욱
장시영_신인

OUT

오인표_수원FC
김재성_안산
최기윤_부산
김민준 원두재_입대
김현우 아마노 준
레오나르도_임대만료
고명진 신형민_계약만료
이호_은퇴

© 주장 ■ U-22 자원

레오나르도와 아마노가 팀을 떠났다. 레오나르도 자리에 '토종 득점왕' 주민규가 대신한다. 그는 2019년 울산에서 한 시즌을 보낸 이력이 있다. 홍명보 감독은 원톱을 주로 사용하지만 마틴 아담과 주민규를 투톱으로 활용하는 방안도 강구하고 있다. 중원에는 아타루, 보야니치, 루빅손이 얼마만큼 빨리 K리그 무대에 적응하느냐가 관건이다. 보야니치와 루빅손이 최근 스웨덴 리그에서 세 시즌 함께 활약한 부분은 시너지다. 김민혁의 수혈로 공격형 미드필더 자리에도 숨통이 트였다. 바코와 엄원상은 올해도 공격의 핵이다. 김영권, 정승현, 김기희, 임종은이 포진한 중앙 수비는 더블 스쿼드를 구축할 정도로 최고의 전력을 자랑한다. 골키퍼의 해외 진출이 쇄도하는 가운데 조현우가 건재한 것도 울산의 희망이다. U-22 카드로는 왼쪽 풀백 조현택이 주목받고 있다. 그는 황선홍 U-23 대표팀 감독의 신임을 듬뿍 받을 만큼 기대치가 높다.

주장의 각오

정승현

"울산에서 K리그1, 아시아챔피언스리그 우승 트로피를 들어 올렸다. 남은 하나의 트로피인 FA컵 트로피를 포함해 새 시즌에는 세 개의 트로피를 모두 들어 올릴 수 있도록 주장으로서의 역할을 다하고 팀원들과 함께 나아가겠다."

2023 예상 베스트 11

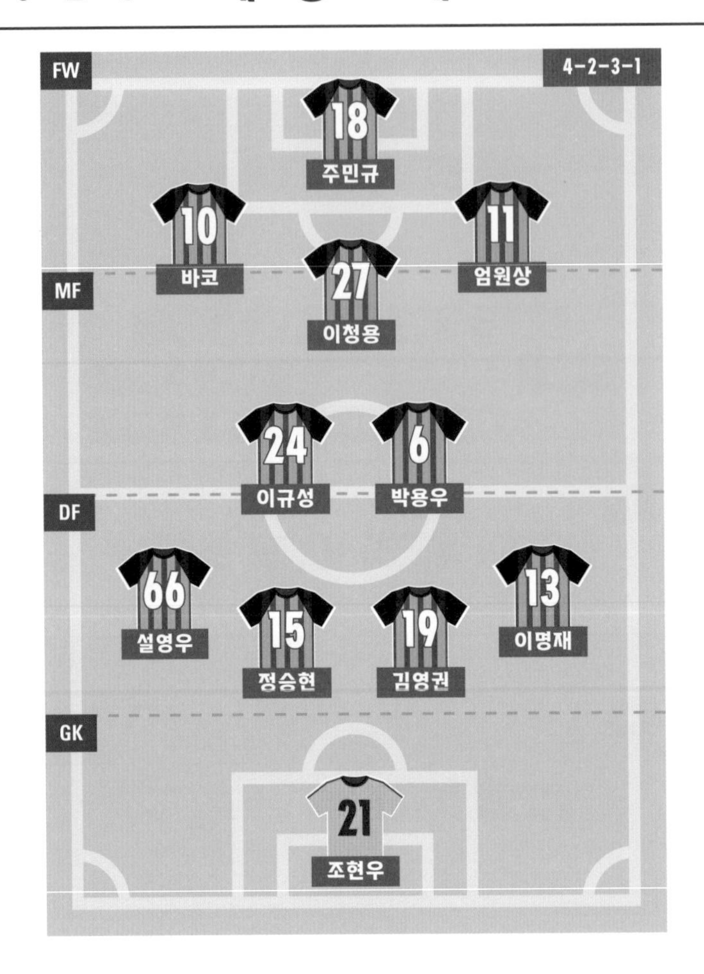

이적시장 평가

'폭풍 영입'은 없었다. 화려하진 않지만 적재적소에 보강이 이루어졌다. 외인 3명, 국내파의 경우 주전급 2명, U-22 카드 등으로 필요한 자리를 채웠다. 빠른 의사결정으로 일찌감치 완전체로 훈련을 시작한 것도 눈여겨 볼 부분이다. 여름이적시장에는 지난해 불발된 국가대표급 미드필더를 품에 안을 것을 목표로 계약 추진 중이다. 외인으로 한 자리를 더 채울 수 있는 공간도 있다.

저자 6인 순위 예측

• 김 성 원 •

1위_흔들리지 않는 편안함에 안정감도 수직 상승, 전북의 '폭풍영입'이 오히려 더 반갑게 느껴지는 이유. 구단 사상 첫 2연패 '맑음'.

• 이 원 만 •

1위_K리그 2연패를 향한 의지를 알찬 보강으로 풀어냈다. 더블 스쿼드가 가능해졌고, 누구와 붙어도 자신 있다.

• 김 진 회 •

2위_우승 멤버를 큰 유출없이 지켜낸 명확한 수확. 그러나 외국인 선수 변화에 따른 변수 고려.

• 윤 진 만 •

1위_기본 틀은 유지하되 알짜를 보강해 스쿼드에 긴장감을 불어넣었다. MB가 "이게 팀이다!"라고 외칠 시즌이 될 듯.

• 박 찬 준 •

2위_가장 안정감 있는 전력. 하지만 1위를 가져올 딱 한방이 부족해 보인다.

• 김 가 을 •

1위_힘겹게 되찾은 왕좌, 선수단 스쿼드도 승리 DNA도 그만큼 단단해졌다.

마틴 아담 Martin Adam

1994년 11월 6일 | 29세 | 헝가리 | 190cm | 95kg

경력

버셔시(13~18)
▷커포슈바르(18~20)
▷펙시(20~22)
▷울산(22~)

K리그 통산기록

14경기 9골 4도움

대표팀 경력

10경기

첫 술에 배불렀다. 마틴 아담은 지난 시즌 여름이적시장 울산에 둥지를 틀었다. 둔탁한 몸놀림과 '괴물' 같은 큰 체격에 K리그에서 통할지는 물음표였다. 하지만 기우였다. 그는 후반기 14경기에 출전, 무려 13개(9골 4도움)의 공격포인트를 올리며 울산의 17년 만의 우승에 힘을 보탰다. 전형적인 대기만성형 선수다. 그는 헝가리 2부에서 프로에 데뷔했다. 전망은 밝지 않았다. 하지만 특유의 성실함과 꾸준함으로 풍파를 견뎌냈고, 지난해 헝가리대표팀에 발탁돼 A매치 데뷔전까지 치르는 영예를 누렸다. 28세라는 나이에 핀 꽃이었다. 마틴 아담은 현란한 기술을 자랑하진 않는다. 발밑 기술도 떨어지는 편이다. 하지만 강력한 왼발포를 장착하고 있다. 큰 키를 앞세워 공중볼 장악 능력이 탁월하다. 뛰어나 위치 선정을 앞세워 헤더에도 강점을 보이고 있다. 전담 페널티키커로 무결점의 성공률을 자랑한다. 도움이 말해주듯 연계 플레이에도 능하다. 그야말로 마틴 아담만의 스타일로 K리그를 정복해가고 있다. 마틴 아담은 올해 레오나르도 대신 주민규와 최전방에서 역할 분담을 한다. 때론 투톱으로 그라운드를 누벼야 한다. "밖에서 봤을 때 굉장히 거대했다. 실제로보니 더 거대하고 힘이 느껴진다." 주민규의 말이 흥미롭다.

2022시즌 기록

2	842(14) MINUTES 출전시간(경기수)	9 GOALS 득점	4 ASSISTS 도움	0	4 WEEKLY BEST 11 주간베스트11

강점	강력한 피지컬, 탁월한 공중볼 장악 능력, 위치 선정	**특징**	믿고 보는 페널티키커, 현재까지 성공률 100%
약점	둔한 몸놀림, 둔탁학 발밑 기술	**별명**	헝가리 바이킹, 헝가리 탱크

김영권

1990년 2월 27일 | 33세 | 대한민국 | 186cm | 83kg

경력

FC도쿄(10~11)
▷오미야 아르디자(11~12)
▷광저우 헝다(12~18)
▷감바 오사카(19~21)
▷울산(22~)

K리그 통산기록

36경기

대표팀 경력

100경기 7골
2014 · 2018 · 2022 월드컵

카타르월드컵의 환희가 여전히 춤을 춘다. 포르투갈과의 조별리그 최종전에서 천금 동점골을 터트리며 12년 만의 16강 진출을 이끈 주역이다. 2018년에 이어 2022년 월드컵에서도 '기적의 사나이'라는 훈장은 지워지지 않았다. 센추리클럽(A매치 100경기 이상 출전) 가입으로 한국 축구를 대표하는 센터백으로 우뚝섰다. K리그에서도 찬란했다. 일본과 중국에서 프로 커리어를 쌓은 김영권은 지난해 '영원한 스승'인 홍명보 감독의 품에 다시 안겼다. K리그와는 첫 만남이었다. 그의 말대로 김영권의 전과 후과 달랐다. 울산이 '만년 2위'의 설움에서 탈출하는 것은 김영권이 있었기에 가능했다. 그는 울산의 우승을 단 한 번도 의심하지 않았고, 불안해하지도 않았다. 빌드업을 중시하는 '홍명보 축구'에 최적화된 자원이다. 볼터치가 부드럽고, 정확한 킥을 앞세운 볼 전개가 탁월하다. 노련한 경기 운영도 돋보인다. 자기관리는 두 말할 것도 없다. 그는 쉽게 살이 찌는 체질이다. 1년내내 식단 관리를 해야하는 것은 고통이지만 축구에는 늘 진심이다. 다만 이제는 세월과 싸워야 하는 나이이다. 피지컬 대응 능력에서 긴장의 끈을 더 바짝 조여야 한다. 그래야 우승도 지킬 수 있다.

2022시즌 기록					
1	3,287(36) MINUTES 출전시간(경기수)	0 GOALS 득점	0 ASSISTS 도움	1	2 WEEKLY BEST 11 주간베스트11

강점	노련한 경기 운영, 정확한 킥을 앞세운 빌드업	특징	'뽀영권'으로 통하는 세 아이의 아빠, 예능감도 '국대급'
약점	세월을 피할 수 없는 몸싸움과 제공권	별명	권나바로, 베르통권

아타루 Ataru Esaka

1992년 5월 31일 | 31세 | 일본 | 175cm | 68kg

경력

더스파구사쓰 군마(15)
▷오미야 아르디자(16~17)
▷가시와 레이솔(18~21)
▷우라와 레즈(21~22)
▷울산(23~)

K리그 통산기록

-

대표팀 경력

1경기

울산 입장에선 아마노의 전북 이적 과정이 불쾌했다. 프로는 돈에 따라 움직인다. 그러나 개인합의까지 마친 상황에서 돈 때문에 옮긴 것은 신의를 저버린 것으로 판단했다. 홍명보 감독은 "내가 만난 일본인 중에 최악"이라고 직격탄을 날렸다. 아마노는 "전혀 사실이 아니다"라고 부인했지만 앙금은 남았다. 아마노를 대체할 자원으로 야심차게 영입한 인물이 아타루다. 울산 내부적으로 아마노보다 더 뛰어난 공격형 미드필더라고 평가하고 있다. 일본에서 오랫동안 선수생활을 한 김영권이 인정하는 플레이메이커다. 아마노 논란은 아타루에게는 부담이다. 자연스럽게 비교될 수밖에 없다. 말보다는 활약을 통해 가치를 증명하겠다는 것이 아타루의 출사표다. 프로 10년차의 베테랑이다. 2021년에는 일본의 A대표팀에도 승선했다. 후방에서 측면과 최전방으로 연결하는 침투 패스가 일품이다. 양발도 자유자재로 사용한다. 두뇌회전도 빨라 예측불허의 빠른 템포 축구에 특화돼 있다. 체력 또한 뛰어나 쉴새없이 그라운드를 휘젓는 스타일이다. 일본에선 훤칠한 외모로 많은 여성팬들도 보유하고 있다. K리그는 J리그보다 거칠다. 피지컬이 더 강해야 한다는 것을 스스로 느끼고 있다. 연착륙을 위해선 적응이 먼저다.

■ 일본 리그 기록

2022시즌 기록					
1	1,935(30) MINUTES 출전시간(경기수)	2 GOALS 득점	0 ASSISTS 도움	0	- WEEKLY BEST 11 주간베스트11

강점	양발을 자유자재로 활용한 침투 패스	특징	아마노 논란에 가시방석이지만 그래도 '마이웨이'
약점	거친 몸싸움에는 한계	별명	임강판

엄원상

1999년 1월 6일 | 24세 | 대한민국 | 171cm | 63kg

경력

광주(19~21)
▷울산(22~)

K리그 통산기록

98경기 27골 9도움

대표팀 경력

7경기
2019 U-20 월드컵
2020 올림픽

이동준의 대체 카드로 영입됐지만 '미완의 대기'였다. 전매특허인 폭풍 질주는 추호의 의심이 없었다. 그러나 마무리는 물음표였다. 골결정력과 크로스는 2% 부족한 것이 사실이었다. 지난 시즌, 그 고지까지 정복했다. 12골 6도움, 엄원상이 빚은 작품이다. 골과 도움 모두 팀내 최다다. 지난해 '별중의 별'에 선정된 이청용은 엄원상이 MVP 수상했어야 했다고 공을 돌릴 정도로 그의 활약은 빛났다. 엄원상은 100m를 11초대에 주파하는 준족이다. 폭발적인 스피드는 그의 전매특허다. 볼을 잡으면 항상 기대감이 샘솟는다. 드리블 능력도 향상돼 거침없이 상대의 뒷공간을 파고든다. 부끄러움이 많은 성격이다. 축구보다 더 어려운 것이 적응이라고 할 정도다. 울산에서 2년차인 만큼 그 걱정도 없다. 더구나 큰 틀도 유지된다. 외국인 선수들이 교체됐지만 이들과의 호흡은 문제없다. 지난해 갑자기 부상이 찾아와 후반부에는 스스로 위축이 된 적이 있다. 올해 첫 번째 목표가 부상없는 시즌이다. 스스로 마지노선도 정했다. 지난 시즌보다 더 많은 공격포인트를 올리는 것을 과제로 꼽았다. K리그 2연패는 물론 개인 수상 욕심도 생겼다. MVP는 꿈도 꾸지 않지만 베스트11에는 이름을 올리고 싶단다.

2022시즌 기록

	2,347(33) MINUTES 출전시간(경기수)	12 GOALS 득점	6 ASSISTS 도움		10 WEEKLY BEST 11 주간베스트11
1	2,347(33)	12	6	0	10

강점	100m 11초대 주파하는 폭풍질주, 파괴력	특징	샤이한 성격, 그라운드에서는 다른 사람
약점	왜소한 체격 조건, 1% 아쉬운 체력	별명	엄살라

이청용

1988년 7월 2일 | 35세 | 대한민국 | 180cm | 69kg

경력

서울(04~09)
▷볼턴(09~15)
▷크리스탈 팰리스(15~18)
▷보훔(18~20)
▷울산(20~)

K리그 통산기록

148경기 22골 21도움

대표팀 경력

89경기 9골
2010 · 2014 월드컵

3골 2도움이라는 많지 않은 공격 포인트에도 주간 베스트11에는 세 번째로 많은 8차례나 뽑혔다. 이청용의 클래스다. 지난해 K리그는 그의 천하였다. 중학교 3학년 때인 2003년 프로에 발을 들인 이후 20년 만에 '최고의 별'로 우뚝섰다. 우승 한을 말끔하게 씻어버린 후 영예의 MVP를 거머쥐었다. 엄마같은 주장이었고, 우승의 구심점이었다. 그라운드에서는 매 경기 모든 것을 쏟아냈다. 다행인 점은 지난 시즌의 경우 예년과 달리 큰 부상이 없었다는 것이다. 2021년 25경기에 비해 10경기 늘어난 35경기에 출전해 홍명보 감독을 웃게 했다. 번뜩이는 움직임과 순간적인 재치, 영리한 경기운영은 타의 추종을 불허한다. 올해 주장 완장을 후배인 정승현에게 넘겨줬다. 2년 재계약에도 성공했다. 오로지 축구에만 전념할 수 있다. 이청용은 기복이 없다. 천성이 착하다. 후배들의 눈에는 늘 따뜻한 리더십이 자리하고 있다. 하지만 세월은 어쩔 수 없다. 30대 중반의 나이다. 부상 위험에 더 자주 노출될 수 있다. 그래서 조금의 빈틈도 허락지 않는다. 은퇴 후 후회가 남지 않도록 더 최선을 다하자는 마음이다. 워낙 축구 지혜가 뛰어나다. 풍부한 경험은 설명이 필요없다. 승부욕에 나이는 없다.

2022시즌 기록					
5	2,397(35) MINUTES 출전시간(경기수)	3 GOALS 득점	2 ASSISTS 도움	0	8 WEEKLY BEST 11 주간베스트11

강점	순간적인 재치, 흐름 읽는 눈 탁월	특징	품격이 달랐던 주장, 이젠 안녕
약점	어느덧 노장, 최대의 적은 부상	별명	블루드래곤

정승현

1994년 4월 3일 | 29세 | 대한민국 | 188cm | 74kg
경력 | 울산(15~17)▷사간 도스(17~18)▷가시마 앤틀러스(18~19)▷상무(21~22)▷울산(20~)
K리그 통산기록 | 122경기 9골
대표팀 경력 | 11경기, 2016 올림픽

울산의 새로운 캡틴이다. 지난해 상무에서 전역한 후 5경기 출전이 전부지만 홍명보 감독의 마음을 빼앗는 데 더 많은 시간은 필요치 않았다. '젊은 리더십'까지 인정받아 올 시즌 주장 완장을 찬다. 김영권과는 또 다른 스타일이다. 적극적인 수비는 기본이고, 탄탄한 체격조건을 앞세워 공중볼 장악 능력이 뛰어나다. 터프한 경기 운영으로 최후의 저지선 역할을 한다. 지나친 의욕이 화를 부를 수 있지만 매 경기 목숨 걸고 뛸 정도로 파이팅이 넘친다. 올해도 혼신의 플레이가 무엇인지를 보여줄 것이라고 다짐한다. 기본기가 훌륭한 센터백이다.

2022시즌 기록						강점	약점
8	0	1,908(21) MINUTES 출전시간(경기수)	1 GOALS 득점	0 ASSISTS 도움	1 WEEKLY BEST 11 주간베스트11	탄탄한 수비는 기본 새 리더십 만개	왕성한 의욕 카드주의보

조현우

1991년 9월 25일 | 32세 | 대한민국 | 189cm | 75kg
경력 | 대구(13~19)▷울산(20~)
K리그 통산기록 | 311경기 348실점
대표팀 경력 | 22경기 23실점, 2018 · 2022 월드컵

골키퍼의 J리그 진출이 러시를 이루면서 어느 해보다 변화의 폭이 컸다. 다행히 울산은 바람을 피해갔다. 조현우가 올해도 안정적으로 안방을 지킨다. 탁월한 동물적 감각은 설명이 필요없다. 뛰어난 순발력을 앞세워 선방 능력에선 으뜸이다. 다만 패싱력에선 한계가 있다. 발밑 기술이 향상됐지만 기복이 있다. 상대가 거칠게 압박하면 허점을 노출할 때도 있다. 그래도 조현우만한 골키퍼는 K리그에 없다. 울산의 최고 강점이다. 한 골을 막는 것은 한 골을 넣는 것과 똑같다. 조현우는 지난해 최소 실점을 자랑했다. 골문은 올해도 큰 걱정이 없다.

2022시즌 기록						강점	약점
1	0	3,412(36) MINUTES 출전시간(경기수)	96 SAVE 선방	33 LOSS 실점	4 WEEKLY BEST 11 주간베스트11	동물적 감각 앞세운 선방 능력	불안한 발밑 기술

주민규

1990년 4월 13일 | 33세 | 대한민국 | 183cm | 79kg
경력 | 고양 Hi FC(13~14)▷서울이랜드(15~17)▷상무(17~18)▷서울이랜드(18)▷울산(19)▷제주(20~22)▷울산(23~)
K리그 통산기록 | 290경기 117골 33도움
대표팀 경력 | –

더 이상 우연은 없다. 2년 전 22골을 터트리며 토종 스트라이커로는 5년 만에 득점왕에 오른 주민규는 지난해에도 17골을 작렬시켰다. 다만 2년 연속 득점왕 등극은 실패했다. 조규성과 함께 17골을 터트렸지만 경기당 득점에서 뒤졌다. 새로운 도전을 선택했다. 4시즌 만에 울산에 돌아왔다. 그는 2019년 한 시즌 울산 유니폼을 입었다. 당시는 28경기에서 5골 5도움을 기록한 '평범한 공격수'였지만 이제는 '토종 거포'로 성장했다. 공간 장악 능력과 골결정력이 탁월하다. 다소 느린 스피드는 흠이지만 연계 플레이가 뛰어나 기대된다.

2022시즌 기록						강점	약점
0	0	2,810(37) MINUTES 출전시간(경기수)	17 GOALS 득점	7 ASSISTS 도움	7 WEEKLY BEST 11 주간베스트11	한템포 빠른 슈팅력 골 결정력	다소 느린 스피드

바코 Valeri Qazaishvili

1993년 1월 29일 | 30세 | 조지아 | 174cm | 74kg
경력 | 트빌리시(10~11) ▷ 루스타비(10~11) ▷ 피테서(11~17) ▷ 레기야 바르샤바(16~17) ▷ 산호세(17~20) ▷ 울산(21~)
K리그 통산기록 | 71경기 17골 4도움
대표팀 경력 | 62경기 13골

어느덧 K리그 3년차다. 현란한 드리블을 앞세운 탈압박은 최고의 무기다. 볼을 다루는 기술도 뛰어나다. 조지아 대표팀에 꾸준히 이름을 올리며 K리그 밖에서도 그 가치를 인정받고 있다. 동료 외국인 선수들이 교체됐지만 풍부한 경험을 앞세워 이들과 충분히 하모니를 연출할 수 있다. 다만 골결정력은 아쉽다. 그는 지난해 87개의 슈팅을 기록했다. 경기당 유효슈팅은 1.6개로 리그 최고 수준이었다. 하지만 득점은 8골에 불과했다. 상대 수비를 한 방에 허무는 기술을 앞세워 골까지 연결하다면 금상첨화다. 올 시즌은 해결사 역할까지 기대해볼 만하다.

2022시즌 기록						강점	약점
1	0	3,003(37) MINUTES 출전시간(경기수)	8 GOALS 득점	1 ASSISTS 도움	6 WEEKLY BEST 11 주간베스트11	현란한 드리블 이용한 탈압박	떨어지는 골 결정력

보야니치 Darijan Bojanic

1994년 12월 28일 | 29세 | 스웨덴 | 182cm | 74kg
경력 | 외스트르스(11~13) ▷ 예테보리(13~14) ▷ 헬싱보리(14~18) ▷ 외르테르순드(17) ▷ 함마르뷔(19~22) ▷ 울산(23~)
K리그 통산기록 | –
대표팀 경력 | 2경기

군에 입대한 원두재의 공백을 메우기 위해 구단이 일찌감치 영입에 공을 들인 인물이다. 울산의 올 시즌 첫 오피셜이었을 정도로 기대치가 높다. 중앙 피드필더에 특화돼 있다. 공격형은 물론 수비형에도 설 수 있다. 테크닉이 뛰어나고 물론 두뇌 회전도 빠르다. 킥력이 강점이다. 좌우 전환 롱패스와 전방 침투 패스가 수준급이다. 프리킥과 코너킥 전담 키커로도 활약했다. 스웨덴 리그에서는 정상급 미드필더로 인정받았다. 2020년에는 스웨덴 국가대표로 발탁돼 2경기에 출전했다. 울산을 선택한 이유는 새로운 도전이다. 관건은 얼마나 빨리 적응하느냐다.

2022시즌 기록						강점	약점
2	0	2,119(29) MINUTES 출전시간(경기수)	4 GOALS 득점	4 ASSISTS 도움	- WEEKLY BEST 11 주간베스트11	넓은 시야 볼 배급 능력	새로운 환경 적응

■ 스웨덴 리그 기록

루빅손 Gustav Ludwigson

1993년 10월 20일 | 30세 | 스웨덴 | 182cm | 75kg
경력 | 외르니케(11~14) ▷ 세베달렌스(15~17) ▷ 외리뤼테(18~19) ▷ 함마르뷔(20~22) ▷ 울산(23~)
K리그 통산기록 | –
대표팀 경력 | –

7부 리그부터 대표팀까지 선발된 '기적의 주인공'이다. 중앙을 비롯해 좌우 측면에 모두 포진할 수 있는 멀티 공격 자원이다. 스웨덴의 명문 함마르뷔에서 지난 세 시즌간 88경기에서 31골 19도움을 올릴 정도로 감각이 뛰어나다. 보야니치와 함마르뷔에서 함께 이적해 타국에서 외로움을 나눌 수 있는 것은 장점이다. 지난해 스웨덴 국가대표로 발탁되는 영예를 누렸지만 코로나19 감염으로 승선이 불발됐다. 하지만 잠재력은 인정받고 있다. 순발력이 뛰어나 오프 더볼 움직임이 좋다. 골냄새도 잘 맡는 편이다. 다만 스웨덴과 다른 템포에는 적응이 필요하다.

2022시즌 기록						강점	약점
1	0	2,548(29) MINUTES 출전시간(경기수)	12 GOALS 득점	3 ASSISTS 도움	- WEEKLY BEST 11 주간베스트11	멀티 공격 자원 탁월한 위치 선정	빠른 템포 적응 급선무

■ 스웨덴 리그 기록

김민혁

1992년 8월 16일 | 31세 | 대한민국 | 182cm | 70kg
경력 | 서울(15)▷광주(16~17)▷포항(18)▷성남(18~19)▷상주(19~20)▷성남(21~22)▷울산(23~)
K리그 통산기록 | 181경기 16골 19도움
대표팀 경력 | –

'울산 킬러'에서 '2연패의 전령사'로 손을 맞잡았다. 볼을 예쁘게 차는 유형이다. 볼 센스가 뛰어나고, 중원에서 창의적인 플레이가 돋보인다. 대학 무대를 평정한 후 FC서울에서 출발해 기대감이 컸지만 한 시즌을 보낸 후 광주로 이적했고, 스스로 꽃을 피웠다. 하지만 잦은 부상이 고비마다 발목을 잡았다. 지난해에는 성남에서 화려하게 재기했지만 팀이 2부로 강등되며 변화를 선택했다. 기술적인 축구를 추구하는 울산과 궁합이 맞다. 미드필더에서 활동량이 많고, 영리한 플레이로 공격에 힘을 실어주는 스타일이라 시너지가 기대된다.

2022시즌 기록						강점	약점
9	0	2,258(32) MINUTES 출전시간(경기수)	3 GOALS 득점	2 ASSISTS 도움	2 WEEKLY BEST 11 주간베스트11	창의적인 테크니션	비교적 약한 피지컬

설영우

1998년 12월 5일 | 25세 | 대한민국 | 180cm | 72kg
경력 | 울산(20~)
K리그 통산기록 | 79경기 2골 6도움
대표팀 경력 | 2020 올림픽

아직 A대표팀에서 빛을 보지 못했지만 잠재력이 큰 자원이다. 양쪽 풀백이 모두 가능한 멀티형이다. 빠른 스피드를 앞세운 1대1 대인 방어 능력은 누구에게도 뒤지지 않는다. 쉴새없이 측면을 유린하는 활발한 오버래핑도 눈에 띈다. 쾌활한 성격이라 늘 흥이 넘치는 분위기메이커다. 패스 기록도 눈에 띈다. 1962회의 패스 시도는 리그 전체 5위다. 성공률은 91.3%에 달한다. 다만 크로스의 정확도는 다듬어야 한다. 간혹 손을 쓰는 파울로 PK를 내주는 부분도 고쳐야 한다. 그래야 월드컵 출전이라는 자신의 꿈도 이룰 수 있다. 노력형이라 기대는 높다.

2022시즌 기록						강점	약점
3	0	2,879(34) MINUTES 출전시간(경기수)	0 GOALS 득점	3 ASSISTS 도움	2 WEEKLY BEST 11 주간베스트11	신바람나는 측면 지원	간혹 나오는 PK 파울

김태환

1989년 7월 24일 | 34세 | 대한민국 | 177cm | 72kg
경력 | 서울(10~12)▷성남(13~14)▷울산(15~16)▷상무(17~18)▷울산(18~)
K리그 통산기록 | 377경기 20골 54도움
대표팀 경력 | 19경기, 2022 월드컵

12년 만의 월드컵 16강 진출을 이룬 대표팀의 일원이었지만 개인적인 아쉬움은 있다. 기대는 컸지만 단 한 경기에도 부름을 받지 못했다. 그래도 30대 때 이룬 월드컵 출전 꿈은 결코 무늬가 아니다. 어느덧 30대 중반의 나이다. 투지는 여전히 K리그에서 최고다. 승부욕의 화신이다. 육상 선수 출신답게 빠른 스피드를 앞세운 오버래핑도 발군이다. 자로 잰 듯한 크로스로 마틴 아담의 도우미 역할도 했다. 그러니 불필요한 감정 소모로 에너지를 낭비를 할 때가 있다. 때론 분위기 흐름상 필요하지만 지나치면 독이 될 수 있다. 베테랑으로서의 지혜로운 대응도 필요하다.

2022시즌 기록						강점	약점
6	0	2,798(30) MINUTES 출전시간(경기수)	0 GOALS 득점	3 ASSISTS 도움	2 WEEKLY BEST 11 주간베스트11	빠른 스피드 승부욕의 화신	불필요한 감정 소모

이명재

1992년 11월 4일 | 30세 | 대한민국 | 182cm | 68kg
경력 | 울산(14)▷알비렉스 니가타(14)▷울산(15~19)▷상무(20~21)▷울산(21~)
K리그 통산기록 | 143경기 1골 20도움
대표팀 경력 | -

쉽지 않은 주전 경쟁의 연속이었다. 세월은 흘렀지만 이명재는 여전히 그 자리를 지키고 있다. 반 시즌 임대, 군입대를 제외하고 울산에서만 프로생활을 한 원클럽맨이다. 서른 살 나이에 또 다른 전환점을 만났다. 부주장에 선임돼 한껏 기대감을 고조시키고 있다. 주장단 합류는 이번이 처음이라 그에게도 새롭다. 왼쪽 풀백인 그의 가장 큰 강점은 택배 크로스다. 지난 시즌 중후반부 상대의 밀집 수비에 애를 먹자 이명재의 크로스가 빛을 발했고, 홍명보 감독의 신뢰 지수도 상승했다. 다만 기복있는 수비력은 보완해야 한다. 아홉 번째 시즌이 기회다.

2022시즌 기록						강점	약점
2	0	1,549(19) MINUTES 출전시간(경기수)	0 GOALS 득점	3 ASSISTS 도움	- WEEKLY BEST 11 주간베스트11	특화된 왼발 특배 크로스	2% 부족한 수비력

이규성

1994년 5월 10일 | 29세 | 대한민국 | 174cm | 68kg
경력 | 부산(14~18)▷상무(18~19)▷부산(20)▷성남(21)▷울산(22~)
K리그 통산기록 | 207경기 7골 14도움
대표팀 경력 | -

성남 임대 후 돌아와 첫 시즌을 보냈다. 단번에 주전자리를 꿰찬 그는 28경기에 선발 출전하며 중원의 에너지 역할을 충분히 했다. '왜 더 빨리 임대 복귀 하지 않았느냐'는 팬들의 원성이 현주소였다. 후진 대신 전진을 선택하는 공격 성향은 명불허전이었다. 도전적인 탈압박 전방 패스와 드리블 능력은 울산에서도 통했다. 전방 패스를 364차례나 기록했고, 전체 패스 성공률도 88.9%로 준수했다. 이규성은 알토란 같은 활약을 앞세워 올해 부주장에 임명됐다. 프로 데뷔 후 첫 리더 임무를 맡았다. 다만 활약에 비해 포인트가 적은 것은 옥에 티다.

2022시즌 기록						강점	약점
6	0	2,414(31) MINUTES 출전시간(경기수)	1 GOALS 득점	1 ASSISTS 도움	1 WEEKLY BEST 11 주간베스트11	도전적인 탈압박 전방 패스	부족한 공격포인트

박용우

1993년 9월 10일 | 30세 | 대한민국 | 186cm | 80kg
경력 | 서울(15~16)▷울산(17~19)▷상무(20~21)▷울산(21~)
K리그 통산기록 | 213경기 7골 2도움
대표팀 경력 | 2016 올림픽

든든하게 미드필더를 지켰다. 시즌 중후반부에는 더 안정된 플레이로 확고한 믿음을 줬다. 인터셉트는 경기당 5.1개로 중원 장악의 기폭제였다. 원래 킥력과 패싱에 강점이 있다. 특히 정확한 롱패스가 전매특허다. 패스성공률이 90.6%에 달할 정도로 공수 가교 역할을 충실히 수행했고, 공중볼 장악도 인상적이었다. 뛰어난 중거리 슈팅 능력을 보유하고 있지만 골이 없는 것은 아쉬움이다. 어느덧 고참급이다. 네 시즌 만에 주장단에도 합류했다. 차분한 성격이라 동료들과의 관계도 매끄럽다. 성실함의 대명사라 팀에는 없어서는 안되는 살림꾼이다.

2022시즌 기록						강점	약점
2	0	2,521(31) MINUTES 출전시간(경기수)	0 GOALS 득점	0 ASSISTS 도움	- WEEKLY BEST 11 주간베스트11	헌신적인 중원의 살림꾼	실종된 골과 도움

조현택

2001년 8월 2일 | 22세 | 대한민국 | 182cm | 76kg
경력 | 부천(21~22)▷울산(23~)
K리그 통산기록 | 64경기 7골 7도움
대표팀 경력 | –

울산의 미래다. 부천에서 K리그2를 평정하고 돌아왔다. 2020년 울산에 입단했지만 데뷔전을 치르지 못하고, 이듬해 부천으로 임대돼 두 시즌을 보냈다. 그는 지난해 K리그2 베스트11에 이름을 올리며 최고의 왼쪽 풀백으로 인정받았다. 뛰어난 왼발 킥력을 앞세워 수비수임에도 6골이나 터트렸다. 황선홍 U-23 대표팀 감독이 믿고 쓰는 카드다. 홍명보 감독도 "전략, 전술적으로 좋은 선수"라고 평가했다. 강력한 22세 이하 카드라는 데는 이견이 없다. 하지만 변화무쌍한 1부와 직선적인 2부는 차원이 다르다. 지적받고 있는 수비력도 보완해야 한다.

2022시즌 기록						강점	약점
3	0	3,281(34) MINUTES 출전시간(경기수)	8 GOALS 득점	4 ASSISTS 도움	6 WEEKLY BEST 11 주간베스트11	왼발포 장착한 22세 이하 카드	수비력은 더 연마해야

■ K리그2 기록

김기희

1989년 7월 13일 | 35세 | 대한민국 | 188cm | 80kg
경력 | 대구(11~13)▷알 사일리야(12~13)▷전북(13~15)▷상하이 선화(16~17)▷시애틀 사운더스(18~19)▷울산(20~)
K리그 통산기록 | 174경기 3골 5도움
대표팀 경력 | 23경기, 2012 올림픽

2021년 필드플레이어 중 가장 많은 출전시간을 기록했지만 지난 시즌은 달랐다. 힘겹게 첫 발을 뗀 데이어 출전도 들쭉날쭉했다. 정승현이 제대해 복귀한 이후에는 이름이 더 잊혀졌다. 그래도 다양한 해외 리그 경험을 가진 베테랑이다. 빌드업시 패싱력이 나쁘지 않으며 체격 조건도 뛰어나다. 태클도 수준급이지만 나이가 들면서 횟수는 줄어들고 있다. 시즌은 긴 호흡이다. 주전 경쟁이 쉽지 않지만 기회는 온다. 철저한 멘탈 관리로 언제든 출격할 준비가 돼 있어야 한다. 간혹 나오는 치명적인 실수는 절대 금물이다. 빠른 스피드인 자신의 강점도 백분 발휘해야 한다.

2022시즌 기록						강점	약점
2	0	1,345(15) MINUTES 출전시간(경기수)	0 GOALS 득점	1 ASSISTS 도움	2 WEEKLY BEST 11 주간베스트11	풍부한 경험 빠른 스피드	간혹 나오는 치명적 실수

임종은

1990년 6월 18일 | 33세 | 대한민국 | 192cm | 88kg
경력 | 울산(09~11)▷성남(12)▷전남(13~15)▷전북(16~17)▷울산(18)▷포천(19~21)▷울산(21~)
K리그 통산기록 | 253경기 9골 3도움
대표팀 경력 | –

큰 키를 앞세워 제공권 장악 능력이 탁월하다. 세트피스에서도 강점을 보인다. 지난 시즌 초반 김영권과 호흡을 맞추며 순풍을 달았지만 부상 공백이 아쉬웠다. 김기희와는 출전 운명이 교차했다. 빌드업 능력이 향상된 것은 고무적이다. 946회의 패스를 시도한 가운데 성공률이 92.7%에 달했다. 수비수 치고는 파울과 카드도 적다. 파울은 7개에 불과했고, 퇴장은 물론 경고도 단 1개가 없었다. 수비에서 기복이 있는 점은 아킬레스건이다. 올해 울산 센터백 조합 첫 번째 옵션은 김영권과 정승현이다. 인내의 시간이 필요하지만 낙천적인 성격이라 걱정은 없다.

2022시즌 기록						강점	약점
0	0	1,335(15) MINUTES 출전시간(경기수)	1 GOALS 득점	1 ASSISTS 도움	4 WEEKLY BEST 11 주간베스트11	제공권 장악 능력 탁월	기복있는 플레이

전지적 작가 시점

김성원이 주목하는 울산의 원픽!

마틴 아담

"살 좀 빼고 와라." 챔피언 트로피를 들어 올린 후 고국으로 비시즌 휴가를 떠난 마틴 아담의 숙제였다. "조금 핼쑥해진 것 같다"고 하자, 홍명보 감독은 미소부터 먼저 보였다. 그는 3kg을 감량했다. 지난 여름 울산에 둥지를 튼 마틴 아담. '만화 같은 프로필'에 먼저 눈길이 갔다. 190cm, 95kg도 놀라웠지만 결정력은 상상을 초월했다. 그는 2021~2022시즌 헝가리 리그에서 32경기에 출전, 31골을 기록했다. 페널티킥으로 7득점, 헤더로 10득점, 왼발로 10득점, 오른발로 4득점을 터트렸다. 마치 게임에서나 볼 수 있는 스탯이었다. 그 어마어마한 괴력은 K리그에서도 이어졌다. 생소한 무대, 반쪽 시즌에도 14경기에 출전, 9골 4도움을 올리며 울산 우승에 주춧돌을 놓았다. 하지만 가야할 길은 남았다. 9골 가운데 볼이 인플레이로 전개되는 과정에서 발로 터트린 골이 '제로'였다. 페널티킥 4득점, 헤더 4득점, 상체(배) 1득점은 '성'에 차지 않는다. 온전히 맞는 첫 시즌, 레오나르도가 떠났고, 주민규가 가세했다. '절대 상수'인 그의 발끝까지 폭발한다면 2연패도 순항일 것이다.

지금 울산에 이 선수가 있다면!

권혁규

허점을 찾기 힘들 정도로 스쿼드의 힘이 느껴지는 울산이다. 하지만 원두재가 군입대로 자리를 비운 중앙 미드필더의 경우 세대교체의 필요성도 느껴진다. 스코틀랜드 셀틱이 러브콜을 보내기도 했던 부산의 권혁규라면 이보다 더 좋을 순 없다. 부산 유스 시스템이 만들어낸 걸작인 그는 개성고 3학년이던 2019년 K리그2 최초로 준프로 계약을 할 정도로 발전 가능성을 인정받았다. 부산은 2부지만 1부 경험이 더 많다. 어린 나이에도 일찌감치 '병역 의무'를 위해 상무에 입대했고, 1부에서 끈을 이어왔다. 다재다능한 점도 매력이다. 수비형 미드필더는 기본이고 중앙 미드필더, 심지어 스리백 한자리에서도 뛸 수 있다. 190cm, 83kg으로 피지컬이 좋고, 공격의 시발점으로 연계 플레이에도 능숙하다. 스피드와 기술도 갖추고 있어 셀틱이 탐내기에 충분한 존재다. 한국 축구를 이끌어갈 유망주라는 데도 이견이 없다. 울산을 만나는 대부분의 팀은 선수비-후역습 전략을 꺼내든다. 권혁규가 중원에 버티고 있다면 꿩도 먹고, 알도 먹을 수 있다.

아마노
안드레
하파 실바
구스타보
조규성
한교원
송민규
문선민
이동준
백승호
이수빈
맹성웅
류재문
김건웅
오재혁
박진섭
윤영선
구자룡
김진수
최철순
홍정호
김문환
정태욱
정민기

전북현대모터스

‘폭풍영입’ 전북, 올 시즌 목표는 무조건 ‘타이틀 탈환’

전북 현대

명실상부 K리그의 절대 1강이다. 시작은 초라했다. 호남 최초의 프로축구단을 목표로 창단 작업에 나서, 몇 번이나 엎어진 끝에 가까스로 1994년 전북 버팔로로 첫발을 띄었다. 하지만 자금 부족으로 버팔로라는 이름은 1년도 가지 못했고, 그해 전북 다이노스라는 이름으로 새 출발했다. 만년 하위권이었던 전북은 2000년 현재의 이름인 전북 현대 모터스로 팀명을 바꾸며, 마침내 왕조를 위한 기틀을 마련했다. 2006년 아시아챔피언스리그, 2009년 리그 우승으로 터닝포인트를 마련한 전북, 이후 성공 스토리는 눈이 부실 정도다. 2009년부터 무려 9번이나 리그 우승을 차지했다. K리그 최다 우승 기록이다. 2022년 카타르월드컵 출전 선수만 6명에 달하는 리그 최고의 스쿼드에 누구나 부러워하는 최고의 클럽하우스까지, 전북은 자타공인 K리그 넘버1 클럽이다. 하지만 지난 시즌 자존심을 구겼다. 호기롭게 K리그 6연패에 도전했지만, ‘라이벌’ 울산 현대에 밀렸다. FA컵 우승이 아니었더라면 2013년 이후 첫 ‘무관’의 수모를 겪을 뻔 했다. 자존심이 상한 전북은 올 겨울 대대적인 영입에 나섰다. 목표는 당연히 리그 타이틀 탈환이다.

구단 소개

정식 명칭	전북 현대 모터스 축구단
구단 창립	1994년 12월 12일
모기업	현대자동차
상징하는 색	그린
경기장(수용인원)	전주월드컵경기장 (36,781명)
마스코트	나이티, 써치
레전드	최진철, 김도훈, 에닝요, 조성환, 김상식, 이동국
서포터즈	매드그린보이즈
온라인 독립 커뮤니티	에버그린

우승

K리그	9회(2009, 2011, 2014, 2015, 2017, 2018, 2019, 2020, 2021)
FA컵	5회(2000, 2003, 2005, 2020, 2022)
AFC챔피언스리그(ACL)	2회(2006, 2016)

최근 5시즌 성적

시즌	K리그	FA컵	ACL
2022시즌	2위	우승	4강
2021시즌	1위	16강	8강
2020시즌	1위	우승	조별리그
2019시즌	1위	32강	16강
2018시즌	1위	16강	8강

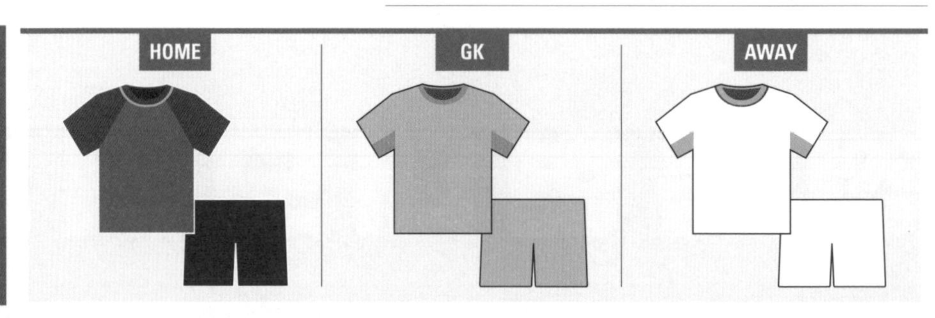

김상식

1976년 12월 17일 | 47세 | 대한민국

K리그 전적
76전 43승 20무 13패

김상식 감독에게 지난 시즌은 잊고 싶은 기억이다. 한때 11위까지 추락하며 고개를 숙였다. 막판 뒷심을 발휘하며, 결국 2위로 시즌을 마쳤지만 자존심은 구겨졌다. 특히 홈팬들의 야유는 충격이었다. 김상식 감독은 말 그대로 전북의 레전드였다. 2009년 전북으로 이적한 '선수' 김상식은 팀에 첫 K리그 우승을 안겼고, 2013년 지도자로 변신해, 코치로 7번의 우승을 경험했다. 2021년에는 감독으로 전무후무한 5연패를 만들어냈다. 하지만 2022년 부진, 부침, 오해가 반복되며, 팬들의 신뢰를 잃었다. FA컵 우승으로 반등의 모멘텀을 마련하며 재계약까지 성공한 김 감독에게 올해는 감독, 그리고 전북 커리어의 지속 여부를 결정할 대단히 중요한 시즌이 될 전망이다. 김 감독은 벌써부터 '절치부심'을 외치고 있다.

선수 경력

성남	상무	전북

지도자 경력

전북 플레잉코치	전북 코치	전북 감독(21~)

주요 경력

2000년 시드니올림픽	2000년 아시안컵	2006년 독일월드컵 대표

선호 포메이션	4-3-3	3가지 특징	뼈속까지 자리잡은 전북DNA	탁월한 동기부여와 선수단 관리	개그맨 못지않은 입담과 댄스 본능

STAFF

수석코치	코치	GK코치	피지컬코치	B팀코칭스태프	의무 담당관	비디오분석관	장비담당관	통역
김두현	박원재	이운재	이세준	안대현(감독) 조성환(코치) 정부선(GK코치)	지우반 올리베이라 김재오 이규열 김병선 박정훈	이선구	이민호	김민수

2022 REVIEW

다이나믹 포인트로 보는 전북의 2022시즌 활약도

전북답지 않은 한 해였다. 수원FC와의 개막전에서 불안한 1 대 0 승리를 거두더니, 이후 5경기에서 무승의 수렁에 빠졌다. 이 기간 동안 홈 2연패 포함, 충격의 3연패를 당하며 11위까지 추락했다. 이후 전술 변화를 통해 무패행진을 이어갔지만 좀처럼 공격이 살아나지 않아 답답한 경기가 이어졌다. 후반기 바로우의 각성, 조규성의 전역 복귀로 특유의 닥공이 살아나기도 했지만, 결국 울산에 밀리며 우승에 실패했다. 그나마 아시아챔피언스리그 4강, FA컵 우승, 그리고 조규성의 득점왕 등극으로 리그에서의 아쉬움을 씻을 수 있었다.

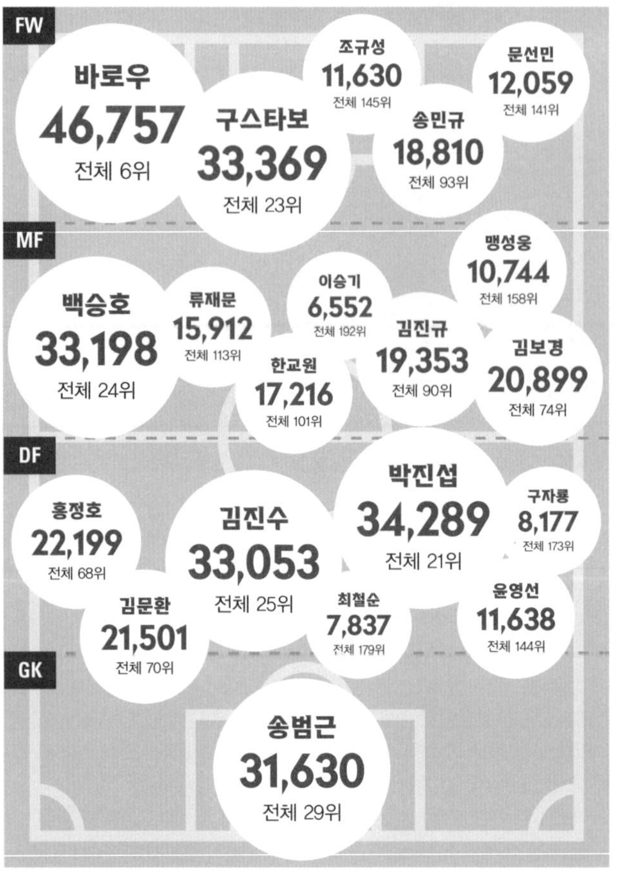

2022시즌 다이나믹 포인트 상위 20명 ■ 포인트 점수

포지션 평점

FW

MF

DF

GK

출전시간 TOP 3

1위	박진섭	2,934분
2위	백승호	2,651분
3위	김진수	2,639분

■ 골키퍼 제외

득점 TOP 3

1위	바로우	13골
2위	구스타보	8골
3위	한교원	5골

도움 TOP 3

1위	바로우	6도움
2위	백승호	5도움
3위	구스타보	4도움

주목할 기록

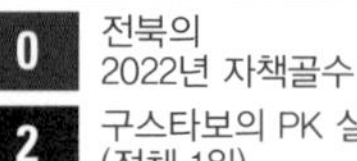

0	전북의 2022년 자책골수
2	구스타보의 PK 실축수 (전체 1위)

성적 그래프

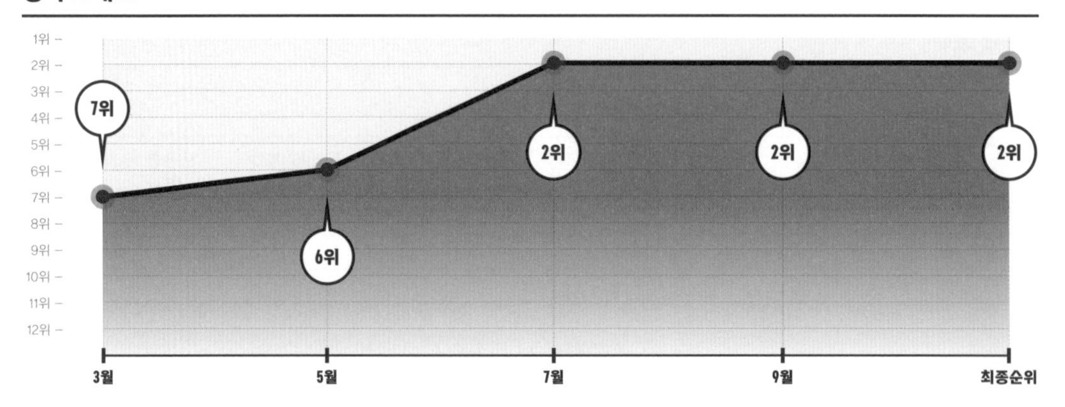

2023 시즌 스쿼드 운용 & 이적 시장 인앤아웃

말그대로 칼을 갈았다. 리그 우승 탈환을 위해, 전북은 다시 한 번 지갑을 열었다. '폭풍영입'이라는 표현도 부족할 정도로 대대적인 영입에 나섰다. 이동준, 아마노, 하파엘, 정태욱, 김건웅, 오재혁, 이수빈, 정민기 등을 더했다. 단순히 올 시즌만을 노린 포석이 아니다. 젊은 재능들을 대거 보강하며 세대교체에 많은 공을 들였다. 특히 '십고초려' 끝에 영입한 수비수 정태욱은 세대교체의 방점이었다. 리그 5연패의 중심이었던 선수단에서 벗어나, 새로운 전북을 위한 토대가 마침내 마련됐다. 이들을 하나로 묶는 것은 김상식 감독의 과제다. 지난 2년간 다소 느렸던 템포를 끌어올려 역동적인 축구를 하겠다는 것이 김 감독의 계획이다. 신입생들이 얼마나 빨리 팀에 녹아드느냐, 결국 '뉴 전북'의 성패는 시즌 초반이 결정할 전망이다. 초반이 흔들리면, 김 감독의 리더십도 함께 흔들릴 수 있다.

주장의 각오

홍정호

"전북에 온 이래로 지난 시즌 처음으로 우승을 놓쳤다. 올 시즌 부담도 되지만, 도전자 입장으로 우승 트로피를 탈환할 수 있도록 하겠다."

2023 예상 베스트 11

이적시장 평가

전 포지션에 걸쳐 새 얼굴을 더했다. 이동준의 영입으로 측면 속도를 올렸고, 아마노를 더해 창의성을 보강했다. 김건웅, 이수빈, 오재혁은 젊고 재능 있는 3선 자원이다. 높이와 파워를 갖춘 정태욱은 기존 수비진에 힘을 더해줄 전망이다. 송범근의 빈자리는 K리그2의 조현우로 불린 정민기가 메운다. 무엇보다 'K리그 득점왕' 조규성의 잔류는 천군만마가 될 수 있다.

저자 6인 순위 예측

• 김 성 원 •

2위_부인할 수 없는 최강의 전력, 단 수문장 자리는 물음표. 하모니를 연출하기 위해선 시간 필요. 변수와의 싸움에서 이길 수 있어야 한다.

• 이 원 만 •

3위_김상식 감독과의 재계약이 약이 될까, 독이 될까. 확실한 건 작년에 비해 딱히 팀이 세진 것 같진 않다.

• 김 진 회 •

1위_2022시즌 불안요소를 외부 영입으로 보강. 무엇보다 센터백 정태욱을 품은 건 '신의 한 수'.

• 윤 진 만 •

2위_투자 효과를 거두려면 다소간 시간이 필요해 보인다. 그래도 웬만한 팀들을 '압살'할 스쿼드인 건 분명.

• 박 찬 준 •

1위_불안요소를 감안하더라도, 너무 압도적인 스쿼드. 리그 우승 탈환이라는 동기부여까지 충만.

• 김 가 을 •

2위_왕좌 탈환을 위해 선수단 대거 영입. 확 바뀐 선수단 호흡은 아직 물음표.

조규성

1998년 1월 25일 | 25세 | 대한민국 | 189cm | 82kg

경력

안양(19)
▷전북(20~21)
▷상무(21~22)
▷전북(22~)

K리그 통산기록

112경기 43골 14도움

대표팀 경력

20경기 6골
2022 월드컵

2022년 카타르 월드컵이 낳은 한국 최고의 히트상품. 우루과이와의 1차전에서 교체투입되며 잘생긴 외모를 전 세계에 알리더니, 가나와의 2차전에서는 한국축구 월드컵사에서 최초로 멀티골을 성공시키며 실력까지 입증했다. 단숨에 국민 스타 반열에 올랐지만, 사실 K리그 팬들에게 조규성은 이전부터 알아주는 선수였다. 2019년 안양에서 데뷔해, 첫 해부터 팀의 주전 공격수로 떠오르며 14골을 넣었다. K리그2 베스트11에 오른 그는 패션센스를 과시하며, 많은 화제를 모았다. 그는 다음해 리그 최강 전북 유니폼을 입었다. 쟁쟁한 공격수들 사이에서 설 자리를 잃은 조규성은 측면으로 자리를 옮겨야 했다. 이른 군입대는 그에게 '신의 한수'가 됐다. 김천에서 살아난 그는 파울루 벤투 감독의 눈에 띄어 대표팀에 깜짝 발탁됐고, 이는 엄청난 성장세로 이어졌다. 지난해 김천에서 최고의 활약을 펼친 조규성은 전북 복귀 후에도 기세를 이어가며, 득점왕까지 거머쥐었다. 조규성은 월드컵에서의 활약으로 유럽 클럽들의 러브콜을 한몸에 받았지만, 결국 전북 잔류를 택했다. 여름 유럽 진출을 노리는 조규성 입장에서 올 시즌 활약은 대단히 중요하다. 집중 견제가 예상되는 가운데, 지금의 성장세라면 또 한 번의 업그레이드를 기대할만 하다. 리그 정상 탈환을 노리는 전북이 가장 기대하는 부분이다.

2022시즌 기록					
2	2,607(31) MINUTES 출전시간(경기수)	17 GOALS 득점	5 ASSISTS 도움	0	8 WEEKLY BEST 11 주간베스트11

강점	넓은 활동 반경, 준수한 연계력, 공중 장악력 탁월, 적극적 전방압박	특징	인스타 팔로워 300만명, 잘생겼는데 옷까지 잘입는
약점	조금 아쉬운 결정력, 조금 부족한 스피드	별명	규니, 만찢남

백승호

1997년 3월 17일 | 26세 | 대한민국 | 182cm | 72kg

경력

바르셀로나B(16~17)
▷페랄라다(17~19)
▷지로나(17~19)
▷다름슈타트(19~21)
▷전북(21~)

K리그 통산기록

55경기 6골 5도움

대표팀 경력

15경기 3골
2017 U-20 월드컵
2022 월드컵

의심할 여지 없는 전북 중원의 핵이다. 이승우와 함께 바르셀로나에서 뛰었던 백승호는 역대급 재능으로 불렸다. 하지만 유럽 성적표는 기대에 미치지 못했다. 스페인 페랄라다, 지로나를 거쳐 독일 다름슈타트까지 갔지만, 갈수록 입지가 줄어들었다. 탈출구는 전북이었다. K리그행을 타진했지만, 과거 수원과의 합의서 문제가 불거졌다. 매일 언론을 장식할 정도로 뜨거운 이슈 속, 결국 전북 유니폼을 입었다. 입단 당시 심적인 부담과 컨디션 저하로 기대만큼의 경기력을 보이지 못했다. 하지만 백승호는 스스로 이겨냈다. 김상식 감독의 배려 속 출전 기회를 늘려나간 백승호는 조금씩 과거의 기량을 회복했다. 감각적인 테크닉과 정확한 킥, 탁월한 조율 능력을 앞세워 자신의 진가를 확인시켰고, 대표팀까지 승선했다. 지난 시즌에는 상대의 집중적인 견제 속에서도 확실한 능력을 보여줬다. 파트너가 자주 바뀌는 와중에서도 든든히 중심을 잡아줬다. 부주장으로 전북 안팎의 존재감은 더욱 커졌다. 이같은 활약을 인정받아, 2022년 카타르월드컵 최종 엔트리에도 승선했고, 브라질과의 16강전에서는 환상 중거리포로 꿈에 그리던 월드컵 득점까지 성공했다. 올 시즌 중원 쪽에 많은 선수들이 가세했지만, 여전히 전북 미드필더의 핵심은 공격과 수비를 오갈 백승호다.

2022시즌 기록

3	2,651(30) MINUTES 출전시간(경기수)	2 GOALS 득점	5 ASSISTS 도움	1	2 WEEKLY BEST 11 주간베스트11

강점	뛰어난 테크닉, 정확한 킥	특징	조용한 카리스마, 전주성 인기짱
약점	아쉬운 수비 포지셔닝, 부족한 스피드	별명	천재

김진수

1992년 6월 13일 | 31세 | 대한민국 | 177cm | 77kg

경력

알비렉스 니가타(12~14)
▷호펜하임(14~16)
▷전북(17~20)
▷알 나스르(20)
▷전북(21~)

K리그 통산기록

121경기 9골 14도움

대표팀 경력

65경기 2골
2009 U-17 월드컵
2011 U-20 월드컵
2022 월드컵

김진수는 마침내 월드컵 한을 풀었다. 부상으로 2014년 브라질, 2018년 러시아 대회를 앞두고 낙마해야 했던 김진수는 카타르월드컵 최종 엔트리에 승선에 성공하며 4경기 모두 선발출전했다. 하지만 과정은 험난했다. 김진수는 2022년 말그대로 영혼까지 갈아넣었다. 리그, FA컵, 아시아챔피언스리그를 오가며 전북의 왼쪽을 든든히 지켰다. 매 경기 후 팬들이 부상을 우려할 정도로 뛰었다. 자칫 월드컵 출전이 다시 한번 좌절될 수 있었지만, 그래도 멈추지 않았다. 그게 김진수였다. 알비렉스 니가타에서 유망주로 불리던 김진수는 독일 호펜하임으로 이적해, 유럽에 도전했다. 2017년 아쉽게 한국으로 돌아왔지만, 전북에서 자신의 진가를 확실히 알렸다. 2020년 알나스르 이적 후 치명적인 아킬레스건으로 쓰러졌지만, 끝내 다시 일어섰다. 2021년 친정팀인 전북으로 돌아와 다시 한번 부활에 성공했고, 2022년 여름 1년 임대 연장으로 전북과의 동행을 이어갔다. 2022년 리그 베스트11에 선정되며, 명실상부 한국 최고의 왼쪽 풀백임은 확인시킨 김진수는 올 시즌에도 전북 공수의 중심이다. 다만 여름 다시 한번 기로에 서야하는데, 김진수의 잔류 여부는 전적으로 알 나스르에 달려 있다. 이 선택은 전북 우승 레이스에도 큰 영향을 미칠 전망이다.

2022시즌 기록					
6	2,639(31) MINUTES 출전시간(경기수)	2 GOALS 득점	3 ASSISTS 도움	0	3 WEEKLY BEST 11 주간베스트11

강점	탁월한 언더래핑, 정상급 크로스	특징	K리그 연봉 1위(14억7000만원), 연봉 보다 큰 승부욕
약점	떨어지는 스피드, 알아주는 다혈질 성격	별명	K리그 연봉킹

아마노 Jun Amano

1991년 7월 19일 | 32세 | 일본 | 175cm | 67kg

경력

요코하마 마리노스(14~19)
▷로케런(19~20)
▷요코하마 마리노스(20~21)
▷울산(22)
▷전북(23~)

K리그 통산기록

30경기 9골 1도움

대표팀 경력

1경기

아마노는 올 겨울 이슈의 중심이었다. 울산을 떠나 전북 유니폼을 입은 아마노를 향해 홍명보 울산 감독은 “내가 아는 일본 선수 중 최악”이라며 이례적인 폭탄발언을 했다. 이후 이적 과정을 두고, 아마노와 울산은 기자회견을 통해 진실 공방을 펼쳤다. 이처럼 K리그 양강 전북과 울산이 아마노로 뜨거웠던 이유는 그만큼 그가 뛰어난 선수이기 때문이다. 아마노는 지난해 K리그에 입성했다. 요코하마 마리노스를 중심으로 벨기에 로케런 등에서 뛰었던 아마노는 이케다 세이고 코치의 추천으로 울산에 왔다. 아마노는 적응기도 없이 바로 K리그를 폭격했다. 특유의 정교한 왼발킥과 창의적인 공격 전개는 울산 공격의 핵이었다. 해결사 본능도 빛났다. 아마노는 17년만의 우승을 차지한 울산의 일등공신 중 하나였다. 쿠니모토 이탈 후 중원에서 창의성을 더해줄 플레이메이커가 없었던 전북은 발빠른 움직임으로, 아마노를 품는 데 성공했다. K리그 적응까지 마친 아마노는 전북 2선에 큰 힘이 될 전망이다. 특히 현대가 더비의 새 이름, ‘아마노 더비’는 올 시즌 내내 뜨거운 관심을 불러 일으킬 전망이다. 아마노가 울산에서 보여준 활약을 전북에서도 이어간다면, 전북은 그만큼 리그 우승에 가까이 갈 수 있다.

2022시즌 기록

6	2,198(30) MINUTES 출전시간(경기수)	9 GOALS 득점	1 ASSISTS 도움	0	2 WEEKLY BEST 11 주간베스트11

강점	정교한 왼발킥, 창의적인 공격전개	특징	제2의 나카무라 슌스케, 이슈의 중심
약점	아쉬운 수비력, 부실한 오른발	별명	아마쥰

정태욱

1997년 5월 16일 | 26세 | 대한민국 | 194cm | 92kg

경력

제주(18)
▷대구(19~22)
▷전북(23~)

K리그 통산기록

128경기 4골 3도움

대표팀 경력

2017 U-20 월드컵
2020 올림픽

'십고초려'였다. 전북 왕조의 시작부터 함께한 김상식 감독은 부임 후 줄곧 세대교체를 강조했다. 서서히 팀의 체질을 바꾸던 전북의 마지막 고민은 중앙 수비였다. 오랜 기간 전북의 중앙을 지켜줄 대들보를 찾던 김 감독의 마음 속에는 오로지 한 선수, 정태욱만이 있었다. 정태욱은 일찌감치 한국축구의 차세대 센터백으로 평가받았다. 2017년 한국에서 열린 U-20 월드컵, 2018년 자카르타-팔렘방아시안게임, 2020년 도쿄올림픽 등을 엘리트코스를 경험했다. 2020년 11월에는 A대표팀에도 승선했다. 2018년 제주 유나이티드를 통해 K리그에 입성한 정태욱은 2019년 대구FC로 이적해 리그 정상급 수비수로 자리매김했다. 194cm 92㎏, 유럽 선수를 방불케 하는 신체조건을 앞세운 정태욱은 제공권과 파워에서 타의 추종을 불허했다. 스피드도 좋은데다, 특히 세트피스에서 엄청난 위력을 발휘했다. 전북은 정태욱 영입을 위해 대구와 여러 차례 협상을 펼쳤지만, 대구의 뜻은 절대불가였다. 전북이 엄청난 이적료를 제시해도 흔들리지 않았다. 하지만 전북의 계속된 노력 끝, 마침내 올 겨울 그토록 원했던 정태욱을 품는 데 성공했다. 포백에서의 활약이 변수기는 하지만, 정태욱이 기대대로 홍정호의 후계자로 자리매김한다면 전북의 중앙은 여전히 단단할 전망이다.

2022시즌 기록

5	3,323(36) MINUTES 출전시간(경기수)	1 GOALS 득점	1 ASSISTS 도움	0	4 WEEKLY BEST 11 주간베스트11

강점	괴물같은 피지컬, 압도적 공중볼 장악력	특징	전북의 오랜 구애 끝 입성, 조규성과의 브로맨스
약점	부족한 민첩성, 살짝 떨어지는 발밑	별명	정 다이크, 짝대기, 수트라이커

이동준

1997년 2월 1일 | 26세 | 대한민국 | 173cm | 64kg
경력 | 부산(17~20)▷울산(21)▷헤르타BSC(22)▷전북(23~)
K리그 통산기록 | 132경기 35골 16도움
대표팀 경력 | 4경기, 2020 올림픽

리그 정상 탈환을 위한 전북의 승부수다. 지난 시즌 공격에서 아쉬움을 느낀 전북은 독일 진출 후 잦은 부상으로 좀처럼 기회를 얻지 못하던 이동준을 점찍었다. 2021년까지 보여준 이동준의 공격력은 K리그 탑급이었다. 부산 유스 출신으로 K리그2 MVP까지 거머쥐었던 이동준은 2021년 울산 이적 후 한단계 도약했다. 특유의 스피드에 결정력까지 더해졌다. 이는 헤르타 베를린이 러브콜한 배경이었다. 비록 유럽 무대에서는 아쉽게 실패했지만, K리그에서 보여준 모습을 되찾는다면, 전북의 닥공은 살아날 공산이 크다.

2022시즌 기록						강점	약점
0	0	117(4) MINUTES 출전시간(경기수)	0 GOALS 득점	0 ASSISTS 도움	- WEEKLY BEST 11 주간베스트11	번개같은 스피드	부상 후유증

■독일 리그 기록

김문환

1995년 8월 1일 | 28세 | 대한민국 | 173cm | 64kg
경력 | 부산(17~20)▷LA FC(21~22)▷전북(22~)
K리그 통산기록 | 139경기 9골 6도움
대표팀 경력 | 26경기, 2022 월드컵

2021년 미국 진출 후 힘겨워 하던 김문환은 2022년 3월 전북의 러브콜을 받고 전격적으로 국내에 복귀했다. 초반 다소 아쉬운 활약을 보였지만, 이내 전북에서 빠놓을 수 없는 선수가 됐다. 거의 모든 경기를 풀타임 소화할 정도였다. 한국행은 성공적이었다. 멀어졌던 대표팀에 다시 복귀한 김문환은 2022년 카타르월드컵에 나서 전경기 풀타임을 소화했다. 누네스, 칸셀루, 비니시우스 등을 상대로도 밀리지 않는 모습을 보였다. 풀백 변신 6년차, 월드컵을 경험하며 확실한 경험치를 더한 김문환의 올 시즌은 분명 주목할만 하다.

2022시즌 기록						강점	약점
2	0	2,519(28) MINUTES 출전시간(경기수)	1 GOALS 득점	2 ASSISTS 도움	1 WEEKLY BEST 11 주간베스트11	폭발적인 오버래핑	세밀한 플레이

송민규

1999년 9월 12일 | 24세 | 대한민국 | 179cm | 72kg
경력 | 포항(18~21)▷전북(21~)
K리그 통산기록 | 111경기 25골 15도움
대표팀 경력 | 13경기 1골, 2020 올림픽, 2022 월드컵

여전히 적응기다. 2020년 영플레이어상을 수상했던 송민규는 2021년 여름 무려 21억원이라는 거액의 이적료로 전북 유니폼을 입었다. 포항에서와 달리, 전북의 송민규는 아쉽다. 이적 첫해 3골 3도움에 그쳤던 송민규는 지난해에도 3골 3도움에 머물렀다. 하지만 후반기 경기력은 분명 인상적이었다. 특히 원톱으로 나서 연속골을 쏘아올리던 모습은 전북이 기대하던 바로 그 모습이었다. 카타르 월드컵에 나선 송민규는 비록 경기에 출전하지는 못했지만, 한 단계 성숙해진 모습이었다. 이동준의 가세로 왼쪽 이동이 가능해진 만큼, 송민규의 세 번째 시즌은 달라질 전망이다.

2022시즌 기록						강점	약점
0	0	1,573(22) MINUTES 출전시간(경기수)	3 GOALS 득점	3 ASSISTS 도움	3 WEEKLY BEST 11 주간베스트11	저돌적인 드리블	느린 스피드

홍정호

1989년 8월 12일 | 34세 | 대한민국 | 187cm | 82kg
경력 | 제주(10~13)▶아우크스부르크(13~16)▶장쑤 쑤닝(16~19)▶전북(18~)
K리그 통산기록 | 189경기 9골 6도움
대표팀 경력 | 42경기 2골, 2009 U-20 월드컵, 2014 월드컵

아쉬운 2022년이었다. 2021년 수비수로는 24년만에 MVP를 거머쥐었던 홍정호는 많은 기대 속 2022시즌을 나섰지만, 부상에 발목이 잡혔다. 아킬레스건 부상으로 중요한 시기에, 3개월이나 경기에 나서지 못했다. 팀이 울산에 밀리는 모습을 지켜봐야 했다. 전북 입성 후 첫 우승 실패였다. 한국인 최초의 빅리그 중앙 수비수 타이틀을 갖고 있는 홍정호는 수비수가 갖춰야 할 모든 덕목을 갖췄다는 평가다. 다만 아킬레스건에 큰 부상을 겪은 만큼, 올 시즌 어느 정도 기량을 유지할지가 변수다. 물론 아프지 않은 홍정호는 여전히 최고의 수비수다.

2022시즌 기록						강점	약점
4	1	1,705(19) MINUTES 출전시간(경기수)	1 GOALS 득점	2 ASSISTS 도움	5 WEEKLY BEST 11 주간베스트11	육각형 수비수	잦은 부상

박진섭

1995년 10월 23일 | 28세 | 대한민국 | 186cm | 79kg
경력 | 안산(18~19)▶대전(20~21)▶전북(22~)
K리그 통산기록 | 154경기 17골 5도움
대표팀 경력 | -

대반전이었다. K리그2의 괜찮은 수비형 미드필더였던 박진섭은 김상식 감독의 튜터링 속 K리그1 최고의 센터백이 됐다. 대전코레일에서 선수생활을 시작해, 안산, 대전을 거친 박진섭은 2022시즌 전북에 입단하며 마침내 K리그1 무대에 섰다. '전북에서 뛸 정도는 아니다'는 의구의 시선 속, 찾아온 기회를 놓치지 않았다. 수비수들의 줄부상 속 센터백으로 나선 박진섭은 원래 그 자리에서 뛰었던 선수처럼 펄펄 날았다. 높이와 힘은 물론, 빌드업까지 갖춘 박진섭은 매경기 맹활약을 펼치며, K리그1 베스트11 수비수 부문에 이름을 올렸다.

2022시즌 기록						강점	약점
5	0	2,934(33) MINUTES 출전시간(경기수)	2 GOALS 득점	0 ASSISTS 도움	6 WEEKLY BEST 11 주간베스트11	강력한 몸싸움 탁월한 공중볼 경합력	부족한 경험

맹성웅

1998년 2월 4일 | 25세 | 1998년 2월 4일 | 180cm | 72kg
경력 | 안양(19~21)▶전북(22~)
K리그 통산기록 | 101경기 1골 5도움
대표팀 경력 | U-23 대표팀 8경기

식사마가 만든 또 하나의 3선 자원. FA로 안양을 떠나 전북 유니폼을 입은 맹성웅은 초반 팀의 두터운 선수층에 막혀 B팀을 오갔다. 하지만 쿠니모토의 음주운전 이탈로 중원이 헐거워지자, 김상식 감독은 전격적으로 맹성웅 카드를 꺼냈다. 수비력이 뛰어난 미드필더가 부족한 전북에서 맹성웅의 가치는 컸다. 맹성웅의 중용과 함께 전북은 놀라운 상승세를 보였다. 시간이 갈수록 특유의 패싱력도 살아났다. 아쉽게 마지막 현대가 더비에서 다치며 시즌 막판을 날렸지만, 올 시즌 폭풍 영입 속에서도 한 자리를 당당히 차지할 수 있는 위치로 성장했다.

2022시즌 기록						강점	약점
6	0	1,283(17) MINUTES 출전시간(경기수)	0 GOALS 득점	2 ASSISTS 도움	- WEEKLY BEST 11 주간베스트11	넓은 시야 정확한 볼배급	부족한 창의성

문선민

1992년 6월 9일 | 31세 | 대한민국 | 172cm | 68kg
경력 | 외스테르순드(12~15)▷유르고덴스(15~16)▷인천(17~18)▷전북(19~20)▷상무(20~21)▷전북(21~)
K리그 통산기록 | 162경기 37골 26도움
대표팀 경력 | –

데뷔 후 최악의 시즌이었다. 부상과 부진이 겹쳤다. 감독과 불화설까지 있었다. 가진 재능은 최고 수준이다. 빠른 스피드와 잔발을 이용한 돌파는 외국인 선수급이라는 평가다. 하지만 경기 외적으로 쏟아붓는 시간이 너무 많았다. 집중력이 떨어져, 마무리에서 어려움을 겪었다. 아시아챔피언스리그 4강전의 결정력 부재는 전북 입장에서 두고두고 아쉬웠다. 문선민은 나이키 오디션을 통해 스웨덴 3부리그에서 프로 경력을 출발한 입지전적인 인물이다. 다시 축구에 집중한다면 부활할 가능성이 크다. 그렇다면 전북은 새로운 특급 외인을 영입한 셈이다.

2022시즌 기록						강점	약점
0	0	999(23) MINUTES 출전시간(경기수)	1 GOALS 득점	2 ASSISTS 도움	2 WEEKLY BEST 11 주간베스트11	폭발적인 순간 스피드	아쉬운 판단력 집중력

정민기

1996년 2월 9일 | 27세 | 대한민국 | 190cm | 78kg
경력 | 안양(18~22)▷전북(23~)
K리그 통산기록 | 97경기 110실점
대표팀 경력 | –

주전 골키퍼 송범근을 일본으로 보낸 전북의 선택은 'K리그2 조현우' 정민기였다. 2018년 안양에서 데뷔한 정민기는 K리그2 최고의 골키퍼 중 한 명으로 불렸다. 2020년부터 출전 시간을 늘린 정민기는 2021년과 2022년 맹활약을 펼치며 팀의 플레이오프행에 기여했다. 190cm의 큰 키에도 불구하고 엄청난 민첩성과 순발력을 갖고 있어, 슈퍼세이브를 자주 보여준다. K리그1 경험이 없지만, 누구보다 빠르게 성장하고 있다는 게 정민기의 큰 장점이다. 전북은 검증된 넘버2 GK 이범수까지 보냈다. 그만큼 정민기를 믿는다는 이야기다.

2022시즌 기록						강점	약점
1	0	3,953(41) MINUTES 출전시간(경기수)	119 SAVE 선방	41 LOSS 실점	4 WEEKLY BEST 11 주간베스트11	환상적인 반사신경	아직은 부족한 경기운영 능력

■K리그2 기록

하파 실바 Rafael da Silva

1992년 4월 4일 | 31세 | 브라질 | 179cm | 73kg
경력 | 코리치바(12~13)▷로가노(13~14)▷알비렉스 니가타(14~16)▷우라와 레즈(17)▷우한(18~22)▷크루제이루(22)▷전북(23~)
K리그 통산기록 | –
대표팀 경력 | –

능력은 의심의 여지가 없다. 특히 아시아 무대에서 검증을 마쳤다. 알비렉스 니가타에 이어 우라와 레즈로 이적한 하파엘은 2017년 11경기 9골을 넣으며 아시아챔피언스리그 우승을 거머쥐었다. 이후 거액에 중국 우한FC로 자리를 옮긴 하파엘은 거기서도 골 폭풍을 이어갔다. 공격 전 포지션을 소화할 수 있는데다, 특히 마무리 능력이 탁월하다는 평가다. 하지만 건강했을 때의 이야기다. 무릎 부상에 자주 시달렸던 하파엘은 최근 크루제이루에서 또 무릎을 다쳤다. 다행히 빠르게 회복하고 있지만, 30세가 넘어간 만큼 우려도 된다. 몸상태가 변수다.

2022시즌 기록						강점	약점
3	0	589(18) MINUTES 출전시간(경기수)	6 GOALS 득점	0 ASSISTS 도움	- WEEKLY BEST 11 주간베스트11	아시아 무대 적응 탁월한 결정력	부상 후유증

■브라질 2부 리그 기록

오재혁

2002년 6월 21일 | 21세 | 대한민국 | 170cm | 60kg
경력 | 포항(21)▷부천(21~22)▷전북(23~)
K리그 통산기록 | 50경기 2골 4도움
대표팀 경력 | –

전북의 고민은 '22세 카드'였다. B팀 운영을 통해 자원이 늘어났지만, 전북의 특급 스타들과 함께할 수준의 재능을 아직 찾지 못했다. 그래서 데려온 게 오재혁이다. 오재혁은 '제2의 황인범'이라 불릴 정도로 재능을 인정받고 있다. 박스투박스 유형의 미드필더로 엄청난 활동력에 기술적 세련미까지 갖췄다. 올림픽 대표팀에서도 핵심 재목으로 분류되고 있다. 부천에서 K리그2 최고의 미드필더로 성장한 오재혁은 K리그1 첫 팀으로 최강 전북을 택했다. 쟁쟁한 선배들 사이에서 성장하는 것이 첫 번째 목표지만, 잘 할 수 있다는 자신감도 숨기지 않고 있다.

2022시즌 기록						강점	약점
3	0	3,184(33) MINUTES 출전시간(경기수)	2 GOALS 득점	3 ASSISTS 도움	4 WEEKLY BEST 11 주간베스트11	탁월한 테크닉 엄청난 기동력	부족한 경험

■ K리그2 기록

한교원

1990년 6월 15일 | 33세 | 대한민국 | 182cm | 73kg
경력 | 인천(11~13)▷전북(14~17)▷화성(17)▷전북(17~)
K리그 통산기록 | 292경기 64골 28도움
대표팀 경력 | 9경기 1골

팬들 사이에서 '스텔스' 같은 선수로 불린다. 조용히 있다 갑자기 나타나 한 방을 터뜨리기 때문이다. 지난 시즌 특히 더 그랬다. 과거 같은 폭발력은 사라졌지만, 이제 골냄새를 맡는 후각은 더욱 좋아졌다. 투지 넘치는 플레이도 여전하다. 지난해 전북 측면이 무너진 가운데서도, 5골을 터뜨리며 제 몫을 해냈다. 특유의 전화 세리머니도 여전했다. 철저한 무명이었던 한교원은 특유의 성실함으로, 최강 전북에서 9번째 시즌을 맞는 베테랑이 됐다. 과거만큼 출전시간을 받지 못하겠지만, 해결사 본능은 필요한 순간마다 전북에 큰 힘이 될 전망이다.

2022시즌 기록						강점	약점
0	0	1,077(20) MINUTES 출전시간(경기수)	5 GOALS 득점	0 ASSISTS 도움	2 WEEKLY BEST 11 주간베스트11	의외의 순간에 터지는 한방	부정확한 크로스

김건웅

1997년 8월 29일 | 26세 | 대한민국 | 188cm | 82kg
경력 | 울산(16~19)▷전남(19)▷수원FC(20~22)▷전북(23~)
K리그 통산기록 | 145경기 7골 3도움
대표팀 경력 | –

전북은 지난해에도 김건웅을 원했다. 특유의 멀티 능력을 높이 샀기 때문이다. 김건웅은 수비형 미드필더 뿐만 아니라 센터백에서도 정상급 기량을 과시한다. 해가 바뀌자 전북은 다시 한 번 김건웅에 접근했고, 바이아웃 금액을 질러 영입에 성공했다. 김건웅은 울산, 전남을 거쳐 수원FC에서 확실한 임팩트를 남겼다. 전북은 일단 김건웅을 수비형 미드필더로 활용할 계획이다. 전북에 없는 신체 능력이 좋은 수비형 미드필더인 만큼, 적지 않은 기회를 받을 전망이다. 세밀함이 다소 떨어지기는 하지만, 스케일이 큰 그만의 플레이는 전북에서도 경쟁력이 있다.

2022시즌 기록						강점	약점
2	0	3,245(36) MINUTES 출전시간(경기수)	2 GOALS 득점	2 ASSISTS 도움	4 WEEKLY BEST 11 주간베스트11	수비와 미드필더를 오가는 멀티성	다소 떨어지는 세밀함

안드레

André Luis

1997년 4월 21일 | 26세 | 브라질 | 179cm | 70kg
경력 | 아틀레치쿠 파라나엔시(15~17)▷산타크루스(17)▷폰지 프레타(18)▷코린치안스(19~20)▷대전(20)▷아틀레치쿠 고이아니엔시(21)▷쿠이아바(22)▷전북(23~)
K리그 통산기록 | 169경기 14골 9도움
대표팀 경력 | –

안드레는 3년 전 대전에서 센세이셔널한 활약을 펼쳤다. 대전의 공격을 홀로 이끌며 13골을 넣었다. 단 1년이었지만, K리그 팬들에게 강한 인상을 남겼다. 이후 안드레는 꾸준히 K리그 팀들과 연결됐다. 하지만 높은 몸값 등으로 인해 영입이 쉽지 않았다. 바로우를 보낸 전북이 마지막 퍼즐로 안드레를 택했다. 2선 전 포지션과 최전방까지 오가는 안드레는 힘을 앞세운 플레이로 과거 '대전의 루니'라는 별명까지 얻었다. 차이가 있다면 안드레는 왼발이 더 탁월하다. 브라질 1부리그 쿠이아바에서 맹활약을 펼친 안드레는 한층 더 원숙해진 기량을 자랑하고 있다.

2022시즌 기록						강점	약점
5	0	1,846(33) MINUTES 출전시간(경기수)	3 GOALS 득점	0 ASSISTS 도움	- WEEKLY BEST 11 주간베스트11	폭발적인 왼발슈팅	아쉬운 터치

■ 브라질 리그 기록

최철순

1987년 2월 8일 | 36세 | 대한민국 | 175cm | 68kg
경력 | 전북(06~12)▷상무(12~14)▷전북(14~)
K리그 통산기록 | 424경기 3골 20도움
대표팀 경력 | 11경기, 2007 U-20 월드컵

2006년 입단 이래 전북에서만 뛴 원클럽맨이자 팀의 혼이다. 유일하게 남은 2006년 아시아챔피언스리그 우승 멤버로, 2009년 전북의 첫 우승부터 2021년 우승까지 9번의 우승을 모두 함께 했다. K리그 역사상 가장 많은 리그 우승을 경험한 선수다. 확실히 내리막을 타고 있지만, 출전한 경기에서는 여전히 인상적인 모습을 보이고 있다. 지난 시즌에도 17경기나 소화했다. 특히 예전보다 활동량도, 체력도 떨어졌지만, 상대 공격수를 무력화시키는 투지는 여전하다. 이전보다 역할이 축소됐으나, '최투지'는 여전히 그라운드 안팎에서 전북을 지키고 있다.

2022시즌 기록						강점	약점
0	0	1,162(17) MINUTES 출전시간(경기수)	0 GOALS 득점	0 ASSISTS 도움	- WEEKLY BEST 11 주간베스트11	풍부한 경험 엄청난 체력	투박한 터치

윤영선

1988년 10월 4일 | 35세 | 대한민국 | 185cm | 78kg
경력 | 성남(10~18)▷상무(16~18)▷울산(19~20)▷서울(20)▷수원FC(21~22)▷전북(22~)
K리그 통산기록 | 270경기 6골 1도움
대표팀 경력 | 7경기, 2018 월드컵

끝났다고 생각한 순간 길이 열렸다. 지난 시즌 부상 여파로 수원FC에서 설 자리가 없었던 윤영선은 수비수를 급하게 찾던 전북의 유니폼을 입었다. 4번째 중앙수비 자원으로 평가받았지만, 수비수들의 줄부상 속 기회를 얻었다. 게다가 파트너는 센터백 경험이 부족한 박진섭이었다. 클래스는 변하지 않았다. 윤영선은 풍부한 경험을 앞세워 전북의 수비라인을 든든히 지켰다. 20경기나 나섰다. 그는 지난 시즌 전북의 '언성 히어로'였다. 재계약에도 성공했다. 올 시즌 정태욱까지 가세하며, 4번으로 다시 밀릴 수 있지만, 그래도 믿고 맡길 수 있는 수비수다.

2022시즌 기록						강점	약점
2	0	1,654(20) MINUTES 출전시간(경기수)	0 GOALS 득점	0 ASSISTS 도움	- WEEKLY BEST 11 주간베스트11	풍부한 경험을 앞세운 커버력	어쩔 수 없는 체력의 한계

전지적 작가 시점

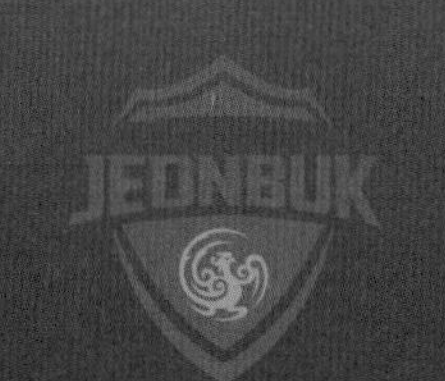

박찬준이 주목하는 전북의 원픽!

이동준

전북의 '닥공' 공식은 명확했다. 확실한 스트라이커, 그리고 그를 받쳐줄 특급 윙어. 20골 가까이 넣어줄 수 있는 스트라이커와 10골 이상을 득점하는 윙어들의 조합은 상대에게 공포, 그 자체였다. 지난 시즌 이 공식이 무너졌다. 조규성의 전역으로 고민이었던 최전방 문제는 해결됐지만, 윙어들의 경기력은 아쉬웠다. 바로우를 제외하고는 낙제점이었다. 특히 아시아챔피언스리그에서 보여준 윙어들의 결정력 부재는 심각할 정도였다. 절치부심한 전북의 올 겨울 첫 선택은 측면 강화였다. 카드는 하나, 이동준이었다. 독일에서 실패했지만, 건강한 이동준은 이미 검증을 마쳤다. 독일 입성 전 울산에서 보여준 이동준의 플레이는 대단히 인상적이었다. 폭발적인 스피드는 물론, 결정력까지 갖춘 이동준은 전북의 고민을 해결해줄 최상의 카드였다. 이동준이 오른쪽에서 10골 이상 넣어준다면, 전북의 공격력은 배가 될 수 있다. 왼쪽의 문선민, 송민규와 시너지를 낼 수 있다. 다만, 독일에서 1년간 경기에 거의 나서지 못하며, 컨디션이나 감각을 올리는데 시간이 필요할 수 있다. 하지만 전북은 이동준이 최상의 상태가 될때까지 대신 해줄 수 있는 선수들이 많은 팀이다.

지금 전북에 이 선수가 있다면!

김영권

전북은 올 겨울 대대적인 투자에 나섰다. 전포지션에 걸쳐 수준급 선수들을 더했다. 전북의 자랑인 더블 스쿼드가 완성됐다. 몇몇 포지션은 트리플, 쿼드러플까지도 가능할 정도다. 전포지션에 걸쳐 빈틈을 찾기가 어렵다. 그래도 딱 하나 아쉬운 점을 꼽으라면, 센터백 라인이다. 오매불망 원했던 정태욱까지 더하며, 기존의 홍정호 박진섭 구자룡 윤영선에, 때에 따라 센터백으로 전환할 수 있는 김건웅까지 양과 질에서 손색이 없다. 하지만 내부를 들여다보면, 저 6명이 모두 오른발잡이라는 점은 아쉽다. 후방 빌드업이 중요한 현대축구에서 왼발-오른발 조합은 기본 중의 기본이다. 물론 왼쪽에서 설 수 있는 선수들이 많지만, 왼발잡이가 아니라는 점에서 한계가 있다. 김영권은 한국 최고의 왼발잡이 센터백이다. 빌드업적인 측면에서는 비교대상이 없을 정도. 울산이 내줄리도 없겠지만, 김영권까지 가세하면 진짜 우승 레이스의 결과는 이미 정해진 셈이라 재미가 없을 것 같긴 하다.

제카
그랜트
완델손
오베르단
김승대
김인성
이호재
정재희
강현제
고영준
백성동
이승모
박승욱
조재훈
박찬용
김종우
심상민
김용환
박승욱
신광훈
박찬용
이규백
하창래
윤평국
황인재

포항스틸러스

'창단 50주년' 버프, 두 마리 토끼 다 잡아본다

포항 스틸러스

1973년 창단된 포항 스틸러스는 대표적인 'K리그 명문 구단'이다. 마지막 K리그 우승은 2013년이지만, 역대 다섯 차례나 우승 컵에 입 맞췄다. 한국 프로축구 태동과 함께 한 팀답게 이회택, 박경훈, 이흥실, 최순호, 박태하, 황선홍, 홍명보, 안익수, 김기동 등 수많은 스타 플레이어가 배출됐다. 가장 이색적인 건 오랜 세월 변하지 않은 포항 축구 색깔이다. 모기업 '철강회사' 포스코를 상징하는 용광로처럼 활활 타오르는 '공격 축구'가 유지되고 있다. 2022시즌에는 큰 성과도 냈다. K리그 우승은 달성하지 못했지만, 승점 60점(16승12무10패)을 기록하며, 2015년 승점 66점 이후 7년 만에 승점 60점 이상 기록한 시즌으로 마무리했다. 더불어 2023시즌 아시아챔피언스리그(ACL)행 티켓을 자력으로 확보했다. 포항은 K리그 내 가장 효율적인 구단으로 평가받는다. 투자 대비 좋은 성적을 올린다. 2019년부터 팀을 이끈 김기동 감독은 포항만의 색깔을 이어가는데 중추적인 역할을 하고 있다. 2023년은 팀 창단 50주년이 되는 해다. 지난 시즌이 끝난 뒤 선수단에 큰 폭의 변화가 있었지만, 착실히 선수 영입을 통해 전력을 보강했다. K리그와 ACL을 병행해야 하는 2023시즌에도 포항은 '김기동표 공격 축구'로 더 높은 곳을 바라보고 있다.

구단 소개

정식 명칭	포항 스틸러스 축구단
구단 창립	1973년 4월 1일
모기업	포스코
상징하는 색	블랙 & 레드
경기장(수용인원)	포항스틸야드 (15,521명)
마스코트	쇠돌이, 쇠순이
레전드	이회택, 이흥실, 박경훈, 박태하, 홍명보, 라데, 안익수, 김기동
서포터즈	강철전사
온라인 독립 커뮤니티	강철전사

우승

K리그	5회(1986, 1988, 1992, 2007, 2013)
FA컵	4회(1996, 2008, 2012, 2013)
AFC챔피언스리그(ACL)	3회(1996~1997, 1997~1998, 2009)

최근 5시즌 성적

시즌	K리그	FA컵	ACL
2022시즌	3위	8강	–
2021시즌	9위	8강	준우승
2020시즌	3위	4강	–
2019시즌	4위	32강	–
2018시즌	4위	32강	–

HOME

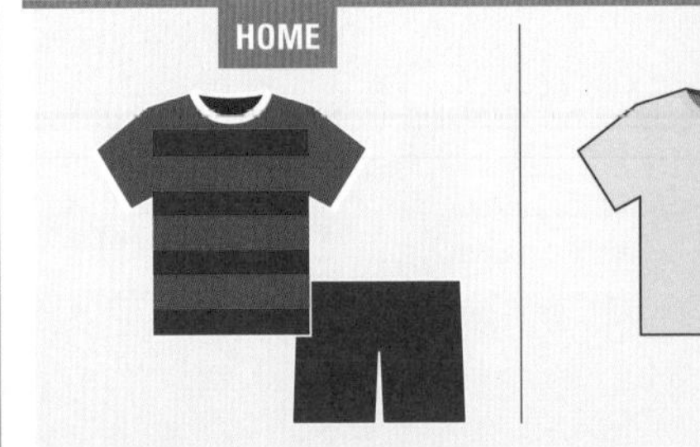

GK

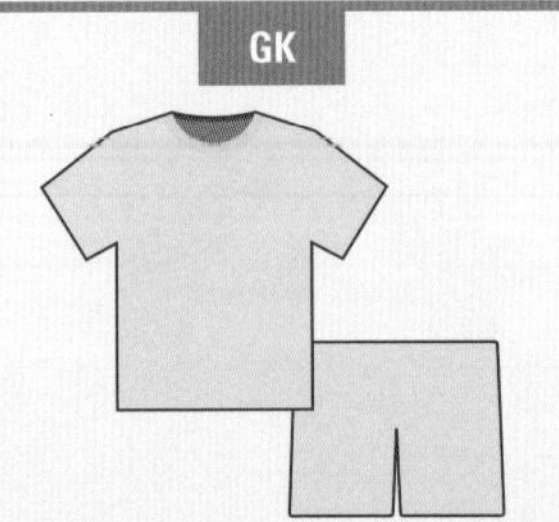

AWAY

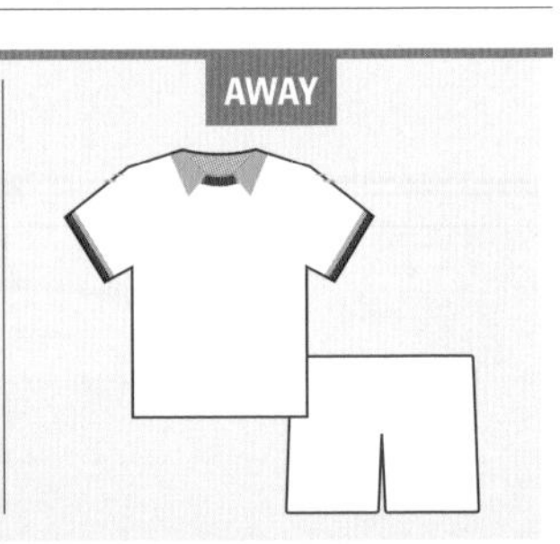

형님 리더십,
또다시 '명장' 시험대에 올랐다

김기동

1972년 1월 12일 | 51세 | 대한민국

K리그 전적
133전 57승 34무 42패

김기동 감독은 현역 시절 '철인'이었다. K리그 통산 501경기에 출전, 이동국(548경기)이 넘어서기 전까지 '필드 플레이어 최다 출장 기록' 보유자였다. 2013년 지도자로 변신한 뒤에도 탄탄한 길을 걸었다. 23세 이하 대표팀 코치로 2014년 인천아시안게임 금메달을 견인했다. 그는 탁월한 전략가다. 현역시절 풍부한 경험과 영국 축구 유학을 혼합해 '김기동표 패스축구'를 이식시켰고, 다양한 전략을 가미해 확실하게 색깔 있는 축구를 구사한다. 축구 팬이 포항 축구에 열광하는 이유다. 별명은 '재활공장장'이다. 축구인생에서 정점을 찍고 내려오고 있는 베테랑들을 영입해 전성기 때 모습을 되찾아주고 있다. 또 선수를 위해 희생하고, '큰 형'처럼 선수의 목소리를 잘 들어준다. 인간미도 살아있는 지도자다. 팀 창단 50주년인 2023년, 3년 계약 연장으로 포항 최장수 사령탑이 될 기회를 잡았다.

선수 경력

포항	부천SK	포항

지도자 경력

U-23 대표팀 코치	포항 수석코치	포항 감독(19~)

주요 경력

2020시즌 K리그1 감독상

선호 포메이션	4-2-3-1	3가지 특징	커리어 하향 선수 능력치 극대화	선수와 원활한 소통을 통한 팀 운영	냉철한 분석과 전략 수립

STAFF

수석코치	코치	GK코치	피지컬코치	선수 트레이너	전력분석관	통역
김대건	이광재 이규용	박호진	혼돈 손동민	이종규 변종근 강동훈	이창주	기지용

2022 REVIEW

다이나믹 포인트로 보는 포항의 2022시즌 활약도

신진호는 2022시즌 '커리어 하이'를 찍었다. 32경기에 선발 출전, 4골 10도움을 기록했다. 김기동 감독이 추구하는 전술의 핵이었다. 생애 최초 K리그 대상 베스트 11 미드필더에 뽑힌 신진호는 다이나믹포인트 49,816점을 획득해 전체 4위를 차지했다. 군복무를 마친 허용준도 30경기에서 10골 5도움으로 18위에 랭크됐다. '이적생'들도 제 몫을 다했다. 2021년 전남의 FA컵 우승을 이끈 정재희와 박찬용은 각각 30위와 62위에 올랐다. 공격수들이 좋은 평가를 받았다. 왼쪽 윙포워드 임상협, 공격형 미드필더 고영준이 각각 33위와 36위에 안착했다.

2022시즌 다이나믹 포인트 상위 20명 ■ 포인트 점수

포지션 평점

FW
⚽⚽⚽
MF
⚽⚽
DF
⚽⚽
GK
⚽⚽

출전시간 TOP 3

1위	박찬용	3,015분
2위	신진호	2,960분
3위	고영준	2,859분

▪골키퍼 제외

득점 TOP 3

1위	허용준	10골
2위	임상협	8골
3위	정재희	7골

도움 TOP 3

1위	신진호	10도움
2위	허용준	5도움
3위	고영준	4도움

주목할 기록

40-40	김승대 40-40 클럽 가입
11	신진호 최다 베스트 11 (11회) 선정

성적 그래프

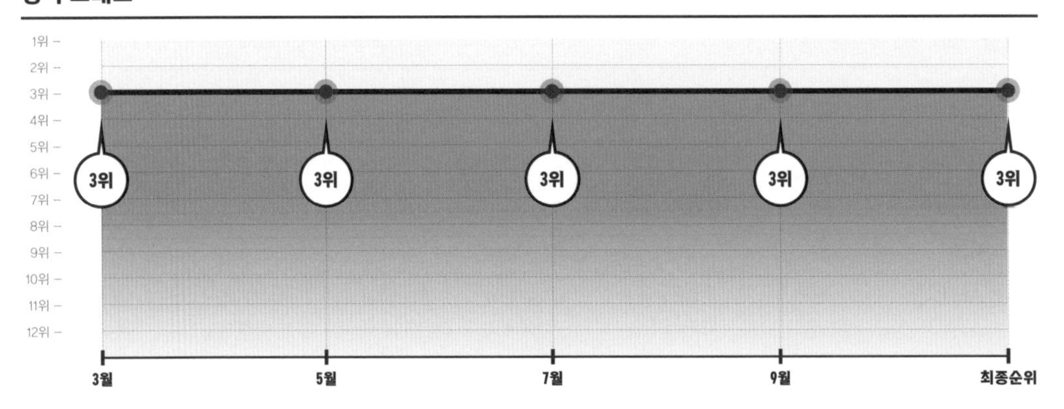

2023 시즌 스쿼드 운용 & 이적 시장 인앤아웃

ⓒ 주장 ■ U-22 자원

포항의 2023시즌 전력은 '에이스' 신진호를 비롯해 임상협과 허용준, 이수빈 등 핵심 선수들의 이탈과 이적으로 인해 2022시즌보다 분명 약해졌다. 심지어 주전 골키퍼 강현무도 군복무로 전력에서 빠졌다. K리그와 아시아챔피언스리그를 병행해야 하는 포항 입장에선 부담이 아닐 수 없다. 그러나 빈 자리는 착실히 즉시전력감 선수들로 메웠다. 윙어에 '스피드 레이서' 김인성, 공격형 미드필더에 백성동, 수비형 미드필더에 김종우를 데려왔다. 그 중에서도 그동안 강했던 미드필드 라인이 얼마나 버텨주느냐가 포항의 2023시즌 성적을 판가름할 열쇠가 될 것이다. '김기동표 패스축구'는 신진호를 중심으로 이뤄졌기 때문에 고영준, 백성동, 이승모의 유기적인 플레이가 필요해졌다. 3년 재계약을 한 김기동 감독의 업그레이드된 전술과 전략이 요구되는 시즌이다. 창단 50주년인 2023시즌 포항은 또 다시 투자 대비 고효율을 바라보고 있다.

주장의 각오

김승대

"2018~2019년 부주장을 두 차례 해봤지만 주장은 처음이다. 감독님과 선수들 사이에 소통이 원활히 이루어지도록 연결고리 역할을 잘 하겠다. 주장이 됐으니 후배들에게 밥을 더 많이 사야겠다."

2023 예상 베스트 11

이적시장 평가

포항은 올 시즌 이적시장에서 매우 분주했다. 전력 이탈자가 많았기 때문이다. 그래도 공백이 생긴 부분을 잘 메웠다는 평가다. 지난 시즌이 끝나자마자 최전방 공격수에 제카를 대구에서 데려왔고, 윙어에 김인성, 공격형 미드필더에 백성동, 수비형 미드필더에 김종우를 영입했다. 또 수비형 미드필더에 브라질 출신 오베르단을 영입해 제카, 완델손과 함께 '브라질 커넥션' 효과를 바라고 있다.

저자 6인 순위 예측

• 김 성 원 •

8위_'김기동 매직'도 생명을 다한 듯. 너무나 안타까운 신진호의 이탈. 가재는 게 편, 가치 인정받지 못하면 흔들릴 수밖에.

• 이 원 만 •

7위_또다시 김기동 감독이 하드캐리해야 하는 시즌. 가뜩이나 얇은 스쿼드에 신진호, 임상협 이탈은 너무나 큰 출혈이다.

• 김 진 회 •

3위_3명의 핵심 멤버를 잃은 건 큰 아픔. 새로 영입된 베테랑 선수들이 공백을 메워주는 것이 관건.

• 윤 진 만 •

7위_인천으로 떠난 신진호는 포항의 순위를 한두 계단 올리거나 내릴 수 있는 선수라고 본다. 얇은 스쿼드로 야챔을 병행하는 것이 변수.

• 박 찬 준 •

7위_제 아무리 기동매직이라도, 에이스 그 이상이었던 신진호의 공백을 메우기란 쉽지 않아 보인다.

• 김 가 을 •

4위_선수는 줄줄이 놓쳤지만, 김기동 감독은 지켰다. 팬들은 올해도 '기동매직'을 믿는다.

제카 Jose Joaquim De Carvalho

1997년 3월 6일 | 26세 | 브라질 | 192cm | 83kg

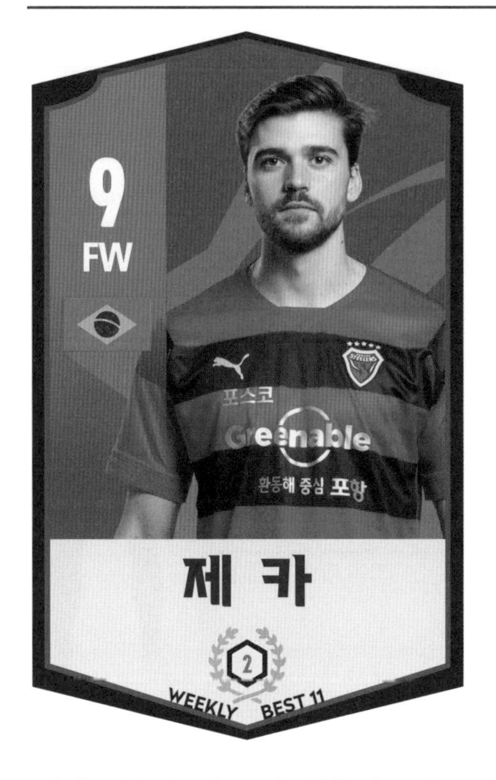

경력

바이아(16)
▷이피랑가(16)
▷보아비스타B(17~19)
▷고이아스(19~20)
▷크리시우마(20)
▷오에스테(21)
▷론드리나(21)
▷미라솔(22)
▷대구(22)
▷포항(23~)

K리그 통산기록

28경기 7골 7도움

대표팀 경력

–

제카는 지난 시즌 대구FC 유니폼을 입고 K리그 무대를 밟았다. 지난해 3월 21일 대구의 핵심 외국인 공격수 에드가가 아킬레스건 부상으로 전력에서 이탈하면서 이적시장 마지막 날 대체 공격수로 영입됐다. 192cm의 장신임에도 발밑 기술이 뛰어났다. 볼 키핑력도 좋고, 연계 능력도 나쁘지 않았다. 골결정력도 떨어지는 편이 아니었다. K리그, FA컵, 아시아챔피언스리그(ACL)를 통틀어 38경기에서 16골-8도움을 기록했다. K리그 데뷔 골을 빨리 터뜨렸다. 지난해 4월 5일 인천전에서 교체투입으로 예열을 마친 뒤 4월 9일 울산전에서 첫 골을 신고했다. ACL 조별리그에선 해트트릭을 포함 총 6골을 넣어 대구의 조 1위 16강행을 이끌기도. FA컵에서도 3경기 2골을 터뜨렸다. 다만 슬럼프도 있었다. 무더운 여름이 찾아오자 득점력이 뚝 떨어졌다. 지난해 7월 9일 울산전 이후 8경기 연속 무득점에 허덕였다. 팀도 강등권에서 허덕였다. 하지만 결정적으로 팀을 살려낸 득점을 터뜨렸다. 지난해 9월 7일 성남전에서 결승 골을 폭발시키며 무려 78일 만에 K리그1 잔류의 불씨를 살려냈다. K리그에 적응한 제카의 성실한 플레이는 김기동 포항 감독의 눈을 사로잡았다. 제카는 지난 시즌이 끝나기 전 포항 이적을 확정지었다.

2022시즌 기록

	MINUTES 출전시간(경기수)	GOALS 득점	ASSISTS 도움		WEEKLY BEST 11 주간베스트11
8	2,430(28)	7	7	0	2

강점	제공권 장악력, 발밑 기술, 뛰어난 연계 능력	특징	얼굴은 에두, 플레이는 에드가
약점	브라질 선수 답지 않게 무더운 여름 부진	별명	젊은 에드가

김인성

1989년 9월 9일 | 34세 | 대한민국 | 180cm | 77kg

경력

CSKA 모스크바(12)
▷성남(13)
▷전북(14)
▷인천(15)
▷울산(16~21)
▷서울이랜드(21~22)
▷포항(23~)

K리그 통산기록

280경기 44골 23도움

대표팀 경력

3경기

김인성은 자타공인 K리그 '스피드 레이서'다. 폭발적인 스피드를 통해 상대 측면을 허무는 능력이 탁월하다. 저돌적인 돌파도 김인성의 트레이드 마크다. 역습 상황에서 김인성의 장점이 제대로 드러날 수 있다. 2016년부터 6시즌간 뛰었던 울산에서 제대로 날개를 편 김인성은 2021년 서울이랜드로 둥지를 옮긴 뒤 자신의 장점을 제대로 살리지 못했다. 맞지 않은 옷을 입었다. 윙어 대신 공격형 미드필더로 활용됐다. 기본기가 빈약하다보니 공격 연계에 문제점을 드러냈고, 자신의 스피드도 살리지 못했다. 그러나 올 시즌 포항으로 둥지를 옮겼다. 이젠 자신에게 맞는 옷을 입는다. 우측 윙어로 활용될 것으로 보인다. 다시 '측면의 파괴자'의 모습을 되찾는 것이 김인성의 미션이다. 2년 만에 K리그1(1부 리그) 무대를 밟는다. 이미 1부 리그 경험이 많기 때문에 적응에 큰 문제는 없어보인다. 다만 김기동 감독이 원하는 축구에 적응하려면 많은 활동량을 보여줘야 한다. 공격 뿐만 아니라 적극적인 수비 가담도 해야 한다. 다행히 정재희라는 주전급 윙어가 버티고 있어 김인성이 많은 경기를 소화해야 하는 데 큰 부담은 없다. 그래도 체력적으로 밀리지 않는 모습도 김인성에게 필요하다.

■K리그2 기록

2022시즌 기록					
1	3,285(34) MINUTES 출전시간(경기수)	5 GOALS 득점	2 ASSISTS 도움	0	2 WEEKLY BEST 11 주간베스트11

강점	폭발적인 스피드, 저돌적인 돌파	특징	K리그 대표 스프린터, 역습의 달인
약점	투박한 기본기, 골 결정력	별명	스피드 레이서

김승대

1991년 4월 1일 | 32세 | 대한민국 | 175cm | 64kg

경력

포항(13~15)
▷옌볜 푸더(16~17)
▷전북(19~22)
▷강원(20)
▷포항(22~)

K리그 통산기록

235경기 43골 40도움

대표팀 경력

6경기 1골

벌써 두 번째 돌아온 '친정'이었다. 2016년 중국 옌볜 푸더에서 폼이 떨어졌을 때 2017년 포항으로 돌아와 부활했다. 2018시즌 38경기 8골 5도움을 기록했다. 이후 전북과 강원(임대)을 거쳐 2022시즌 포항으로 컴백한 김승대는 김기동 감독의 특급 관리 속에 다시 부활의 날개를 폈다. 자신의 몸 상태가 충분히 향상될 때까지 김 감독이 기다려줬다. 결과는 27경기 6골 1도움. 김승대는 '라인 브레이커'라는 별명답게 상대 수비라인을 허무는 것이 장점이다. 오프더볼 능력이 탁월하다는 얘기다. 볼을 가지고 있지 않을 때 상대 수비수의 움직임까지 파악한 뒤 상대 수비수 뒷공간으로 킬패스가 투입되면 빠른 발을 이용해 순식간에 쇄도해 수비를 무너뜨린다. 무엇보다 '가짜 9번'에 적합한 선수다. 타깃형 스트라이커가 없는 상황에서 좌우 윙포워들과의 활발한 포지션 스위치를 통해 최전방 공격수 역할을 한다. 올 시즌에는 주장 완장까지 찼다. 김승대는 "부주장을 두 차례 해봤지만 주장은 처음이다. 감독님과 선수들 사이에 거리낌없는 소통이 이루어지도록 연결고리 역할을 잘 하겠다"고 밝혔다.

2022시즌 기록					
1	1,496(27) MINUTES 출전시간(경기수)	6 GOALS 득점	1 ASSISTS 도움	0	3 WEEKLY BEST 11 주간베스트11

강점	절묘한 공간침투, 오프더볼 능력	특징	포항의 남자, 가짜 9번
약점	빈약한 개인기, 온더볼 능력	별명	라인 브레이커

백성동

1991년 8월 13일 | 32세 | 대한민국 | 167cm | 66kg

경력

주빌로 이와타(12~14)
▷사간 도스(15~16)
▷V.바렌 나가사키(16)
▷수원FC(17~19)
▷경남(20~21)
▷안양(22)
▷포항(23~)

K리그 통산기록

193경기 38골 21도움

대표팀 경력

1경기

금호고 1학년이던 2007년 유소년 축구 유학 프로젝트에 선발돼 영국 왓포드 유스 팀에서 1년간 성장했던 백성동은 한국 축구의 테크니션 계보를 잇는 미드필더로 주목받았다. 청소년대표 시절부터 탄탄한 기본기와 드리블 능력 그리고 출중한 축구센스를 갖추고 있었다. 2011년 20세 이하 월드컵에서 두각을 나타냈던 백성동은 이듬해 일본 J리그 주빌로 이와타에서 프로에 데뷔했다. 2012년 런던올림픽 동메달 멤버이기도 했다. 그러나 이후 롤러코스터를 탔다. 일본 사간도스와 V바렌 나가사키(임대)를 거쳐 2017년 처음으로 K리그 무대를 밟았다. 첫 소속 팀은 K리그2에 있던 수원FC이었다. 데뷔 시즌 8골 4도움으로 맹활약한 백성동은 2020년 경남FC로 둥지를 옮겼고, 지난해 FC안양으로 다시 유니폼을 갈아입었다. 그야말로 안양의 핵심 자원이었다. 왼쪽 측면 공격수로 35경기에 출전, 5골 1도움을 기록했다. 안양의 K리그2 플레이오프행을 이끌었다. 꾸준한 활약 덕에 백성동은 K리그1 포항으로 둥지를 옮길 수 있었다. K리그 유턴 6년 만에 처음으로 1부 무대에서 뛰게 됐다. 백성동은 FC서울로 떠난 임상협이 맡았던 왼쪽 측면 공격수의 역할을 맡을 것으로 보인다.

■ K리그2 기록

2022시즌 기록

	MINUTES 출전시간(경기수)	GOALS 득점	ASSISTS 도움		WEEKLY BEST 11 주간베스트11
0	2,514(37)	5	1	0	3

강점	화려한 볼터치, 출중한 축구센스	특징	멀티형 공격 연결고리
약점	K리그1 경험 부족, 피지컬 싸움	별명	한국의 이니에스타

박승욱

1997년 5월 7일 | 26세 | 대한민국 | 184cm | 78kg

경력

포항(21~)

K리그 통산기록

48경기 1골 2도움

대표팀 경력

–

박승욱의 별명은 '신데렐라'다. "하위리그 선수도 1부 리그 선수가 될 수 있다"는 꿈을 심어준 '아이콘'이 됐다. 2021년 여름까지 K3리그 소속 부산교통공사 소속이었다. 꿈은 포항과의 연습경기를 통해 이뤄졌다. 당시 김기동 감독의 눈에 띄어 포항 유니폼을 입고 생애 첫 프로 선수가 됐다. '보물'이었다. 곧바로 주전 우측 풀백으로 자리잡고 K리그1 19경기에서 1골을 기록했다. 지난 시즌에는 K리그1 29경기를 뛰었다. 장점은 멀티 능력이다. 우측 수비수는 물론 중앙 수비수와 수비형 미드필더로 활용가능하다. 지난 4월말 외인 센터백 그랜트가 연습경기 도중 부상을 하면서 박승욱이 박찬용과 함께 센터백으로 뛰기도 했다. 박승욱에게 축구 선수가 갖춰야 할 능력 중 100점에 가까운 능력은 찾기 힘들다. 주로 80점대다. 다만 주력, 몸 싸움, 제공권 싸움, 빌드업, 전술 소화 능력, 안정감 등 모든 면에서 뛰어나지 않지만 준수한 능력을 보유하고 있다. 무엇보다 '언성 히어로' 역할을 많이 한다. 궂은 일을 도맡아 하면서 포항의 수비력을 탄탄하게 유지하는 지지대 역할을 하고 있다. '원석'이 '보석'이 된 박승욱은 2023시즌에도 포항 수비의 핵이다.

2022시즌 기록					
5	2,572(29) MINUTES 출전시간(경기수)	0 GOALS 득점	2 ASSISTS 도움	0	4 WEEKLY BEST 11 주간베스트11

강점	안정적 수비, 탁월한 축구센스	특징	3부 리그 출신 유틸리티맨
약점	느린 스피드, 80점 능력치	별명	신데렐라

신광훈

1987년 3월 18일 | 36세 | 대한민국 | 178cm | 73kg
경력 | 포항(06~16)▷전북(08~10)▷경찰(15~16)▷서울(17~18)▷강원(19~20)▷포항(21~)
K리그 통산기록 | 414경기 11골 32도움
대표팀 경력 | 19경기 1골

신광훈은 '베테랑 오브 베테랑'이다. 팀 내 최고참이다. 그럼에도 주전급으로 활용된다. 기본 포지션은 우측 풀백이다. 측면에서 빌드업이 전개되는 김기동 감독의 전술 특성상 신광훈이 공격의 초석이 되는 경우가 많다. 신광훈의 최대 장점은 멀티 능력이다. 수비형 미드필더가 부족하면 그라운드 중앙으로 포지션을 옮긴다. 신진호와 이수빈이 전력에서 이탈한 상황이라 올 시즌에도 신광훈이 중원에서 뛰는 모습을 자주 볼 수 있을 전망이다. 36세가 된 신광훈의 최대 숙제는 체력 유지다. 다행히 측면이든, 중원이든 든든한 백업은 마련돼 있다.

2022시즌 기록						강점	약점
7	0	2,635(33) MINUTES 출전시간(경기수)	0 GOALS 득점	2 ASSISTS 도움	- WEEKLY BEST 11 주간베스트11	파이터 수비 멀티 플레이	에이징 커브 거친 수비

정재희

1994년 4월 28일 | 29세 | 대한민국 | 174cm | 70kg
경력 | 안양(16~18)▷전남(19~21)▷상무(20~21)▷포항(22~)
K리그 통산기록 | 204경기 31골 23도움
대표팀 경력 | –

정재희는 지난 시즌 최고의 '조커'였다. 2021년 전남의 FA컵 우승을 이끌고 지난해 포항 유니폼으로 갈아입은 정재희는 빠른 스피드를 활용해 상대 측면을 허무는 역할을 충실히 해줬다. 특히 공격포인트 10개(7골 3도움)을 기록, 포항 공격의 파괴력을 높이는 데 견인했다. 하이라이트는 지난해 5월 21일 인천전에서 터뜨린 멀티 골이었다. 전반 14분 선제 결승골을 터뜨린 정재희는 2분 뒤 리오넬 메시를 연상케 하는 '바디 페인트'로 상대 수비수를 순식간에 속이고 추가 골까지 성공시켰다. 정재희는 2023시즌에도 김인성과 함께 우측 측면을 책임질 공격수다.

2022시즌 기록						강점	약점
0	0	2,134(37) MINUTES 출전시간(경기수)	7 GOALS 득점	3 ASSISTS 도움	2 WEEKLY BEST 11 주간베스트11	빠른 스피드 빅매치 강심장	낮은 제공권

오베르단

Oberdan Alionco de Lima

1995년 7월 30일 | 28세 | 브라질 | 175cm | 69kg
경력 | 리오 브랑코(15~17)▷카스카벨(17~21)▷플루미넨시(18)▷바라(19)▷아틀레치쿠 이타자이(19)▷피게이렌시(21~22)▷포항(23~)
K리그 통산기록 | –
대표팀 경력 | –

새 외국인 미드필더 오베르단의 역할은 2023시즌 매우 크다고 볼 수 있다. 기존 수비형 미드필더 이수빈이 전북으로 둥지를 옮겼고, '중원의 지휘자' 신진호가 인천으로 유니폼을 갈아입었다. 이런 연유로 김기동 감독은 이들의 공백을 외인 미드필더로 메우기 위해 일찌감치 준비해왔다. 장점은 왕성한 활동량을 바탕으로 희생적인 플레이이다. 공수 연결고리로서 팀 내 살림꾼 역할을 할 가능성이 높다. '언성 히어로'가 돼야 한다. 다만 175cm로 신장이 작은 편이기 때문에 중원에서 제공권 장악이 어렵다는 것이 우려할 부분이며, 터프한 수비가 장점이자 약점으로 꼽히고 있다.

2022시즌 기록						강점	약점
13	1	3,046(35) MINUTES 출전시간(경기수)	4 GOALS 득점	0 ASSISTS 도움	- WEEKLY BEST 11 주간베스트11	왕성한 활동량 희생적인 플레이	거친 수비 제공권 장악

■ 브라질 리그 기록

심상민

1993년 5월 21일 | 30세 | 대한민국 | 172cm | 70kg
경력 | 서울(14~18)▷서울이랜드(16)▷포항(19~20)▷상무(20~21)▷포항(21~)
K리그 통산기록 | 147경기 1골 8도움
대표팀 경력 | -

심상민은 전문 왼쪽 측면 수비수다. 포지션 전환이 유기적으로 가능하다. 포백일 때는 풀백, 스리백일 때는 윙백으로 변신한다. 빠른 발을 활용한 과감한 오버래핑이 장점이다. 기본적으로 수비력이 좋아 윙백의 역할도 잘 수행한다. 무엇보다 '인간 기중기'라는 별명답게 롱 스로인 능력을 갖춰 페널티 박스 근처까지 공을 배달해 상대에게 위협을 줄 수 있다. 2019년부터 포항 유니폼을 입은 심상민은 김기동 감독이 지휘봉을 잡자 자신감을 되찾았다. 다만 '유리몸'이다. 부상 때문에 전력에서 이탈하는 경우가 많아 지난 시즌에는 29경기를 소화했다. 2023시즌에는 더 치열한 포지션 경쟁이 기다리고 있다. 완델손과의 주전 경쟁에서 살아남아야 한다.

2022시즌 기록						강점	약점
1	0	2,382(29) MINUTES 출전시간(경기수)	0 GOALS 득점	0 ASSISTS 도움	2 WEEKLY BEST 11 주간베스트11	과감한 오버래핑 롱스로인	유리몸 내구성

박찬용

1996년 1월 27일 | 27세 | 대한민국 | 188cm | 80kg
경력 | 에히메(15~16)▷레노파 야마구치(17)▷카마타마레 사누키(18)▷경주한수원(19)▷전남(20~21)▷포항(22~)
K리그 통산기록 | 90경기 2골 2도움
대표팀 경력 | -

박찬용은 2021년 전남의 FA 우승을 견인한 뒤 포항으로 이적했다. 2년 전 인천으로 둥지를 옮긴 김광석의 빈 자리를 잘 메웠다. '수비의 핵'이었다. 안정된 경기 조율이 장점이다. 도전적인 모습은 부족하지만, 큰 실수가 없다. 시즌 초반 아시아 쿼터 그랜트와 호흡을 맞춰 탄탄한 중앙 수비력을 과시했고, 그랜트가 부상으로 빠진 상황에서 '신데렐라' 박승욱과도 좋은 파트너십을 보였다. 188cm의 큰 키를 보유해 수비 시에는 제공권 싸움에서 뒤지지 않는다. 다만 세트피스 상황에서 키가 작은 공격수들을 대신해 헤딩으로 골을 넣어줄 수 있는 능력도 보여줄 필요가 있다.

2022시즌 기록						강점	약점
5	0	3,015(33) MINUTES 출전시간(경기수)	0 GOALS 득점	0 ASSISTS 도움	1 WEEKLY BEST 11 주간베스트11	안정적 조율 제공권 장악	느린 스피드 골 결정력

하창래

1994년 10월 16일 | 29세 | 대한민국 | 188cm | 82kg
경력 | 인천(17)▷포항(18~21)▷상무(21~22)▷포항(22~)
K리그 통산기록 | 135경기 1골
대표팀 경력 | -

하창래는 2022시즌 상무에서 군복무를 마치고 후반기 포항으로 복귀해 8경기를 뛰었다. 팀에 천군만마 같은 존재였다. 그랜트의 부상으로 헐거워진 중앙 수비진에 큰 힘을 불어넣었다. 매 경기 쉼없이 달려온 박찬용과 박승욱이 휴식을 가질 수 있는 시간을 벌어줬다. 파이터형 센터백이다. 때로는 거칠기도 하지만, 기본적으로 투지 넘치는 플레이로 동료 선수들의 사기를 북돋는다. 올 시즌 그랜트와 중앙 수비를 담당할 것으로 보이는 하창래는 K리그와 아시아챔피언스리그를 병행해야 하는 팀의 보배다. 부주장에도 선임돼 책임감도 한층 커졌다.

2022시즌 기록						강점	약점
3	0	1,648(20) MINUTES 출전시간(경기수)	0 GOALS 득점	0 ASSISTS 도움	1 WEEKLY BEST 11 주간베스트11	제공권 장악 강력한 몸싸움	거친 수비 카드캡처

고영준

2001년 7월 9일 | 22세 | 대한민국 | 169cm | 68kg
경력 | 포항(20~)
K리그 통산기록 | 77경기 11골 7도움
대표팀 경력 | 1경기 1도움

포항 유스 출신인 고영준은 팀 내 22세 이하(U-22) 카드 고민을 덜어주는 자원이다. 2001년생이라 2023시즌까지 U-22 카드로 활용가능하다. 선발 명단에 올랐다가 15분 만에 교체되는 타팀의 어린 선수들과는 클래스가 다르다. K리그1 37경기 중 31차례 선발로 출전해 무려 2,859분을 뛰었다. 평균 77.3분을 소화했다. 특히 테크니션이다. 화려한 기술을 바탕으로 왕성한 활동량으로 상대 수비진을 뒤흔드는 역할을 한다. 6골 4도움으로 골 결정력도 갖췄다. 2023시즌에는 타깃형 스트라이커 제카가 영입돼 고영준이 더 많은 찬스를 맞을 것으로 보인다.

2022시즌 기록						강점	약점
3	0	2,859(37) MINUTES 출전시간(경기수)	6 GOALS 득점	4 ASSISTS 도움	2 WEEKLY BEST 11 주간베스트11	화려한 테크닉 드리블 돌파	작은 신장 피지컬 싸움

김종우

1993년 10월 1일 | 30세 | 대한민국 | 181cm | 70kg
경력 | 수원(15~20) ▷ 수원FC(15) ▷ 광주(21~22) ▷ 포항(23~)
K리그 통산기록 | 151경기 18골 20득점
대표팀 경력 | –

김종우는 올 시즌 포항의 주목할 뉴페이스다. 인천으로 떠난 '핵심 미드필더' 신진호의 대체자로 영입됐다. 선문대 시절 'U리그 지단'으로 불릴 정도로 대학 최고의 공격형 미드필더였던 김종우는 중원에서 화려한 기술로 예측불가능한 플레이를 펼친다. 왕성한 활동량으로 커버할 수 있는 범위가 넓다. 적극적인 돌파도 장기다. 광주에선 제로톱의 일원으로 활용되기도. 또 수비형 미드필더 역할도 할 수 있는 김종우는 공수 연계 능력이 출중하다. 자신의 약점으로 평가되던 빈약한 피지컬과 체력을 지난 2년간 광주FC에서 많이 보완해 지난 시즌 팀의 조기 승격을 도왔다.

2022시즌 기록						강점	약점
3	0	2,121(22) MINUTES 출전시간(경기수)	3 GOALS 득점	1 ASSISTS 도움	1 WEEKLY BEST 11 주간베스트11	테크니션 공수 연계	빈약한 피지컬 체력

■ K리그2 기록

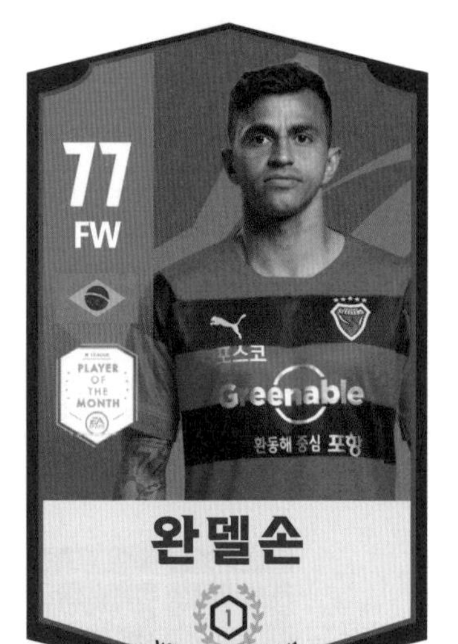

완델손 Wanderson Carvalho de Oliveira

1989년 3월 31일 | 25세 | 브라질 | 184cm | 77kg
경력 | 바이아 지 페이라(11) ▷ 아메리카 지 나타우(12) ▷ 아메리카FC(13) ▷ 아메리카 지 나타우(13) ▷ 톰벤시(14~16) ▷ 아메리카 지 나타우(14) ▷ 포르탈레자(15) ▷ 대전(15~16) ▷ 제주(16) ▷ 아틀레치쿠 고이아니엔시(17~18) ▷ 포항(17) ▷ 전남(18) ▷ 포항(19) ▷ 알 이티하드 칼바(20~21) ▷ 포항(22~)
K리그 통산기록 | 164경기 37골 25도움
대표팀 경력 | –

완델손의 장점은 멀티 능력이다. 윙포워드 뿐만 아니라 풀백 또는 윙백도 소화 가능하다. 왼쪽 라인을 책임질 수 있다. 지난 시즌에는 전반기 공격수로 활용되다 후반기에는 풀백으로 기용된 적이 많았다. 2023시즌에는 왼쪽 풀백으로 시즌을 시작해 중용될 가능성이 높다. 왼쪽 측면에서 든든한 수비 뿐만 아니라 과감한 오버래핑으로 날카로운 크로스를 문전에 배달해야 한다. 다만 전문 풀백 자원이 아니기에 수비력은 다소 의문이다. 그래도 여전히 빠른 스피드를 갖춰 상대 측면 공격수들 방어는 무리없이 해낼 것으로 보인다.

2022시즌 기록						강점	약점
3	0	1,536(27) MINUTES 출전시간(경기수)	2 GOALS 득점	1 ASSISTS 도움	1 WEEKLY BEST 11 주간베스트11	멀티 능력 총알 슈팅	불안한 수비력 체력

이승모

1998년 3월 30일 | 25세 | 대한민국 | 185cm | 70kg
경력 | 포항(17~18)▷광주(18)▷포항(18~)
K리그 통산기록 | 96경기 5골 8도움
대표팀 경력 | –

이승모는 김기동 감독에게 고마운 존재다. 주 포지션은 수비형 미드필더인데 2021년 타깃형 스트라이커 부재로 스트라이커로 변신해 감독의 걱정거리를 덜었다. 골잡이가 아닌 터라 많은 골을 기대하긴 힘들었지만, 왕성한 활동량으로 상대 수비진을 흔들었다. 2022시즌에도 멀티 능력을 발휘했던 이승모는 2023시즌 붙박이 수비형 미드필더로 뛴다. 오베르단과 호흡을 맞춰 중원을 장악해야 한다. 기본기가 좋아 공수 연계 플레이가 장점이다. 다만 잦은 부상은 극복해야 할 변수다. 몸싸움이 격렬한 중원에서 영리한 플레이가 요구된다.

2022시즌 기록						강점	약점
7	0	1,841(27) MINUTES 출전시간(경기수)	1 GOALS 득점	3 ASSISTS 도움	- WEEKLY BEST 11 주간베스트11	멀티 능력 광범위한 커버 플레이	골 결정력 유리몸

윤평국

1992년 2월 8일 | 31세 | 대한민국 | 189cm | 85kg
경력 | 인천(13~16)▷상무(15~16)▷광주(17~21)▷포항(22~)
K리그 통산기록 | 98경기
대표팀 경력 | –

2023시즌은 윤평국에게 또 다시 기회다. 주전 골키퍼 강현무가 군입대하게 됐다. 윤평국은 지난해 광주에서 포항으로 둥지를 옮긴 뒤 컨디션 난조로 강현무가 전력에서 이탈해 있을 때 안정감 있는 수문장의 모습을 보였다. 반응속도가 좋아 문전에서 돌발 상황에 잘 대처한다. 페널티킥 선방률도 좋다. 189cm의 장신으로 공중볼 경합에서도 밀리지 않는다. 반면 골키퍼의 빌드업을 중시하는 팀에선 먹히는 스타일이 아니다. 발밑이 약하다. 롱킥도 다소 불안하다. 군제대한 황인재와 주전 경쟁을 펼쳐야 하는 입장이다.

2022시즌 기록						강점	약점
0	0	1,724(18) MINUTES 출전시간(경기수)	23 SAVE 선방	17 LOSS 실점	- WEEKLY BEST 11 주간베스트11	높은 반응속도 슈퍼 세이브	잦은 실수 부정확한 롱킥

그랜트

Alexander Ian Grant

1994년 1월 23일 | 29세 | 호주 | 191cm | 82kg
경력 | 포츠머스(12~13)▷이스트리(12~13)▷해번트 앤 워털루빌(13)▷스토크시티(13~15) 매클즈필드 타운(14~15)▷퍼스 글로리(15~20)▷포항(21~)
K리그 통산기록 | 43경기 4골 1도움
대표팀 경력 | –

그랜트는 K리그 3년차다. 2021년 포항에서 K리그에 데뷔한 뒤 호평을 받았다. 기존 박찬용, 하창래 등 주전 센터백들과의 호흡이 좋다. 191cm의 장신으로서 출중한 헤딩력을 보유하고 있다. 중앙 수비수로서 좋은 능력을 갖추고 있다. 여기에 더 돋보이는 건 정교한 패싱력이다. 빌드업이 원활하게 돌아가는 데 시작점 역할을 한다. 거친 K리그에서 몸 싸움도 밀리지 않는다. 다만 느린 스피드는 '옥에 티'다. 압박 수비에 약점이 있다. 역습시 하창래와 수비형 미드필더의 백업이 필요하다.

2022시즌 기록						강점	약점
5	0	2,432(27) MINUTES 출전시간(경기수)	2 GOALS 득점	0 ASSISTS 도움	7 WEEKLY BEST 11 주간베스트11	출중한 헤딩 정교한 패스	느린 스피드 과감한 전진 패스

이호재

2000년 10월 14일 | 23세 | 대한민국 | 191cm | 85kg
경력 | 포항(21~)
K리그 통산기록 | 31경기 3골
대표팀 경력 | –

'캐논 슈터' 이기형 감독의 아들로 유명한 이호재는 강력한 피지컬을 보유한 토종 스트라이커다. 191cm의 큰 키에다 스피드도 빠르다. K리그 데뷔 시즌이던 2021년 15경기에 출전, 2골을 터뜨리며 잠재력을 보였다. 2022시즌에도 주로 백업 스트라이커로 후반 교체투입됐다. 지난해 5월에는 좋은 감각을 보이기도 했다. R리그에서 해트트릭을 달성한 뒤 곧바로 열린 FA컵 경기에서 2골 1도움으로 맹활약했다. 2023시즌에도 주전 경쟁은 험난하다. 최전방에 대구 스트라이커 제카가 영입됐다. 주전 스트라이커로 도약하기 위해선 세밀한 플레이가 필요하다.

2022시즌 기록						강점	약점
1	0	227(16) MINUTES 출전시간(경기수)	1 GOALS 득점	0 ASSISTS 도움	- WEEKLY BEST 11 주간베스트11	강력한 피지컬 파워슈팅	좁은 시야, 세밀한 플레이

김준호

2002년 12월 11일 | 21세 | 대한민국 | 182cm | 70kg
경력 | 포항(21~)
K리그 통산기록 | 9경기
대표팀 경력 | –

'포항 성골' 김준호는 왕성한 활동량과 킥 정확도가 높다. 지난 시즌 전반기에는 주로 R리그에만 출전했고, 5월부터 1군 명단에 포함되기 시작했다. 지난해 9월 6일 수원FC 원정에선 첫 선발 데뷔전을 치르기도. 당시 수비형 미드필더로 출전해 안정적인 빌드업과 공수 연계를 했다는 호평을 받았다. 이후 18명의 출전 명단에 자주 이름을 올렸지만, 출전수는 7경기에 불과했다. 다만 2023시즌에는 신진호의 이탈로 더 많은 출전 기회를 부여받을 것으로 보인다. 이승모와 김종우가 먼저 중용되겠지만, 백업으로 언제든지 출전할 수 있는 준비가 필요하다.

2022시즌 기록						강점	약점
0	0	104(7) MINUTES 출전시간(경기수)	0 GOALS 득점	0 ASSISTS 도움	- WEEKLY BEST 11 주간베스트11	왕성한 활동량 정확한 킥	과감한 몸싸움

이규백

2004년 2월 10일 | 19세 | 대한민국 | 185cm | 83kg
경력 | 포항(23~)
K리그 통산기록 | –
대표팀 경력 | –

'구단 최초 준프로 계약'이라는 타이틀을 보유한 이규백은 고교 3학년이던 지난해 프로 R리그를 뛰며 프로 세계를 선체험했다. 185cm의 신장에도 빠른 스피드를 갖추고 있고, 빌드업이 강점이다. 이규백은 "롤모델인 세르히오 라모스처럼 실수를 두려워하지 않는 세계적인 센터백이 되기 위해 노력하겠다. 팀에 도움이 되고 싶다"고 말했다. 엘리트 코스를 밟았다. 14세 이하 대표팀과 17세 이하 대표팀을 거쳐 현재 20세 이하 대표팀에서도 핵심 센터백이다. 올해 U-20 월드컵 출전을 꿈꾸고 있는 한국 축구의 19세 기대주다.

2022시즌 기록						강점	약점
-	-	-(-) MINUTES 출전시간(경기수)	- GOALS 득점	- ASSISTS 도움	- WEEKLY BEST 11 주간베스트11	빠른 스피드 빌드업	경기 템포 적응

전지적 작가 시점

김진회가 주목하는 포항의 원픽!

김승대

김승대에게 2022년은 성숙해진 시즌이었다. 지난 3년간 전북에서 인생의 쓴맛을 봤다. 선수로서 내리막길을 걸었다. 축구인생에서 첫 아픔이었다. 결국 연봉을 대폭 깎고 포항으로 복귀하는 쉽지 않은 선택을 해야 했다. 역시 '친정'이었다. 따뜻하게 반겼다. 그리고 김기동 감독의 특급 관리 속에 부활했다. 27경기 6골 1도움. 언뜻 보면 다소 부족해보이는 지표다. 그러나 "훈련 태도가 너무 좋다"고 칭찬하던 김 감독의 미소를 잊을 수 없다. 게다가 최근 3년 동안 가장 좋은 경기력을 보였다. 심리적인 부분을 바로잡자 제 기량을 빠르게 되찾았다. K리그 통산 22번째 '40-40클럽'에도 가입했다. 무엇보다 '아빠'가 됐다. 가족이 한 명 더 늘어났다는 건 책임감 상승으로 연결됐다. K리그 또 한 명의 '분유캄프'가 됐다. 2023시즌에는 주장 완장을 찼다. 경기장 안에선 맹활약을 해야 하고, 밖에선 코칭스태프와 선수들의 가교 역할을 해야 한다. 2022시즌보다 더 강한 책임감을 발휘해야 한다.

지금 포항에 이 선수가 있다면!

윤빛가람

포항의 아킬레스건은 신진호의 예기치 않은 이탈이다. 팀 공격을 조율하고 '패스 마스터'답게 킬 패스의 달인인 신진호가 팀 전력에서 빠졌다는건 충격적이었다. 이수빈마저 이적한 상황에서 신진호의 빈 자리는 크다. 이승모와 함께 신광훈 또는 박승욱을 포지션 변경시켜 공백을 메워야 하는 상황. 그래서 포항에 윤빛가람이 있으면 참 좋겠다고 생각했다. 윤빛가람은 K리그에서 내로라하는 테크니션이다. 넓은 시야와 남다른 축구센스로 '축구'를 '예술'로 승화시키는 플레이메이커다. 윤빛가람의 정교하고 창의적인 플레이에 포항 팬들은 고급 축구를 즐길 수 있었을 것이다. 신진호의 이적이 빨리 진행됐다면 포항이 제주에서 수원FC로 둥지를 옮긴 윤빛가람을 품을 수도 있었을 듯하다. 윤빛가람의 연봉이 신진호의 잔류를 위해 포항이 제시했던 연봉과 얼추 비슷했다. 윤빛가람이 있었다면 포항은 신진호의 빈 자리를 거의 못느꼈을 것이다. 김민재가 첼시로 떠난 칼리두 쿨리발리의 그림자를 곧바로 지워낸 것처럼 말이다.

음포쿠
제르소
델브리지
에르난데스
송시우
지언학
김보섭
홍시후
이명주
신진호
문지환
김도혁
이동수
여름
김준엽
박현빈
김연수
오반석
정동윤
임형진
김대중
김동민
권한진
이태희
김동현

인천유나이티드

창단 20주년 맞은 '역대급' 인천, 이제는 아시아로 간다!

인천 유나이티드

더 이상의 '생존왕'은 없다. 인천 유나이티드가 K리그를 넘어 아시아 무대로 뻗어 나간다. 인천은 승강제 도입 후 매년 하위권에 머물렀다. 강등 직전까지 가는 아찔한 '벼랑 끝' 상황도 몇 차례 경험했다. 특히 2019년, 이제는 고인이 된 유상철 감독과 선수들이 극적 잔류를 확정하며 눈물 짓던 모습은 K리그 명장면 중 하나로 남았다. 하지만 과거는 과거일 뿐이다. 인천은 아픔을 딛고 더 높은 곳을 향해 나아간다는 각오다. 그 중심에는 '카리스마' 조성환 감독이 있다. 조 감독은 2020년 8월 소방수로 인천의 지휘봉을 잡았다. 그는 당시 팀의 '15경기 무승'이란 암울한 상황을 타파했다. 절체절명의 순간 하나 된 힘으로 잔류에 성공했다. 위기를 넘긴 조 감독과 선수들은 매년 성장한 모습을 보였다. 2021년에는 8위, 2022년에는 4위를 달성하며 활짝 웃었다. 사상 첫 파이널A 진출은 물론, 창단 후 처음으로 아시아챔피언스리그(ACL) 무대도 밟게 됐다. 2003년 창단해 올해로 딱 '스무살'이 된 인천은 최근 축구센터(클럽하우스)도 개관했다. 선수들의 훈련 환경도 눈에 띄게 개선됐다. 이제는 과거의 아픔과 결별하고 더 높은 곳을 향해 간다.

구단 소개

정식 명칭	인천 유나이티드 프로축구단
구단 창립	2003년 12월 12일
모기업	시민구단
상징하는 색	블루 & 블랙
경기장(수용인원)	인천축구전용경기장 (20,356명)
마스코트	유티
레전드	임중용, 김이섭, 전재호, 라돈치치, 무고사
서포터즈	파랑검정
온라인 독립 커뮤니티	인천네이션

우승

K리그	–
FA컵	–
AFC챔피언스리그(ACL)	–

최근 5시즌 성적

시즌	K리그	FA컵	ACL
2022시즌	4위	3라운드	–
2021시즌	8위	3라운드	–
2020시즌	11위	3라운드	–
2019시즌	10위	32강	–
2018시즌	9위	16강	–

UNIFORM

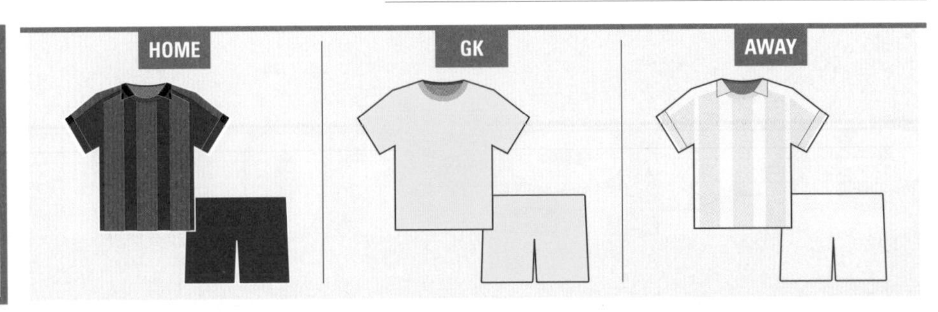

역대 최고 성적을 넘어,
또 다른 역사를 쓰러 간다

조성환

1972년 1월 12일 | 51세 | 대한민국

K리그 전적
245전 93승 67무 85패

조성환 감독은 선수 시절에도 그랬다. 결코 화려하지는 않았다. 하지만 팀에 없어선 안 될 '대체불가' 자원이었다. 제 자리에서 묵묵히 궂은일을 해냈다. 팀 승리를 위해 자신을 낮추고 헌신했다. 지도자로 제2의 축구인생을 걸을 때도 마찬가지였다. 그는 '팀 퍼스트' 정신으로 선수단을 하나로 만들었다. 강력한 압박, 조직적인 팀플레이로 경기를 풀어냈다. 그는 제주 사령탑 시절 구단의 각종 역사를 작성했다. 비록 2019년 뜻밖의 부진으로 물러났지만, 이 또한 더 단단해지는 계기가 됐다. 조 감독은 인천의 지휘봉을 잡고 다시 한 번 구단의 역사를 쓰고 있다. 인천은 이제 '잔류왕' 꼬리표를 떼고 아시아로 나아간다. 구단 창단 첫 ACL 무대다. 조 감독은 인천 선수들의 손을 잡고 구단의 새 역사를 향해 나아간다.

선수 경력

유공	부천	상무	전북

지도자 경력

전북 플레잉 코치	전북 코치	제주 2군 감독	제주 감독	인천 감독(20~)

주요 경력

–

선호 포메이션	3-4-3	3가지 특징	화려하지 않아도 충분히 빛난다	실력에 인품까지 갖춘 덕장	강인한 압박 축구

STAFF

수석코치	코치	GK코치	피지컬코치	선수 트레이너	전력분석관	통역	장비담당관
김한윤	김재성 박용호 변재섭	김이섭	오지우	진도형 피민혁 황근우 최재혁	육태훈	박준성	조용희

2022 REVIEW

다이나믹 포인트로 보는 인천의 2022시즌 활약도

2022년은 그야말로 '해피엔딩'이었다. 인천은 하나원큐 K리그1 2022시즌에서 13승15무10패(승점 54)를 기록하며 최종 4위에 랭크됐다. 무려 9년 만에 파이널A 무대를 밟았다. 창단 후 처음으로 아시아챔피언스리그(ACL) 티켓도 거머쥐었다. 무고사가 전반기에만 14골을 넣으며 활약했다. 비록 시즌 중반 무고사가 일본 J리그로 이적했지만 팀은 흔들리지 않았다. '승리요정' 이명주부터 '새동력' 민경현까지 각자의 자리에서 제 역할을 해내며 팀의 미소를 완성했다.

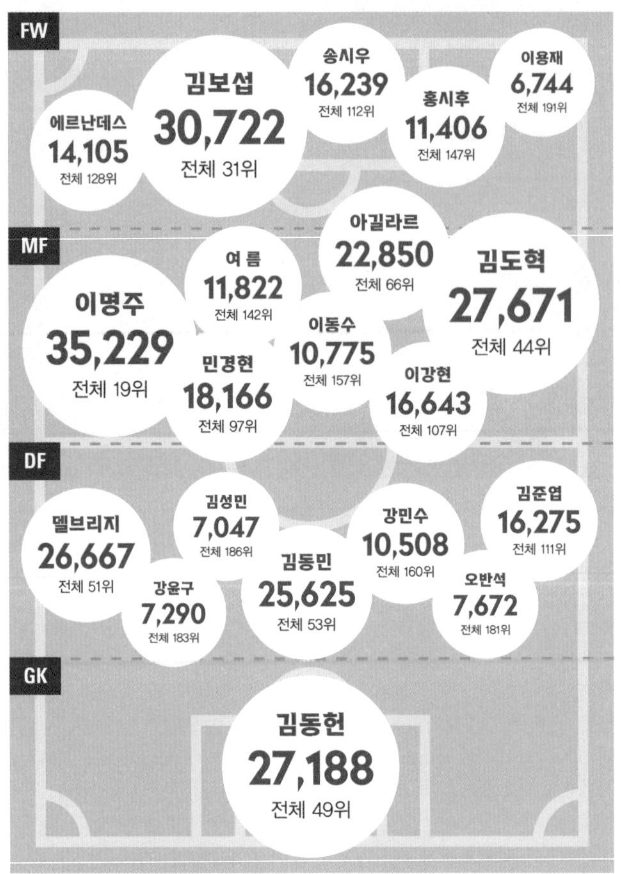

2022시즌 다이나믹 포인트 상위 20명

■ 포인트 점수

포지션 평점

FW ⚽⚽⚽⚽

MF ⚽⚽⚽⚽⚽

DF ⚽⚽⚽⚽

GK ⚽⚽⚽⚽⚽

출전시간 TOP 3

1위	이명주	2,883분
2위	델브리지	2,845분
3위	김동민	2,817분

▪골키퍼 제외

득점 TOP 3

1위	무고사	14골
2위	김보섭	5골
3위	에르난데스, 송시우, 이명주	4골

도움 TOP 3

1위	이명주	5도움
2위	에르난데스, 김보섭	4도움
3위	아길라르, 김도혁	3도움

주목할 기록

7.35	김동헌, K리그1 골키퍼 선방 지수 1위
7	에르난데스, 2022시즌 유일 K리그1, K리그2 주간베스트11 선정

성적 그래프

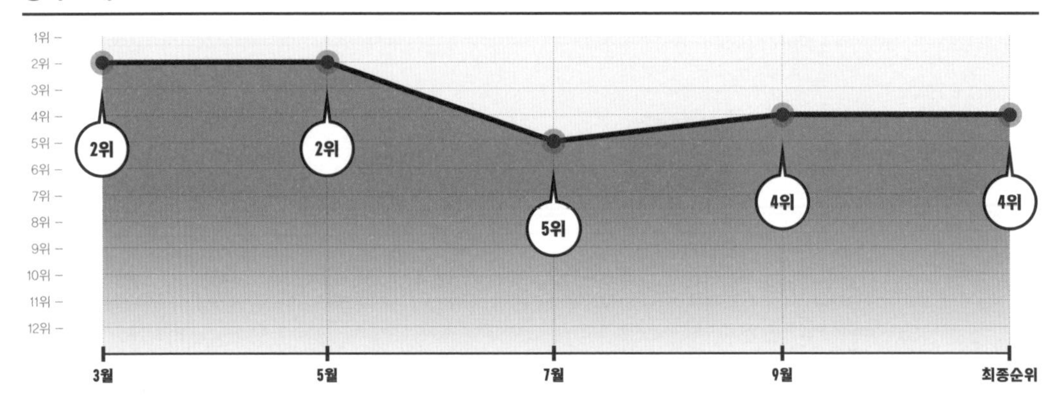

2023 시즌 스쿼드 운용 & 이적 시장 인앤아웃

IN

음포쿠_코니아스포르
김연수_서울이랜드
권한진_대전
제르소_제주
천성훈_아우크스부르크
신진호_포항
문지환 정동윤 지언학_전역
김세훈 김건희 김현서 박승호 박진홍 임형진 최우진 하동선_신인

OUT

강민수 이용재_전남
황정욱 박창환_서울이랜드
김창수_천안
아길라르_창춘
오재석_대전
김채운 김대경_안산
이강현_광주
이주용_임대만료
김성민 이종욱_임대
김광석_계약만료
정혁_은퇴

Ⓒ 주장 ■ U-22 자원

그 어느 때보다 기대감이 높은 시즌이다. 지난 시즌 '최고 성적'의 긍정 기류가 계속되고 있다. 올 시즌을 앞두고 축구센터(클럽하우스)도 문을 열었다. 선수들이 그라운드 안팎에서 강한 동기부여를 얻게 됐다. 구단은 창단 20주년을 맞아 더 높은 곳을 향해 뛴다. 음포쿠, 제르소, 신진호 등 '이름값' 있는 즉시전력 선수들을 영입하며 스쿼드를 강화했다. 이명주 등 기존 선수단에 더 강력한 힘을 보탰다. 조성환 감독은 '선의의 경쟁'을 통해 더 강력한 인천을 만들겠다는 각오다. 변수는 처음 경험하는 ACL 무대다. 인천은 처음으로 K리그, FA컵, ACL 무대를 병행해야 한다. 결코 만만치 않은 도전이다. 특히 ACL까지 열리는 '지옥의 여름 레이스'를 견뎌야 살아남을 수 있다. 조 감독과 구단이 겨울 이적 시장에서 그 어느 때보다 선수 영입에 공을 들인 이유다.

주장의 각오

오반석

"지난 시즌보다 더 좋은 성적을 내기 위해선 주장으로서 팀을 더 단단히 만들어야 할 것 같다. 팀의 좋은 성적에 기여하고 싶다. 올해 좋은 선수들이 많이 합류했다. 팬들의 기대도 그만큼 커졌을 것이라 본다. 그 기대를 충족할 수 있게 잘 준비하겠다."

2023 예상 베스트 11

이적시장 평가

창단 20주년, 사상 첫 ACL 진출에 발맞춰 겨울 이적 시장에서 매우 적극적으로 움직였다. 지난 시즌 아쉬움으로 남은 '공격력' 강화를 위해 음포쿠와 제르소를 품에 안았다. 특히 제르소는 K리그에서 검증된 자원이다. 인천에서의 '시너지'가 더욱 기대되는 이유다. 여기에 '설 깜짝 선물'로 신진호를 영입해 중원을 강화했다. 수비라인에선 '베테랑' 권한진을 품에 안으며 조성환식 스리백을 완성했다.

저자 6인 순위 예측

• 김 성 원 •

3위_중원의 힘은 울산, 전북도 부럽지 않다. 외인의 힘까지 느껴지는 강력한 다크호스. 밀당의 지혜는 필요. 아챔은 힘을 좀 빼야...

• 이 원 만 •

5위_신진호의 영입이 신의 한수다. 중원이 더욱 탄탄해졌다. 제르소도 공격에서 큰 힘이 될 수 있다. 등수 유지 가능.

• 김 진 회 •

7위_창단 첫 ACL 진출에 들떠있지만, K리그와 병행 쉽지 않다. 여름부터 스쿼드 보강 고민 시작.

• 윤 진 만 •

4위_이명주-신진호 중원 듀오는 '사기'에 가깝다. 아챔을 병행할 만큼 스쿼드를 강화한 게 포인트.

• 박 찬 준 •

3위_신진호와 이명주의 조합은 현대가도 안 부럽다. 다른 포지션도 안정권. 올해 가장 지켜봐야 하는 팀.

• 김 가 을 •

5위_클럽하우스 → 역대급 이적시장 → 최고의 분위기. 다만, 창단 후 처음 경험하는 K리그-FA컵-ACL 병행은 불안요소.

이명주

1990년 4월 24일 | 33세 | 대한민국 | 177cm | 74kg

경력

포항(12~14)
▷알 아인(14~16)
▷서울(17)
▷경찰(18~19)
▷서울(19)
▷알 와흐다(20~21)
▷인천(22~)

K리그 통산기록

186경기 31골 32도움

대표팀 경력

17경기 1골

이명주는 자타공인 인천의 '승리요정'이다. 그는 지난해 인천의 유니폼을 입고 K리그로 '깜짝' 복귀했다. 이명주의 합류로 인천 중원은 차원이 달라졌다. 당연한 결과다. 이명주는 국가대표 출신 미드필더다. 활발한 움직임과 정교한 킥, 넓은 시야까지 갖췄다. 그는 데뷔 시즌인 2012년 K리그 신인상을 거머쥐었다. K리그 및 FA컵 정상을 밟은 바 있다. 또한, 해외 리그에서 뛰며 다양한 경험을 쌓았다. 역시는 역시였다. 이명주는 인천 복귀 후 맹활약하며 팀의 창단 첫 아시아챔피언스리그(ACL) 진출에 앞장섰다. 2023시즌은 기대감이 더욱 높다. 알 와흐다에서 한솥밥을 먹었던 '짝꿍' 음포쿠가 새롭게 합류했다. 이명주가 "음포쿠와 함께 뛸 때 경기장에서 시너지를 봤다. 그때 그 좋은 느낌 덕분에 나를 좋게 평가해준 것 같다. 음포쿠는 긍정 바이러스다. 긍정적인 부분을 팀에 가져올 수 있지 않을까 싶다"고 말한 이유다. 이명주는 새 시즌을 앞두고 인천과 2년 재계약했다. 또한, 부주장으로서 인천을 이끌 예정이다. 이명주는 "인천에 와서 성적이 좋았다. 이제는 현재 인천에 있는 선수, 앞으로 인천에 올 미래의 선수, 유소년 선수들을 위해 더 노력하겠다. 좋은 부분을 이어갈 수 있도록 하겠다"고 다짐했다.

2022시즌 기록

0	3,278(34) MINUTES 출전시간(경기수)	4 GOALS 득점	5 ASSISTS 도움	0	2 WEEKLY BEST 11 주간베스트11

강점	안정적인 경기 운영	특징	K리그 우승 및 해외 리그 경험
약점	이제는 관리가 필요한 나이	별명	겁 없는 아이, 에너자이저

신진호

1988년 9월 7일 | 35세 | 대한민국 | 177cm | 72kg

경력

포항(11~13)
▷카타르SC(13~14)
▷알 사일리야(14~15)
▷에미리츠(15)
▷포항(15)
▷서울(16)
▷상무(16~17)
▷서울(18)
▷울산(19~20)
▷포항(21~22)
▷인천(23~)

K리그 통산기록

257경기 18골 50도움

대표팀 경력

–

'신진호랑이' 신진호가 인천에 상륙했다. 인천은 2023년 설에 맞춰 신진호 영입을 공식 발표했다. 신진호 영입을 위해 막대한 금액을 투자한 것으로 전해진다. 그만큼 신진호는 '검증된' 선수다. 신진호는 2011년 프로에 데뷔한 뒤 공격과 수비가 모두 가능한 멀티 자원으로 K리그 중원을 지배했다. 정교한 킥 능력, 왕성한 활동력 또한 일품이다. 경험도 풍부하다. 그는 2012년 FA컵, 2020년 아시아챔피언스리그(ACL) 우승을 경험했다. 창단 첫 ACL 무대를 밟는 인천 입장에서는 든든한 지원군이 도착한 셈이다. 과거 영남대와 포항 스틸러스에서 함께 뛰었던 이명주와의 재회도 긍정 요소다. 물론 물음표는 있다. 1988년생 신진호는 어느덧 30대 중반의 나이에 들어섰다. 왕성한 활동량을 자랑하는 만큼 체력 문제가 대두될 수밖에 없다. 특히 신진호는 지난해 32경기에서 3,072분을 소화했다. 체력 관리 및 부상 방지가 무엇보다 중요하다. 신진호는 "팀에 빠르게 적응해 아시아 무대에 도전하는 인천이 최고의 성적을 거둘 수 있도록 돕고 싶다"고 다짐했다.

2022시즌 기록

	출전시간(경기수)	득점	도움		주간베스트11
10	3,072(32) MINUTES	4 GOALS	10 ASSISTS	0	11 WEEKLY BEST 11

강점	다시 돌아온 악바리 '중원의 지배자'	특징	신진호-이명주, 포항이 키운 아이들 인천에서 만났다
약점	지난해 '미친' 활동량, 혹시 체력적 문제는 없을까	별명	신진호랑이

제르소 Gerso Fernandes

1991년 2월 23일 | 32세 | 포르투갈 | 172cm | 62kg

경력

코임브라(10~11)
▷이스토릴 프라이아(11~16)
▷벨레넨세스(16~17)
▷스포팅캔자스시티(17~20)
▷제주(21~22)

K리그 통산기록

69경기 13골 9도움

대표팀 경력

–

제르소는 2023시즌 인천의 '야심작'이다. 인천은 2023년 사상 처음으로 K리그–아시아챔피언스리그(ACL)–FA컵을 병행한다. 쉽지 않은 도전이다. 선수단 강화가 한 해 농사를 좌우하는 상황이다. 인천은 스쿼드 수준을 높이기 위해 빠르게 움직였다. K리그 대표 '크랙' 제르소를 품에 안았다. 제르소는 2021년 제주유나이티드의 유니폼을 입고 K리그 무대에 발을 디뎠다. 폭발적인 스피드, 헌신적인 활동량으로 K리그 무대를 접수했다. 왼발을 주로 사용하지만 오른쪽 윙으로도 뛰며 상대를 괴롭혔다. 이제는 K리그 '경험치'까지 완벽하게 쌓았다. 제주와 계약이 만료된 제르소는 인천을 비롯해 많은 구단의 관심을 받았다. 인천이 치열한 경쟁을 뚫고 제르소 영입에 성공했다. 제르소는 인천에서 새 도전에 나선다. 기대감이 높다. 인천은 제르소 영입을 통해 기존 에르난데스와 함께 '황금날개'를 구축했다. 이른바 '제르난데스' 듀오는 인천 최고의 무기가 될 것으로 보인다. 제르소와 에르난데스를 도울 이명주–신진호–음포쿠와의 '시너지'도 폭발적일 것이란 설렘이 든다.

2022시즌 기록

	MINUTES 출전시간(경기수)	GOALS 득점	ASSISTS 도움		WEEKLY BEST 11 주간베스트11
7	2,837(37)	8	7	0	8

강점	왼쪽 오른쪽에서 모두 뛸 수 있는 '양발' 공격수	특징	2022년 K리그 외국인 선수 최고 연봉
약점	새 선수들과의 호흡은 어느정도?	별명	K리그 최고의 크랙

음포쿠 Paul-Jose M'Poku

1992년 4월 19일 | 31세 | 콩고 · 벨기에 | 180cm | 79kg

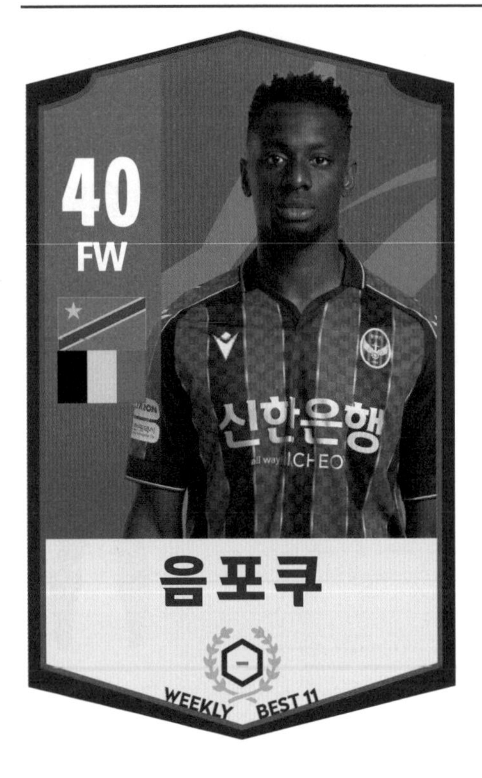

경력

토트넘(08~11)
▷리에주(11~15)
▷베로나(15~17)
▷알 와흐다(20~21)
▷콘야스포르(21~22)
▷인천(23~)

K리그 통산기록

–

대표팀 경력

콩고민주공화국 내표팀 22경기 6골

인천의 2023시즌 '1호 오피셜'은 등장부터 화려했다. 유럽에서 잔뼈가 굵은 음포쿠가 인천의 유니폼을 입고 K리그에 첫 발을 내딛는다. 스펙 자체만 놓고 봐도 역대급이다. 그는 2008년 토트넘에 입단하며 성인 프로 생활을 시작했다. 비록 토트넘에서는 데뷔전을 치르지 못했지만 잉글랜드, 이탈리아, 그리스 등에서 경험을 쌓았다. 벨기에 연령별 대표팀을 거쳤고, 콩고민주공화국 소속으로 A매치 21경기에 나서 5골을 기록했다. 음포쿠는 좌우 측면뿐만 아니라 최전방 공격수, 중앙 미드필더 등 공격 전 포지션을 소화할 수 있다. 물론 물음표는 있다. K리그는 결코 쉬운 무대가 아니다. 음포쿠는 특유의 친화력을 앞세워 인천에 빠르게 녹아들고 있다. 알 와흐다(아랍에미리트)에서 한솥밥을 먹었던 이명주의 존재도 든든하다. 음포쿠는 성실하게 훈련하며 K리그 '대박'을 노리고 있다. 그는 일찌감치 인천에 합류했다. 제주→태국→창원으로 이어진 동계전지훈련을 소화했다. 그는 "어느 포지션이든 뛸 준비가 돼 있다. 어느 포지션에서 뛰든 팀 승리를 위해 최선을 다할 것이다. 감독님이 원하는 것이 있다면 그것을 위해 100%를 쏟을 것"이라고 다짐했다.

■ 터키 리그 기록

2022시즌 기록					
2	879(27) MINUTES 출전시간(경기수)	3 GOALS 득점	1 ASSISTS 도움	0	- WEEKLY BEST 11 주간베스트11

강점	최전방 및 2선 등 공격 전 지역 소화	특징	잉글랜드 프리미어리그 토트넘에서 프로 생활 시작
약점	K리그 데뷔 시즌	별명	해피 바이러스

델브리지 Harrison Andrew Delbridge

1992년 3월 15일 | 31세 | 호주 | 190cm | 89kg

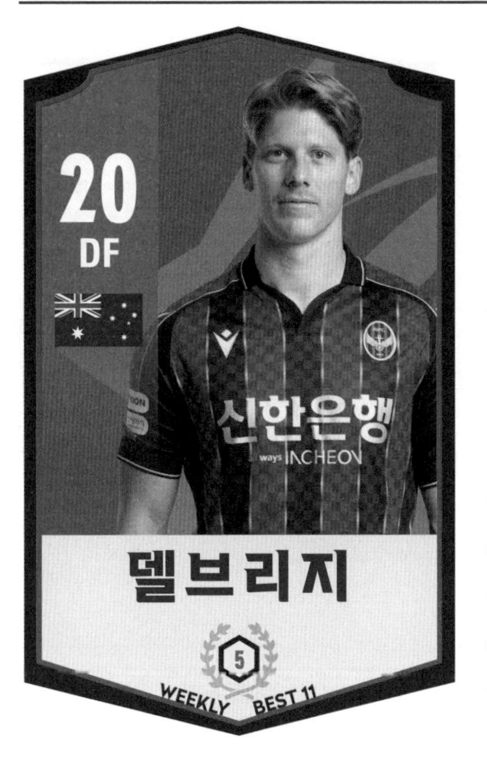

경력

벤츄라 카운티 퓨전(13)
▷새크라멘토 리퍼블릭(14)
▷포틀랜드 팀버스(15)
▷신시내티(16~17)
▷멜버른 시티(18~20)
▷인천(21~)

K리그 통산기록

67경기 1골 3도움

대표팀 경력

1경기

호주판 '성장 캐릭터'다. 인천의 아시아쿼터 선수인 델브리지는 2021년 인천의 유니폼을 입고 K리그에 데뷔했다. 첫 시즌 리그 34경기에서 1골 2도움을 기록하며 인천의 '조기 잔류'에 앞장섰다. 2022시즌에는 리그 33경기에 나섰다. 그는 인천의 뒷문을 든든히 지키며 팀의 창단 첫 아시아챔피언스리그(ACL) 진출에 힘을 보탰다. 델브리지는 인천에서의 활약을 인정 받아 생애 첫 호주 A대표팀에 합류하는 기쁨을 누렸다. 비록 2022년 카타르월드컵 최종 명단에는 함께하지 못했지만 더 큰 꿈을 꾸는 계기가 됐다. 그는 팬들의 뜨거운 응원을 받았다. 소셜미디어 팔로워 수가 급증하기도 했다. 델브리지는 2023년 더 성장한 모습을 보인다는 각오다. 그는 장신 수비수로 인천 스리백의 한 축을 담당한다. 큰 키를 앞세운 공중 장악력, 발밑기술도 좋다는 평가다. 델브리지는 "우리가 ACL 진출이라는 목표를 이뤄냈다. 이제는 그에 맞게 잘 준비해야 한다. ACL 무대에 나가서 좋은 경기를 보여드리는 일만 남았다. 더 성장한 모습을 보여드려야 할 것"이라고 각오를 다졌다.

2022시즌 기록

6	2845(30) MINUTES 출전시간(경기수)	0 GOALS 득점	1 ASSISTS 도움	0	5 WEEKLY BEST 11 주간베스트11

강점	수비수인데 공격도 잘한다	특징	인천에서 뛰며 호주 A대표팀 첫 발탁
약점	가끔씩 흔들리는 수비	별명	호주의 조규성

김동헌

1997년 3월 3일 | 26세 | 대한민국 | 186cm | 87kg
경력 | 인천(19~)
K리그 통산기록 | 41경기 36실점
대표팀 경력 | –

2022년 그야말로 '대박'을 쳤다. 인천 유스 출신 김동헌은 그동안 '백업'에 가까웠다. 2019년 인천에 입단하며 K리그에 입성했지만 단 한 경기도 뛰지 못했다. 2020년 3경기, 2021년 13경기를 뛰며 경험을 쌓은 김동헌은 지난해 25경기에 출전했다. 인천의 사상 첫 아시아챔피언스리그(ACL) 진출에 힘을 보탰다. 그는 2022년 K리그1 선방지수 1위에 오르며 리그에서도 정상급 골키퍼로 도약했다. 골키퍼로서는 높이가 다소 낮은 편이지만 동물적인 반사 신경을 자랑한다.

2022시즌 기록						강점	약점
0	0	2,404(25) MINUTES 출전시간(경기수)	86 SAVE 선방	22 LOSS 실점	3 WEEKLY BEST 11 주간베스트11	동물적인 반사 신경	경험 부족 종종 흔들리는 불안감

오반석

1988년 5월 20일 | 35세 | 대한민국 | 190cm | 81kg
경력 | 제주(11~18) ▷ 알 와슬SC(18~19) ▷ 무앙통 유나이티드FC(19) ▷ 전북(20) ▷ 인천(20~)
K리그 통산기록 | 255경기 7골 1도움
대표팀 경력 | 2경기

2023년 오반석의 어깨는 무척이나 무겁다. 그는 올 시즌 인천의 '캡틴'으로 팀을 이끈다. 그동안 오반석과 함께 '베테랑 군단'을 형성했던 '형님'들은 팀을 떠났다. 오반석이 캡틴이자 맏형으로 선수단을 이끌어야 한다. 그는 "우리는 시즌 내내 증명해야 한다"고 각오를 다졌다. 오반석은 수비형 미드필더–수비수를 오가는 멀티 플레이어다. 수비수로서의 능력이 특출나다. 스피드에 대한 의문은 있지만, 경험으로 쌓은 '노하우'로 수비 커버에 나선다. 다만, 올해는 세 대회를 병행해야 한다. 체력 관리가 필수다.

2022시즌 기록						강점	약점
3	0	1,083(13) MINUTES 출전시간(경기수)	0 GOALS 득점	0 ASSISTS 도움	- WEEKLY BEST 11 주간베스트11	위치 선정 대인 마크 능력	다소 느린 발 3개 대회를 병행할 체력

문지환

1994년 7월 26일 | 29세 | 대한민국 | 185cm | 77kg
경력 | 성남(17~19) ▷ 인천(20~21) ▷ 상무(21~22) ▷ 인천(23~)
K리그 통산기록 | 95경기 3골
대표팀 경력 | –

문지환에게 2022년은 아쉬움의 시간이었다. 그는 '군 팀' 김천 상무의 캡틴을 맡았다. 부상이 발목을 잡았다. 안와골절 부상으로 수술대에 올랐다. 재활을 거쳐 뒤늦게 복귀했다. '마스크맨'으로 투혼을 발휘했다. 문지환은 아쉬움의 시간을 동기부여로 삼겠다는 각오다. 그는 "부상 기간이 큰 자양분이 됐다. 하나를 잃었지만 하나를 얻은 시간"이라고 했다. 인천으로 돌아온 문지환은 부활을 노린다. 문지환은 단단한 기본기를 사랑한다. 미드필더와 수비 모두 소화 가능하다. 복무 기간 중 '확 변한' 인천에 빠르게 적응하는 것이 관건이다.

2022시즌 기록						강점	약점
5	0	1,129(19) MINUTES 출전시간(경기수)	0 GOALS 득점	0 ASSISTS 도움	- WEEKLY BEST 11 주간베스트11	미드필더부터 수비수까지 다 뛰어본 경험	부상으로 잃어버린 2022년

김도혁

1992년 2월 8일 | 31세 | 대한민국 | 173cm | 70kg
경력 | 인천(14~17)▷경찰(18~19)▷인천(19~)
K리그 통산기록 | 239경기 14골 18도움
대표팀 경력 | –

인천의 '원 클럽 맨'이다. 인천에서 K리그에 데뷔한 김도혁은 경찰청 시절을 제외하고는 줄곧 한 팀에서 뛰었다. 인천 팬들이 가장 아끼는 선수 중 한 명이다. 김도혁도 인천에 대한 뜨거운 애정을 선보이고 있다. 열정 넘치는 '팬서비스'는 그의 트레이드 마크다. 플레이 스타일 자체는 화려하지 않다. 그러나 압도적인 활동량으로 중원을 지킨다. 중요한 순간 '한 방'씩 꽂아주는 공격력도 플러스 요인이다. 언성 히어로 김도혁은 "땀과 노력이 배신하지 않도록 잘 준비하겠다"고 다짐했다.

2022시즌 기록						강점	약점
3	0	2,489(34) MINUTES 출전시간(경기수)	2 GOALS 득점	3 ASSISTS 도움	2 WEEKLY BEST 11 주간베스트11	압도적인 활동량	피지컬 한계로 공중볼 수비의 어려움

에르난데스

Rodrigues da Silva Hernandes

1999년 9월 2일 | 24세 | 브라질 | 183cm | 75kg
경력 | AD상카에타누(17~19)▷그레미우B(19~20)▷전남(20)▷경남(21~22)▷인천(22~)
K리그 통산기록 | 71경기 25골 12도움
대표팀 경력 | –

에르난데스의 2022년은 짧지만 강렬했다. 그는 지난해 여름 이적 시장을 통해 인천의 유니폼을 입었다. 그는 인천 합류 뒤 8경기에서 4골 4도움을 기록하며 펄펄 날았다. 하지만 2022년 8월 열린 FC서울과의 대결에서 부상으로 쓰러졌다. 우측 인대 파열 진단을 받고 수술대에 올랐다. 그는 수술 후 장기간의 재활을 거쳐 팀에 돌아왔다. 올해도 에르난데스의 활약은 중요하다. 그는 최전방은 물론, 측면을 오가며 플레이 할 수 있다. 멀티 자원으로서 인천 공격의 선봉에 선다.

2022시즌 기록						강점	약점
6	1	2,290(28) MINUTES 출전시간(경기수)	12 GOALS 득점	8 ASSISTS 도움	7 WEEKLY BEST 11 주간베스트11	전 공격 포지션 소화 가능 탄력	부상 탓에 떨어진 경기 감각

이동수

1994년 6월 3일 | 29세 | 대한민국 | 185cm | 72kg
경력 | 대전(16)▷제주(17~19)▷상무(19~21)▷제주(21)▷인천(22~)
K리그 통산기록 | 150경기 4골 1도움
대표팀 경력 | –

인천의 '알토란'이자 '살림꾼'이다. 이동수는 지난해 리그에서 31경기를 뛰었다. K리그1 무대 입성 후 가장 많은 경기를 소화했다. 그는 수비형 미드필더로 중원에서 공수 윤활유 역할을 하고 있다. 중원에서 적재적소에 볼을 배급한다. 가끔씩 날리는 중거리포도 강력하다. 풀백도 볼 수 있는 만큼 활용도가 높다. 다만, 볼을 너무 예쁘게 차려는 탓에 몸 싸움을 피하려는 경향이 있다는 평가다.

2022시즌 기록						강점	약점
1	0	1,191(31) MINUTES 출전시간(경기수)	1 GOALS 득점	0 ASSISTS 도움	1 WEEKLY BEST 11 주간베스트11	중원의 살림꾼	상대적으로 약한 몸싸움

김준엽

1988년 5월 10일 | 35세 | 대한민국 | 178cm | 76kg
경력 | 제주(10~12)▷광주(13)▷경남(14~17)▷경찰(16~17)▷부천(18)▷대구(19)▷인천(20~)
K리그 통산기록 | 249경기 8골 17도움
대표팀 경력 | -

김준엽은 K리그에서 '산전수전'에 '공중전'까지 경험했다. 1988년생 인천 '베테랑 라인'으로 어느덧 14번째 시즌을 눈앞에 두고 있다. 그의 가장 큰 장점은 단연 적극적인 움직임이다. 김준엽은 몸을 아끼지 않는 플레이로 팬들의 박수를 받았다. 날카로운 크로스도 강점이다. 어린 시절 윙어였던 만큼 공격 성향이 매우 강하다. 다만, 공격적인 움직임 때문에 가끔 수비에서 실수가 나올 때가 있다. 동료들의 커버 플레이가 필요한 상황이 발생하기도 한다.

2022시즌 기록						강점	약점
7	0	2,103(25) MINUTES 출전시간(경기수)	1 GOALS 득점	2 ASSISTS 도움	1 WEEKLY BEST 11 주간베스트11	포스트 플레이 적합한 크로스	강한 공격 성향 가끔 떨어지는 수비

여름

1989년 6월 22일 | 34세 | 대한민국 | 176cm | 69kg
경력 | 광주(12~16)▷상무(17~18)▷광주(18~20)▷제주(21)▷서울(21)▷인천(22~)
K리그 통산기록 | 255경기 11골 13도움
대표팀 경력 | -

'베테랑 미드필더' 여름이 돌아왔다. 여름은 지난해 FC서울을 떠나 인천에 합류했다. 역시나 든든했다. 그는 이명주와 함께 인천의 중원을 단단하게 지켰다. 부상이 발목을 잡았다. 그는 기나긴 재활의 시간을 보냈다. 여름은 시즌 막판 그라운드를 밟았다. 팬들의 뜨거운 박수를 받았다. 여름은 지난해 리그 14경기 출전에 그쳤다. 떨어진 경기력을 끌어 올리는 것, 부상 없이 시즌을 치르는 것이 숙제다.

2022시즌 기록						강점	약점
1	0	921(14) MINUTES 출전시간(경기수)	0 GOALS 득점	0 ASSISTS 도움	1 WEEKLY BEST 11 주간베스트11	타의 추종을 불허하는 활동량	상대적으로 느껴지는 투박함

이태희

1995년 4월 26일 | 28세 | 대한민국 | 189cm | 85kg
경력 | 인천(14~)
K리그 통산기록 | 91경기 121실점
대표팀 경력 | -

이태희는 유스 시절부터 시작해 어느덧 10년째 인천에 몸 담고 있다. 팀에 애정이 깊다. 하지만 주전 경쟁은 결코 쉽지 않았다. 그는 2014시즌을 앞두고 대건고에서 인천으로 콜업됐다. 단 한 경기도 뛰지 못했다. 이후 조금씩 출전 시간을 늘려갔지만, 단 한 번도 '풀 타임 주전'을 경험하지 못했다. 하지만 이태희는 언제든 주전으로 뛸 수 있는 실력이란 평가다. 동물적인 반사신경이 으뜸이다. 그는 새 시즌을 앞두고 인천과 2년 재계약했다. 이태희는 "더 오래 인천에서 뛸 수 있어 영광이다. 처음으로 아시아챔피언스리그 무대도 서게 돼 기대된다"고 했다.

2022시즌 기록						강점	약점
0	0	1,167(12) MINUTES 출전시간(경기수)	44 SAVE 선방	18 LOSS 실점	- WEEKLY BEST 11 주간베스트11	동물적인 반사 신경	풀 타임 주전 경험 부족

지언학

1994년 3월 22일 | 29세 | 대한민국 | 177cm | 77kg
경력 | 크리스토 아틀레티코(13~14) ▷ AD알코르콘(14~16) ▷ 경주한수원(16) ▷ 김해시청(17~18) ▷ 인천(19~21) ▷ 상무(21~22) ▷ 인천(23~)
K리그 통산기록 | 56경기 3골 3도움
대표팀 경력 | –

지언학의 스토리는 길다. 그는 대학 시절 스페인 유학길에 올랐다. 기대했던 성적표를 받지 못했다. 그는 한국으로 돌아왔지만 프로 데뷔까지는 시간이 걸렸다. K리그 이적 제한 5년룰에 걸렸다. 그는 K3리그 소속 경주한수원, 김해시청을 거쳐 2019시즌 인천에 합류했다. 인천에서 알토란 역할을 하던 지언학은 국방의 의무를 위해 상무에 합류했다. 위기가 있었다. 그는 2022년 부상으로 단 4경기 출전에 그쳤다. 인천에 다시 돌아온 지언학은 웃음꽃 피울 날을 준비하고 있다.

2022시즌 기록						강점	약점
0	0	126(4) MINUTES 출전시간(경기수)	0 GOALS 득점	0 ASSISTS 도움	- WEEKLY BEST 11 주간베스트11	공격 포지션 전부 소화 가능	1군 무대 '풀타임' 경험 절대 부족

김보섭

1998년 1월 10일 | 25세 | 대한민국 | 183cm | 74kg
경력 | 인천(17~19) ▷ 상무(19~21) ▷ 인천(21~)
K리그 통산기록 | 109경기 8골 7도움
대표팀 경력 | –

김보섭은 그야말로 '인천의 아들'이다. 그는 구단 유스 시스템을 거쳐 2017년 프로 유니폼까지 입었다. 하지만 프로의 문은 높았다. 기복이 있었다. 그는 방향을 틀었다. 일찌감치 군 문제를 해결하고 돌아왔다. 상무에서 경기력을 끌어 올린 김보섭은 지난해 잠재력을 폭발했다. 리그 34경기에서 5골 4도움을 기록했다. 프로 '커리어 하이'다. 그는 리그에서도 손꼽히는 '스피드 왕'이다. 빠른 발과 개인기를 앞세워 측면을 흔든다. 슈팅 능력도 좋다는 평가다. 올 시즌 더 거세진 측면 경쟁을 이겨내야 한다.

2022시즌 기록						강점	약점
5	0	2,385(34) MINUTES 출전시간(경기수)	5 GOALS 득점	4 ASSISTS 도움	1 WEEKLY BEST 11 주간베스트11	빠른 발 개인기	시즌 기복

민경현

2001년 12월 16일 | 22세 | 대한민국 | 174cm | 66kg
경력 | 인천(22~)
K리그 통산기록 | 30경기 1골
대표팀 경력 | –

프로 데뷔와 동시에 '대박'을 터뜨렸다. 민경현은 신갈고-용인대를 거쳐 지난해 인천의 유니폼을 입고 프로에 첫 발을 내디뎠다. 단박에 인천의 핵심으로 자리잡았다. 그는 데뷔 시즌 30경기를 소화했다. 인천의 22세 이하 자원으로 맹위를 떨쳤다. 팀 상황에 따라 좌우를 오가며 스리백의 한 축을 담당했다. 그는 인천을 너머 연령별 대표팀이 주목하는 재능으로 성장했다. 다만, 시즌을 거듭할수록 체력적으로 주춤하는 모습이 보였다. 프로 두 번째 시즌은 더 단단해져야 한다.

2022시즌 기록						강점	약점
2	0	2,041(30) MINUTES 출전시간(경기수)	1 GOALS 득점	0 ASSISTS 도움	1 WEEKLY BEST 11 주간베스트11	좌우 가능한 멀티 수비수	한 시즌을 치를 체력 필요

홍시후

2001년 1월 8일 | 22세 | 대한민국 | 175cm | 65kg
경력 | 성남(20~21)▷인천(22~)
K리그 통산기록 | 65경기 2골 2도움
대표팀 경력 | –

홍시후는 지난해 성남FC를 떠나 인천에 새 둥지를 틀었다. 인천이 미래를 보고 투자한 '야심작'이었다. 빠른 발을 앞세워 상대 진영을 파고 든다. 상대 측면을 흔들 수 있는 선수다. 22세 이하(U-22) 핵심 카드이기도 하다. 하지만 그는 지난해 환하게 웃지 못했다. 리그 25경기를 치르는 동안 단 하나의 공격 포인트도 기록하지 못했다. '수비형 공격수'라는 웃지 못할 별명이 붙기도 했다. 포기는 없었다. 홍시후는 시즌 막판 득점포를 가동하며 활짝 웃었다. 홍시후는 올해도 인천 U-22 핵심이다. 경기력은 물론, 마무리 능력까지 보여줘야 한다.

2022시즌 기록						강점	약점
3	0	1,198(28) MINUTES 출전시간(경기수)	2 GOALS 득점	2 ASSISTS 도움	1 WEEKLY BEST 11 주간베스트11	빠른 발을 앞세운 돌파	아쉬운 마무리 능력

권한진

1988년 5월 19일 | 35세 | 대한민국 | 187cm | 80kg
경력 | 가시와 레이솔(11~13)▷쇼난 벨마레(13)▷자스파구사츠 군마(13~14)
▷로아소 구마모토 (15)▷제주(16~21)▷대전(22)▷인천(23~)
K리그 통산기록 | 168경기 10골 1도움
대표팀 경력 | –

'스승' 조성환 감독과 다시 만났다. 권한진은 새 시즌을 앞두고 트레이드를 통해 인천에 합류했다. 과거 제주에서 한솥밥을 먹었던 조 감독과 재회했다. 또한, 제주 시절 '환상의 호흡'을 자랑했던 오반석과도 발을 맞추게 됐다. 권한진이 "조 감독님, 오반석 선수와 함께 아시아 무대에 또 도전하게 돼 영광"이라고 말한 이유다. 권한진은 단단한 체구를 앞세워 세트피스와 빌드업에 강점이 있다는 평가다. 수비 리딩 능력도 좋은 만큼 인천 스리백의 든든한 힘이 될 것으로 보인다.

2022시즌 기록						강점	약점
1	0	882(14) MINUTES 출전시간(경기수)	0 GOALS 득점	0 ASSISTS 도움	- WEEKLY BEST 11 주간베스트11	수비 리딩 능력 세트피스	부상으로 떨어진 경기력

천성훈

2000년 9월 21일 | 23세 | 대한민국 | 191cm | 84kg
경력 | 아우크스부르크(19~20)▷FC 08홈부르크(21~22)▷인천(23~)
K리그 통산기록 | –
대표팀 경력 | –

인천 유스 출신으로 독일 무대를 경험한 뒤 인천에 합류했다. K리그 데뷔를 앞두고 있다. 큰 키에서 뿜어져 나오는 공중볼 경합, 최전방에서의 몸싸움 등이 강점으로 꼽힌다. 직접 해결 능력은 물론이고 동료들의 움직임도 살필 줄 안다. 유스 출신인 만큼 팀에 대한 애정도 매우 깊다. 관건은 K리그 적응이다. 조성환 감독이 천성훈에게 움직임에 대해 '특별 조언'을 하는 이유다. 천성훈은 "독일에서 많은 것을 경험하며 성장했다. 경기장 안에서 팀에 보탬이 되는 선수가 되고 싶다. 팬 기대에 부응하고 싶다"고 말했다.

2022시즌 기록						강점	약점
-	-	-(-) MINUTES 출전시간(경기수)	- GOALS 득점	- ASSISTS 도움	- WEEKLY BEST 11 주간베스트11	공중볼 경합 이타적인 플레이	K리그는 처음

전지적 작가 시점

김가을이 주목하는 인천의 원픽!

음포쿠

2023년 가장 '핫'한 영입이 아닐까 싶다. 인천의 '해피 바이러스' 폴 조제 음포쿠의 얘기다. 음포쿠는 잉글랜드 프리미어리그 토트넘 유스 출신이란 이유만으로도 뜨거운 관심을 모았다. 사실 음포쿠는 토트넘 유니폼을 입고 PL 무대를 밟지는 못했다. 그는 2008년 토트넘에 입단했지만 데뷔전을 치르지는 못했다. 레이턴 오리엔트(잉글랜드)로 임대돼 35경기 4골 6도움을 기록했다. 하지만 음포쿠는 토트넘 '스펙'이 아니라도 두 눈을 번쩍 뜨게 할 커리어를 쌓았다.스탕다르 리에주, 칼리아리(이탈리아), 키에보 베로나(이탈리아), 파나티나이코스(그리스), 콘야스포르(튀르키예) 등에서 경험을 쌓았다. 벨기에 연령별 대표팀을 고루 거쳤다. 2015년 콩고민주공화국 A대표팀에 합류해 A매치 21경기 5골을 넣었다. 거의 모든 공격 포지션을 소화할 수 있다는 것도 큰 장점이다. 또한, 특유의 친화력을 앞세워 인천의 '인싸'로 등극한 것도 기대감을 높인다. 관건은 있다. K리그 데뷔라는 점이다. K리그는 결코 만만한 곳이 아니다. 조성환 감독이 음포쿠를 두고 "기대 반, 걱정 반"이라고 말한 이유다. 음포쿠의 K리그 적응 여부가 인천의 성적과 직결될 것으로 보인다.

지금 인천에 이 선수가 있다면!

무고사

인천에 너무나도 그립고, 간절한 이름이 있다. '파검의 피니셔' 스테판 무고사다. 무고사는 2018년 인천에 합류해 5시즌 동안 128경기에서 68골 10도움을 기록했다. 2020년 9월, 2022년 2월, 3월, 4월에 이달의 선수상을 받았다. 한 선수가 2달 연속 이달의 선수상을 받은 것은 무고사가 K리그 최초였다. 인천은 위기에도 강등을 면할 수 있었던 것은 꾸준하게 최상의 득점력을 보여준 무고사 덕이 컸다. 하이라이트는 2022년이었다. 무고사는 지난해 전반기 18경기에서 14골을 폭발했다. 하지만 이별의 순간은 너무나도 갑작스럽게 찾아왔다. 그는 지난해 여름이적시장을 통해 일본 J리그로 새 도전에 나섰다. 비셀 고베는 바이아웃 100만 달러, 연봉도 2배를 제시해 무고사를 '모셔'갔다. 인천은 '주포' 무고사가 떠난 뒤 득점력이 눈에 띄게 떨어졌다. 인천은 새 시즌을 앞두고 무고사와의 '재회'를 노렸다. 전달수 인천 대표가 무고사의 결혼식이 열린 몬테네그로까지 찾아가 '무고사 잡기'에 나섰다. 하지만 이적 시장은 마음 같지 않은 법. 겨울 이적 시장 무고사 영입은 쉽지 않았다. 최전방에 무고사까지 있었다면 얼마나 든든했을지 아쉬움이 남는 상황이다.

링
유리
헤이스
김주공
진성욱
서진수
김승섭
구자철
최영준
이창민
안태현
이주용
안현범
김봉수
한종무
이기혁
전성진
정운
송주훈
연제운
이지솔
임채민
김오규
김동준
김근배

5 제주유나이티드

최고(最高)를 향해, 행복한 질주를 시작한다

제주 유나이티드

제주 유나이티드 공식 홈페이지 구단 소개글에는 이렇게 적혀있다. '우리나라 최고(最古)의 전통을 자랑하는 프로축구단'. 이 표현대로 제주는 불혹을 넘긴 K리그 '최고령 클럽'이다. 1982년 12월 17일, 유공 코끼리 축구단이란 이름으로 창단해 1983년 프로축구 원년부터 리그에 참가했다. 서울을 시작으로 부천을 거쳐 2006년 제주로 연고지를 옮겼다. 구단 명칭도 부천 유공, 부천 SK, 제주 유나이티드로 바뀌었다. K리그 1, 2부를 통틀어 섬을 연고지로 하는 유일한 클럽이란 특수성을 지녔다. 1990년대 발레리 니폼니시 감독 시절 아기자기한 패스축구를 앞세운 '니포축구'는 혁명적이란 평가를 받았다. 남기일, 조성환, 이임생, 윤정환, 김기동, 이을용 등은 니폼니시 감독의 영향을 크게 받은 지도자들이다. 이 시기에 대한민국 최초의 서포터스인 헤르메스가 탄생했다. 2019년 2부로 강등되는 아픔을 겪었지만 '승격청부사'인 남기일 감독과 함께 1년 만에 승격했다. K리그1(1989년)과 K리그2(2022)에서 모두 우승한 첫 번째 구단으로 등극했다. 제주는 최고(最古)에 만족하지 않고 최고(最高)를 향해 달리겠다고 말했다. 2023년의 목표는 '행복축구'를 통해 아시아챔피언스리그 진출권을 거머쥐는 것이다.

구단 소개

정식 명칭	제주 유나이티드 축구단
구단 창립	1982년 12월 17일
모기업	SK에너지
상징하는 색	오렌지 & 레드
경기장(수용인원)	제주월드컵경기장 (29,791명)
마스코트	감규리, 한라할방, 백록이
레전드	강철, 이임생, 윤정환, 구자철
서포터즈	풍백, 귤케이노, JUMP
온라인 독립 커뮤니티	DC마이너갤 제주유나이티드, 서포터즈 귤케이노 오픈채팅

우승

K리그	1회(1989)
FA컵	–
AFC챔피언스리그(ACL)	–

최근 5시즌 성적

시즌	K리그	FA컵	ACL
2022시즌	5위	16강	–
2021시즌	4위	32강	–
2020시즌	1위(2부)	16강	–
2019시즌	12위	16강	–
2018시즌	5위	8강	조별리그

UNIFORM

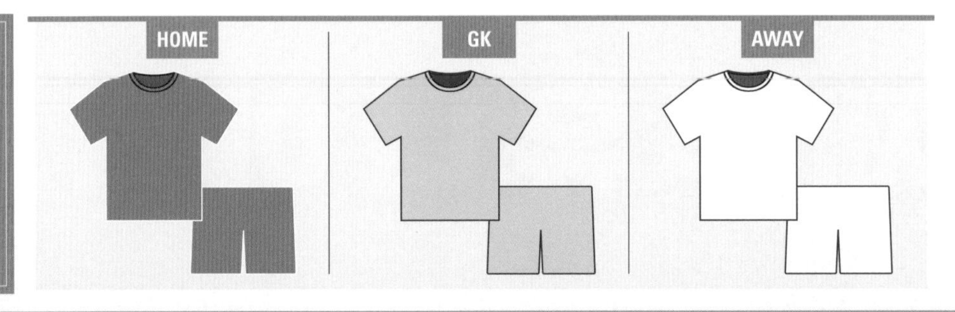

유카로
emart
유카로
어엿한 10년차 감독,
이제는 확실한 성과로 보여주마!

남기일

1974년 8월 17일 | 49세 | 대한민국

K리그 전적
334전 125승 97무 112패

현역 시절과 감독 이미지는 다소 다르다. 지금은 수트 차림으로 기술지역에 점잖게 서 있는 모습이 익숙하지만, 선수 때는 강한 파워, 쉴 새 없는 돌파의 대명사였다. 별명도 '탱크'였다. K리그 30골 30도움 기록, K리그 우승 등 꽤나 인상적인 선수 경력을 쌓았지만, '진짜 전성기'는 은퇴 이후에 찾아왔다. 2013년, 만 39세의 젊은 나이로 광주의 감독대행을 맡아 본격적인 사령탑 행보를 걷기 시작했다. 2014년 광주를 1부에 올려놓은 '첫 번째 성과'를 거뒀다. 남기일 감독은 니폼니시, 조윤환, 김학범 등 색깔이 다른 은사들로부터 지도를 받으며 익힌 노하우에 강도 높은 훈련과 라커룸 장악, 남기일식 스리백 전술을 접목했다. 근 10년간 쉼 없이 지휘봉을 휘두르며 2018년 성남과 2020년 제주의 승격을 이끌었고, 2022시즌 현역 감독 중 유일한 K리그 300경기 지휘 사령탑으로 등극했다. 2022년 9월, 제주와 2년 재계약을 맺었다.

선수 경력

부천SK	전남	성남	천안시청

지도자 경력

천안시청 플레잉코치	광주 코치	광주 감독	성남 감독	제주 감독(20~)

주요 경력

최다(3회) 승격	현역 유일 300경기 이상 지휘	정조국 · 주민규 득점왕 배출

선호 포메이션	3-4-3	3가지 특징	박사 선수 1호	제주 선수 출신 제주 감독	승격 청부사

STAFF

수석코치	전술코치	코치	GK코치	피지컬코치	전력분석관	통역	물리치료사
정조국	윤대성	최효진 하대성	송유걸	장석민	김영진	문대화	하태준

2022 REVIEW

다이나믹 포인트로 보는 제주의 2022시즌 활약도

2021시즌 제주의 고민은 지나치게 많은 무승부였다. 무승부 횟수가 15번으로 리그에서 가장 많았다. 2022시즌 무승부는 10경기로 5경기 줄였지만, 원치 않게 패배 횟수가 10경기에서 14경기로 늘었다. 결론적으로 전년 대비 최종 승점이 2점 줄었고, 결국 이 2점 때문에 AFC 챔피언스리그 티켓을 놓치게 됐다. 27라운드부터 최종전까지 12경기 연속 실점한 건 단단함을 중시하는 남기일식 축구답지 않았다. 그럼에도 제주가 두 시즌 연속 파이널A 그룹에 진입한 것은 공동 4위(52골)에 오른 화끈한 득점력 덕분이었다. 제주는 2022시즌 K리그1에서 가장 많은 슛을 쏜 팀이었다. 전방에서도 적극적인 수비를 펼치며 공격 진영 태클 1위에 올랐다.

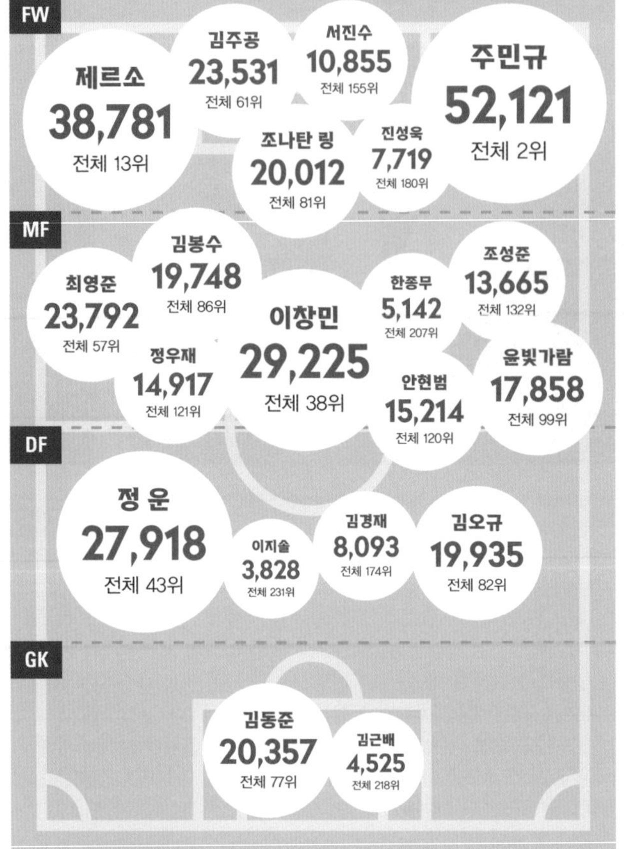

2022시즌 다이나믹 포인트 상위 20명 ■ 포인트 점수

포지션 평점

FW ●●●●
MF ●●●
DF ●●
GK ●●

출전시간 TOP 3

순위	선수	시간
1위	최영준	3,355분
2위	정운	3,069분
3위	제르소	2,837분

■골키퍼 제외

득점 TOP 3

순위	선수	골
1위	주민규	17골
2위	제르소	8골
3위	김주공, 링	5골

도움 TOP 3

순위	선수	도움
1위	주민규, 제르소	7도움
2위	조성준	5도움
3위	이창민, 김주공	4도움

주목할 기록

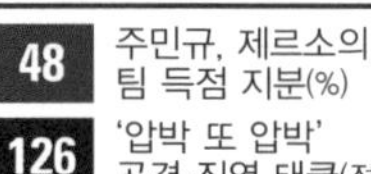

48 주민규, 제르소의 팀 득점 지분(%)

126 '압박 또 압박' 공격 진영 태클(전체 1위)

성적 그래프

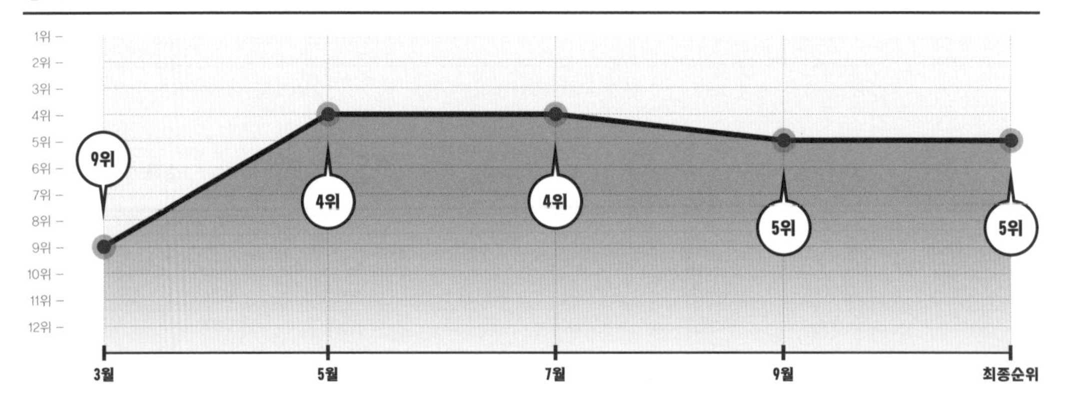

2023 시즌 스쿼드 운용 & 이적 시장 인앤아웃

IN

유리_아마도라
헤이스_광주
연제운_성남
김승섭_대전
이기혁_수원FC
김형근_서울이랜드
임채민_FA
이주용_전북
송주훈 임동혁_전역
지상욱 김대환 전성진 곽승민_신인

OUT

주민규_울산
제르소_인천
윤빛가람 김규형_수원FC
조성준_안양
변경준_서울이랜드
김경재_광주
김명순_청주
김범수_안산
김종민_김포
홍성욱_부천
정우재_전북
우민걸 최재혁 김동국_계약만료

ⓒ 주장 ■ U-22 자원

"스쿼드에 안정감이 느껴진다." 1월 태국 치앙마이에서 진행한 제주의 전지훈련을 지켜본 한 축구계 관계자가 한 말이다. 안정감은 2023시즌 제주의 선전을 기대케 하는 주요 요인이다. 구자철, 최영준을 중심으로 30대 초반 베테랑들이 팀을 지탱한다. 남기일 감독은 2020년 지휘봉을 잡아 올해로 4번째 시즌을 맞는다. 지난 시즌 도중 2년 연장계약을 체결할 정도로 구단의 신임을 받고 있다. 올 시즌엔 마음이 맞는 임채민, 연제운과 같은 선수를 늘려 조금 더 '남기일 축구'를 잘 펼칠 수 있는 여건을 갖췄다. 여기에 새롭게 가세한 외인 듀오 유리와 헤이스가 기존 공격수인 김주공, 진성욱, 서진수 새로 합류한 김승섭, 이기혁 등과 함께 좋은 시너지를 내야 한다. 지난 2년간 팀 득점의 40% 이상을 책임졌던 주민규와 제르소가 동시에 빠진 공백을 잘 메워준다면 충분히 '2강'에 도전할 수 있다. 훈련 분위기가 무척 좋았다는 후문이다.

주장의 각오

최영준

"우리 앞에는 AFC 챔피언스리그 진출과 K리그의 양강 구도를 깨겠다는 명확한 목표가 있다. 목표 달성을 위해 하나 된 제주로 나아가겠다. 그리고 팬과 도민들에게 행복을 드리는 축구를 선사하겠다."

2023 예상 베스트 11

이적시장 평가

공격진처럼 큰 변화가 있는 것은 아니지만, '남기일 애제자'인 센터백 연제운이 가세하고, 송주훈이 전역했다. 게다가 임채민까지 영입해 수비진의 뎁스는 확실히 넓어졌다. 공격 쪽에는 변화 폭이 크다. 제 · 주(제르소 · 주민규) 듀오가 떠난 공백을 '브라질산 탱크' 유리와 K리그에서 검증된 헤이스가 얼마나 메워줄지가 관건이다. 구단이 야심차게 영입한 측면 공격수 김승섭, 미드필더 이기혁도 주목할 필요가 있다.

저자 6인 순위 예측

• 김 성 원 •

4위_지난해와 같은 우를 범하지 않기 위해선 출발이 중요. 안정적인 스쿼드에 코치진도 '훈훈', 특별한 공간을 최대한 활용해야 승산.

• 이 원 만 •

2위_작년 시즌 투자 대비 성적이 나빴다. 남기일 감독은 시행착오를 반복하지 않는다. 올해는 제주발 돌풍이 몰아칠 것이다.

• 김 진 회 •

5위_주민규, 제르소 이탈 공백을 다른 외인 선수 영입으로 메움. 기존 조나탄 링의 활약 여부가 최대 관건.

• 윤 진 만 •

3위_건강한 구자철, 건장한 유리, 건재한 남기일 감독이 뭉치면? 무엇보다 베테랑이 많아 스쿼드에 안정감이 느껴진다.

• 박 찬 준 •

5위_코칭스태프부터 변화를 선언, 그래서 달라지기는 했는데, 확 눈에 들어오지는 않는다.

• 김 가 을 •

3위_남기일 감독부터 새 외국인 선수 헤이스까지 한 입 모아 외친 ACL 자력 진출! 제주의 '원 팀' 목표는 팀을 단단하게 만든다.

구자철

1989년 2월 27일 | 34세 | 대한민국 | 183cm | 74kg

경력

제주(07~10)
▷볼프스부르크(11~14)
▷아우크스부르크(12~13)
▷마인츠(14~15)
▷아우크스부르크(15~19)
▷알 가라파(19~21)
▷알 코르(21~22)
▷제주(22~)

K리그 통산기록

97경기 9골 20도움

대표팀 경력

76경기 19골
2012 올림픽
2014 · 2018 월드컵

한겨울 한라산에 등정하는 오피셜 사진을 남기며 12년만의 제주 복귀에 대한 기대감을 키웠다. 하지만 4월 5일 울산전에서 불의의 햄스트링 부상을 당하며 이 여파로 시즌 7경기 출전에 그쳤다. 출장시간 240분은 분명 구자철과 제주가 원하는 그림은 아니었을 터. 하지만 애단심과 책임감이 강하기로 유명한 구자철은 시즌 최종전에서 '은사' 홍명보 감독이 이끄는 울산을 상대로 극적인 역전 결승골을 터뜨리며 복귀 후 두 번째 시즌을 기대케 했다. '건강한 구자철'은 따로 설명이 필요없다. 구자철은 보인고 출신으로 제주에서 프로 데뷔하여 유럽 무대에서 전성기를 누렸다. 특히 독일 분데스리가에서 굵직한 족적을 남겼다. 2011년 볼프스부르크에서 시작해 아우크스부르크, 마인츠, 다시 아우크스부르크 소속으로 8년 넘게 활약했다. 분데스리가 출전 경기수는 총 211경기(28골)로, 이는 '차붐' 차범근 다음으로 많은 한국인 선수 출전 2위의 기록에 해당한다. 구자철은 2010년 남아공월드컵 최종 엔트리 탈락의 아쉬움을 딛고 2번의 월드컵, 3번의 아시안컵에 출전했고 2012년 런던올림픽에서 동메달 신화를 쓰며 성공적인 대표팀 경력도 쌓았다. 2023시즌 제주의 부주장으로 불꽃을 태운다.

2022시즌 기록					
1	240(9) MINUTES 출전시간(경기수)	1 GOALS 득점	1 ASSISTS 도움	0	1 WEEKLY BEST 11 주간베스트11

강점	리더십, 볼 키핑, 방향 전환, 의외의 말솜씨	특징	"와이? 와이?"로 대표되는 승부욕, 제주에 대한 애정
약점	장기부상에 따른 컨디션 문제, 활동량 중심의 플레이스타일	별명	구글거림, 구자봉

최영준

1991년 12월 15일 | 32세 | 대한민국 | 181cm | 76kg

경력

경남(11~14)
▷경찰(15~16)
▷경남(16~18)
▷전북(19~21)
▷제주(22~)

K리그 통산기록

294경기 7골 13도움

대표팀 경력

전형적인 대기만성형이다. 축구명문 언남고, 건국대를 거쳤으나 연령별 대표팀과 연을 맺지 못했다. 경남 진주 출신인 최영준은 2011년 경남에서 프로 데뷔해 신인답지 않은 원숙한 기량으로 빠르게 실력을 인정받았다. 하지만 이후 치열한 주전 경쟁과 들쑥날쑥한 경기력으로 한발 더 나아가지 못했고, 2015년 군 복무를 위해 경찰축구단에 입대한 뒤 2016년 복귀했다. 돌아온 경남에서 리그1 최고 수준의 수비형 미드필더로 두각을 드러낸 최영준은 2019시즌을 앞두고 높은 이적료에 리그 챔피언 전북 유니폼을 입으며 경력에 꽃을 피웠다. 예상과 다르게 전북에서 자리를 잡지 못한 최영준은 임대로 떠난 포항에서 김기동 감독을 만나 다시금 최정상급 수비형 미드필더다운 기량을 뽐냈다. 2021시즌 전북으로 돌아갔으나 또 다시 안착에 실패한 그는 2022시즌 제주에 새 둥지를 틀었다. 2022시즌 제주에서 수비형 미드필더와 센터백을 오가며 궂은 일을 도맡아 했다. 부침이 심한 시즌에 거의 유일하게 일관된 경기력을 보인 선수였다. 지친 얼굴로 그 어느 누구보다 많이 뛰었고, 뛰고 또 뛰었다. 최영준을 맞딱뜨린 상대 플레이메이커는 애를 먹을 수밖에 없었다. 이런 듬직한 활약을 토대로 2023시즌 주장으로 선임됐다.

2022시즌 기록

5	3,355(36) MINUTES 출전시간(경기수)	0 GOALS 득점	1 ASSISTS 도움	0	2 WEEKLY BEST 11 주간베스트11

강점	헌신적인 플레이, 투쟁심, 활동량	특징	번외지명 입단, 살신성인, 주장 자처
약점	전진패스, 공중볼	별명	캉테(첼시 미드필더), 왕발

유리 Yuri Jonathan Vitor Coelho

1998년 6월 12일 | 25세 | 브라질 | 185cm | 88kg

경력

폰테프레테(17~18)
▷코임브라(18)
▷가이나레 돗토리(19)
▷페로비아리아(20~21)
▷레이숑스(21~22)
▷카피바리아노(22)
▷에스트렐라(22)
▷과라니(22)
▷제주(23~)

K리그 통산기록

–

대표팀 경력

제주를 떠난 '에이스' 주민규의 공백을 메우기 위해 제주가 야심차게 꺼낸 카드다. 제법 큰 이적료를 들여 완전영입(3년 계약)을 했다는 건 제주가 유리에게 거는 기대가 얼마나 큰지를 보여준다. 주민규는 2021시즌 K리그1 22골, 2022시즌 17골을 넣었다. 고로, 시즌 20골은 유리에게 주어진 미션이다. 태국 전지훈련지에서 만난 유리는 "내가 오기 전 주민규가 많은 골을 넣은 걸 안다. 그에 대한 책임감을 느낀다"고 말했다. 10골이면 10골, 20골이면 20골, 이렇게 한계를 정해놓는 것을 좋아하지 않는다고도 했다. 제주의 최전방을 책임지는 것을 빼면 주민규와 유리는 다른 유형의 공격수다. 유리는 "별명과 같이 '탱크'처럼 축구하는 스타일이다. 힘도 많이 쓴다. 공중볼 장악 능력과 공을 잘 가지고 있다가 마무리까지 하는 것이 내 큰 장점"이라고 셀프소개했다. 남기일 감독의 현역시절 별명이 탱크였다. 탱크와 탱크의 설레는 만남이다. 유리는 2017년 브라질 클럽 폰테프레테에서 데뷔한 뒤 근 5년간 다양한 팀을 경험했다. 지난 시즌 가장 최근 클럽인 과라니에서 17경기 7골이라는 폭발적인 활약을 펼쳤다. 좋은 기세를 안고 새로운 도전에 나섰다.

■ 브라질 2부 리그 기록

2022시즌 기록					
2	1,035(17) MINUTES 출전시간(경기수)	7 GOALS 득점	2 ASSISTS 도움	0	- WEEKLY BEST 11 주간베스트11

강점	탄탄한 피지컬, 포스트플레이	특징	'yuritanque'(유리탱크-인스타 계정), 한국어 열공
약점	계속된 저니맨 생활, K리그 적응	별명	탱크

헤이스 Isnairo Reis Silva Morais

1993년 1월 6일 | 30세 | 브라질 | 175cm | 75kg

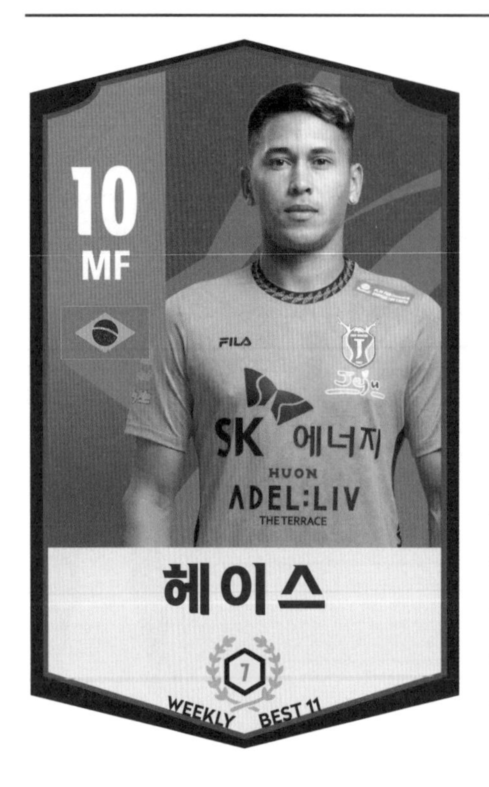

경력

레모(12)
▷아틀레치쿠 고이아넨시(12)
▷인테르나시오날(14)
▷아메리카 데 나탈(15~16)
▷카시아스(17)
▷보아(17)
▷빌라노바(18)
▷크리시우마(19)
▷콘피안사(19~21)
▷광주(21~22)
▷제주(23~)

K리그 통산기록

69경기 16골 9도움

대표팀 경력

–

'탱크' 유리가 주민규의 포지션 대체자라면 헤이스는 인천으로 떠난 제르소의 공백을 메우기 위해 영입한 자원이다. 스타일은 제르소와 흡사하면서도 다른 점이 있다. 제르소가 폭발적인 스피드와 빠른 방향 전환으로 K리그1 최고의 외인 윙어로 거듭났다면, 헤이스는 제르소만큼은 빠르지 않지만 축구 센스와 지능은 한 수 위라는 평가다. 헤이스는 지난 시즌 광주 소속으로 K리그2에서 득점 4위(12골), 유효슛 3위(43개), 키패스 1위(51개), 크로스 성공 2위(48개), 드리블 성공 2위(28개), 피파울 1위(102개) 등 다양한 부문에서 상위권에 포진했다. 측면에서 화려하면서 간결한 드리블로 상대 수비수를 벗겨내고, 박스 부근에서 기회를 창출하고, 직접 마무리하는 등 별명 '헤이마르'(헤이스+네이마르)다운 활약으로 광주의 1부 승격을 이끌었다. 2021년 광주에 입단해 4골 5도움(30경기)을 기록하며 성공 가능성을 보인 'K리그 1년차' 때보다 진일보했다. 제주가 광주와의 계약이 만료된 헤이스를 품은 배경이다. 유리, 헤이스 듀오는 같은 브라질리언이다. 시너지를 기대할 수 있다. 둘은 태국 전지훈련지에서 진행한 친선경기에서 환상킥과 헤더로 득점을 합작했다.

■K리그2 기록

2022시즌 기록						
5	3,203(39) MINUTES 출전시간(경기수)	12 GOALS 득점	4 ASSISTS 도움	0	7 WEEKLY BEST 11 주간베스트11

강점	드리블, 탈압박, 찬스메이킹, 킥 센스	특징	강강약약(2~7위 상대 모두 득점), 의외의 헤더 능력자
약점	K리그1 검증, 새로운 환경 적응	별명	헤이마르 (헤이스+네이마르)

임채민

1990년 11월 18일 | 33세 | 대한민국 | 188cm | 82kg

경력

성남(13~16)
▷상무(17~18)
▷성남(19)
▷강원(20~21)
▷선전(22)
▷제주(23~)

K리그 통산기록

221경기 11골 2도움

대표팀 경력

1경기

2강 체제에 도전하는 제주의 '마지막 퍼즐'. 1차 전지훈련을 마친 이후 느지막이 제주에 합류했다. 제주는 강원 소속이던 임채민이 지난해 중국 선전FC로 이적할 때도 영입을 노렸다. 중국으로 떠난 뒤에도 상황을 '팔로우'했고, 해체 위기에 내몰린 선전이 임채민 임금을 3개월 이상 체불하며 국제축구연맹 규정에 따라 자유계약으로 풀리자 냉큼 영입했다. 임채민도 제주를 원했다. 성남 시절 은사인 남기일 감독의 존재 때문이다. 2013년 성남에서 프로데뷔해 2019년까지 활약한 임채민은 2018~2019년 남기일 당시 성남 감독과 함께 한 인연이 있다. 2018년 성남의 승격을 합작했다. 임채민이 은사를 따라 이적한 건 이번이 처음이 아니다. 2020년, 빅클럽의 관심을 뿌리치고 영남대 시절 스승인 김병수 감독이 이끌던 강원으로 이적해 2021년까지 뛰었다. 신장 188cm에 파워를 겸비한 임채민은 제주의 약점인 수비진의 높이를 해결할 적임자로 평가받는다. 남기일 감독이 트레이드마크인 스리백을 가동할 경우 스리백의 '센터'를 담당할 가능성이 크다. 연제운-임채민-정운(김오규) 스리백을 가동할 수 있고, 포백을 활용할 경우 임채민-연제운 또는 임채민-김오규 조합을 예상해볼 수 있다. 연제운과는 성남 시절 함께 호흡한 인연이 있다. 임채민의 가세로 제주 수비진은 무게감이 늘고 더 다양해진 건 분명하다.

■ 중국 리그 기록

2022시즌 기록					
5	2,115(24) MINUTES 출전시간(경기수)	1 GOALS 득점	0 ASSISTS 도움	0	- WEEKLY BEST 11 주간베스트11

강점	공중볼 장악, 파워, 리더십	특징	영남대 패밀리, 의리남
약점	1년간의 K리그 공백, 가끔씩 나오는 큰 실수	별명	명품수비수

김동준

1994년 12월 19일 | 29세 | 대한민국 | 189cm | 85kg
경력 | 성남(16~19)▷대전(20~21)▷제주(22~)
K리그 통산기록 | 163경기 184실점
대표팀 경력 | 1경기

남기일 감독과 성남에서 맺은 인연이 제주에서도 이어진 케이스로, 수비수 연제운도 마찬가지다. 연령별 대표팀을 두루 거칠 정도로 전도유망한 골키퍼인 김동준은 2016년 풍생고 동기인 연제운과 함께 성남에 입단했다. 2019년 대전으로 이적한 김동준은 두 차례 큰 부상을 이겨내고 2021시즌 완벽하게 부활했다. 2022시즌 제주 입단으로 1부로 복귀한 김동준은 59.48%의 선방률을 기록했다. 이는 150개 이상의 피유효슛을 기록한 골키퍼 중 양한빈(당시 서울) 다음으로 높은 선방률이다. 파울루 벤투 감독 체제에서 대표팀의 부름을 받아 2022년 7월 A매치 데뷔전을 치렀다.

2022시즌 기록						강점	약점
0	0	3,042(32) MINUTES 출전시간(경기수)	91 SAVE 선방	38 LOSS 실점	2 WEEKLY BEST 11 주간베스트11	민첩성 공중볼 처리 능력 장착	킥 능력 계속된 부상

김주공

1996년 4월 23일 | 27세 | 대한민국 | 180cm | 66kg
경력 | 광주(19~21)▷제주(22~)
K리그 통산기록 | 101경기 15골 10도움
대표팀 경력 | –

김주공은 2022시즌을 성공적으로 마무리하고 김천 상무 입대를 계획했다. 하지만 서류 제출 마감일에 방향을 틀었다. 제주에서 1년 더 불꽃을 태우겠다는 의지의 표현이었다. 주민규, 제르소를 동시에 잃은 제주는 이로써 공격진 전력 이탈을 최소화했다. 김주공은 전북 연습생 출신으로 2019년 광주에서 프로데뷔해 3년간 빠르게 성장했다. 2022년 제주로 이적한 그는 7월까지 선발 2경기에 그쳤으나, 8월 이후 선발 6경기를 뛰었다. 제주에서 후반기 공격 기여도가 높은 선수 중 하나였다. 그가 공격포인트를 기록한 7경기에서 팀은 승점 19점(6승 1무)을 따냈다.

2022시즌 기록						강점	약점
2	0	1,537(31) MINUTES 출전시간(경기수)	5 GOALS 득점	4 ASSISTS 도움	2 WEEKLY BEST 11 주간베스트11	전방 압박 헌신성 돌파	'9번'도, '11번'도 아닌 애매함

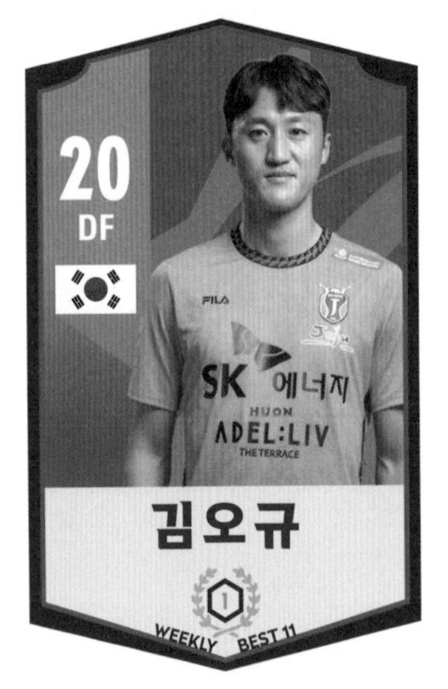

김오규

1989년 6월 20일 | 34세 | 대한민국 | 182cm | 75kg
경력 | 강원(11~15)▷상무(15~17)▷강원(17~20)▷제주(20~)
K리그 통산기록 | 331경기 7골 5도움
대표팀 경력 | –

강릉 출신으로 강릉중–강릉농공고–관동대를 나와 2011년 강원에서 프로데뷔했다. 센터백, 측면수비수, 수비형미드필더를 오가는 유틸리티 수비수로서 팀에 헌신했다. 2020년 당시 2부였던 제주로 이적하며 처음으로 강원을 떠난 김오규는 입단 첫 시즌 팀의 1부 승격을 이끌었다. 2015년 상무 시절 이후 5년만에 경험한 2부 우승. 2021시즌 남기일호의 핵심 수비수로 맹활약하며 베스트일레븐 센터백 후보에 오른 김오규는 2022시즌 제주 주장을 맡았다. 리그 최다경고(12개)를 받을 정도로 터프한 수비를 펼쳤다. 인터셉트(176개)는 팀내 1위였다.

2022시즌 기록						강점	약점
12	0	2,773(30) MINUTES 출전시간(경기수)	1 GOALS 득점	0 ASSISTS 도움	1 WEEKLY BEST 11 주간베스트11	전진패스 인터셉트	파이터 기질 감정 컨트롤

안현범

1994년 12월 21일 | 29세 | 대한민국 | 179cm | 74kg
경력 | 울산(15)▷제주(16~17)▷경찰(18~19)▷제주(19~)
K리그 통산기록 | 206경기 25골 15도움
대표팀 경력 | –

이천수, 최태욱의 부평고 후배. 연령별 대표팀에 뽑힐 정도로 잠재력을 인정받았다. 2015년 울산에 입단해 선발로 8경기 출전에 그친 안현범은 2016시즌 제주로 이적한 뒤 정착에 성공했고, 기량도 크게 발전했다. 제주 입단 첫 시즌, 28경기에서 8골 4도움을 폭발하며 K리그1 영플레이어상을 수상했다. 안현범은 폭발적인 스피드와 왕성한 활동량을 바탕으로 제주에서 포백의 풀백, 스리백의 윙백을 가리지 않았다. 2023시즌을 앞두고 둘째를 득남했다. 정조국 수석코치와 같은 '분유버프'를 기대하시라~!

2022시즌 기록						강점	약점
5	0	2,602(30) MINUTES 출전시간(경기수)	1 GOALS 득점	0 ASSISTS 도움	2 WEEKLY BEST 11 주간베스트11	오버래핑 활동량	대인마크

이주용

1992년 9월 26일 | 31세 | 대한민국 | 180cm | 78kg
경력 | 전북(14~23)▷경찰(17~18)▷인천(22)▷제주(23~)
K리그 통산기록 | 228경기 12골 19도움
대표팀 경력 | –

전주 영생고 출신인 이주용은 2014년 최강희 감독의 부름을 받아 전북에 입단했다. 첫 시즌 22경기, 두 번째 시즌 20경기를 뛰며 향후 10년간 전북의 왼쪽 측면을 맡을 적임자로 평가받았다. 2017~2018년 군 복무를 마치고 돌아온 뒤로는 '국대 레프트백' 김진수에 밀려 출전 시간을 충분히 확보하지 못했고, 급기야 2022시즌 인천으로 임대를 떠났다. 다시 전주로 돌아온 이주용은 부활을 꿈꿨으나, 전지훈련지에서 현실의 벽에 부딪혔다. 결국 시즌 개막을 일주일도 채 남기지 않은 시점에 정우재와 트레이드로 제주행을 결정했다. 이젠 제주의 레프트 윙백과 '왼발'을 담당할 예정이다.

2022시즌 기록						강점	약점
0	0	818(10) MINUTES 출전시간(경기수)	0 GOALS 득점	0 ASSISTS 도움	1 WEEKLY BEST 11 주간베스트11	왼발 크로스 투쟁심	잦은 부상 남기일 축구 적응 여부

조나탄 링

Erik Jonathan Ring

1991년 12월 5일 | 32세 | 스웨덴 | 182cm | 74kg
경력 | 베르나모(11~12)▷칼마르(13~16)▷겐츨레르비를리이(17)▷칼마르(17)▷유르고덴스(18~20)▷칼마르(21)▷제주(22~)
K리그 통산기록 | 28경기 5골 2도움
대표팀 경력 | –

스웨덴 출신의 형제 축구선수다. 동생 세바스티안은 2022-2023시즌 프랑스 리그2 아미앵에서 뛰고 있다.. 2022년 제주에 입단하며 아시아 무대에 처음 도전했다. 첫 시즌, 성과는 나쁘지 않았다. 왼쪽 공격수 제르소의 반대쪽에 위치해 간결한 플레이를 펼쳤다. 공격 파트너들과 2대 1 패스를 주고받으며 기회를 창출하느라 애썼다. 페널티 박스 부근에서 번뜩이는 움직임으로 차이를 만들었다. 기복은 아쉬웠다. 후반기로 갈수록 임팩트가 떨어지면서 교체로 투입되는 횟수가 늘었다. 제주 홈구장에서 1골에 그치며 팬들에게도 강한 인상을 남기는 데 실패했지만, 전반적으로 나쁘지 않은 시즌을 보냈다.

2022시즌 기록						강점	약점
2	0	1,425(28) MINUTES 출전시간(경기수)	5 GOALS 득점	2 ASSISTS 도움	2 WEEKLY BEST 11 주간베스트11	반대발 윙어 정교한 왼발	일대일 경합 꾸준함

정운

1989년 6월 30일 | 34세 | 대한민국 | 180cm | 76kg
경력 | 울산(12)▷NK이스트라(13~14)▷RNK스플리트(15)▷제주(16~18)▷김포시민(18~20)▷제주(20~)
K리그 통산기록 | 165경기 5골 14도움
대표팀 경력 | –

정운은 27세의 나이로 K리그에 늦깎이 데뷔했다. 2012년 울산에 입단해 주전 경쟁에 어려움을 겪은 정운은 무작정 크로아티아에서 테스트를 거치며 스스로 새로운 길을 개척했다. 크로아티아에서 3년 가까이 뛰며 리그 최정상급 레프트백으로 평가받은 정운은 크로아티아에서 귀화 제의를 받았으나, 입대 문제 등으로 국내 리턴을 택했다. 정운은 제주 입단 첫 해인 2016시즌, 최고의 활약을 펼치며 시즌 베스트11에 선정되었다. 군복무 후에는 2부로 떨어진 팀을 다시 1부로 올려놓았다. 2022시즌 도중 주장을 맡아 흔들리는 팀을 다잡았다.

2022시즌 기록						강점	약점
7	0	3,069(32) MINUTES 출전시간(경기수)	0 GOALS 득점	2 ASSISTS 도움	5 WEEKLY BEST 11 주간베스트11	안정감과 투쟁심의 하모니 왼발 킥	높이

서진수

2000년 10월 18일 | 23세 | 대한민국 | 183cm | 71kg
경력 | 제주(19~20)▷상무(21~22)▷제주(22~)
K리그 통산기록 | 60경기 7골 7도움
대표팀 경력 | –

제주 유스팀의 산물. 미드필더 출신다운 폭넓은 활동폭과 연계 플레이가 강점이다. 23세의 젊은 나이에 이미 군 문제까지 해결했다. 2019시즌 제주 프로팀에 콜업된 서진수는 2021시즌을 앞두고 김천 상무에 입대했다. 2022년 도중 전역해 9월 10일 직전 소속팀인 김천을 상대로 제주 데뷔골을 넣었다. 2022시즌, 김천 소속으로 17경기에서 1골을 넣은 서진수는 제주에선 8경기에서 4골을 낚으며 2023시즌을 기대케 했다. 22세이하 출전 규정 나이대를 벗어난 2023년, 서진수는 남기일호의 당당한 주전을 노린다.

2022시즌 기록						강점	약점
2	0	1,383(25) MINUTES 출전시간(경기수)	5 GOALS 득점	0 ASSISTS 도움	- WEEKLY BEST 11 주간베스트11	문전 침투 반 박자 빠른 슈팅	크로스 성공률

김봉수

1999년 12월 26일 | 24세 | 대한민국 | 181cm | 74kg
경력 | 제주(21~)
K리그 통산기록 | 61경기 3골 2도움
대표팀 경력 | –

조규성의 광주대 후배. 2021년 제주와 신인 계약을 맺을 때 '홍성욱 등 신인 4명'에서 '신인 4명'에 포함된 선수 중 하나다. 선배 조규성과 마찬가지로 큰 주목을 받은 유망주는 아니었다. 연령별 대표팀에 소집되지 못했다. 하지만 조규성처럼 부단한 노력을 통해 물음표를 느낌표로 바꾼 케이스다. 첫 시즌 28경기에서 3골을 기록했다. 2022년에는 22세 규정 나이를 벗어났음에도 그보다 많은 33경기를 뛰었을 정도로 남기일 감독으로부터 신뢰를 받았다. 미드필더와 수비, 어느 위치에서도 제몫을 해내는 살림꾼이다.

2022시즌 기록						강점	약점
2	0	2,633(33) MINUTES 출전시간(경기수)	0 GOALS 득점	1 ASSISTS 도움	2 WEEKLY BEST 11 주간베스트11	미들이면 미들, 수비면 수비! (K-마스체라노)	그래서 미들이야 수비야? (정체성 혼란)

김승섭

1996년 11월 1일 | 27세 | 대한민국 | 177cm | 65kg
경력 | 대전(18~22)▷제주(23~)
K리그 통산기록 | 122경기 14골 15도움
대표팀 경력 | –

국가대표팀 캡틴 손흥민처럼 폭발력을 지닌 윙어. 빈 공간을 빠르게 침투해 문전으로 크로스를 하거나, 가운데로 파고들어 직접 슛을 날리는 움직임이 날카롭다. 대전 시절 팀내 체력테스트에서 1위를 빼놓지 않을 정도로 강인한 체력을 갖춰, 전방 압박을 중시하는 남기일식 축구에 최적이라는 평가다. 언남고–경희대를 나와 2018년 대전에 입단한 김승섭은 2022시즌까지 5시즌 동안 대전 유니폼을 입고 뛰었다. 2022시즌 K리그2에서 커리어 하이인 5골 3도움을 기록하며 대전의 승격을 이끌었고, 2023시즌은 제주에서 새 도전에 나선다.

2022시즌 기록					WEEKLY BEST 11 주간베스트11	강점	약점
1	0	1,452(31) MINUTES 출전시간(경기수)	5 GOALS 득점	3 ASSISTS 도움	4	남다른 스피드 체력	새로운 환경 K리그1 적응

■ K리그2 기록

이기혁

2000년 7월 7일 | 23세 | 대한민국 | 184cm | 72kg
경력 | 수원FC(21~22)▷제주(23~)
K리그 통산기록 | 109경기 8골 7도움
대표팀 경력 | 1경기

울산대를 거쳐 2021년 수원FC에 입단하며 프로에 데뷔했다. 중앙과 측면을 가리지 않고 뛸 수 있는 멀티 플레이어다. 볼 키핑과 연계플레이가 뛰어나고, 틈만 나면 공격에 가담해 과감하게 중거리 슛을 시도한다. 지난 2년간 22세 이하 의무 출전 규정 덕을 톡톡히 보며 35경기에 나섰다. 풀타임 출전은 없었다. 잦은 교체는 성장을 방해하는 요인으로 볼 수 있지만, 2022년 7월 동아시안컵을 통해 A매치에서 데뷔하며 잠재력을 입증했다. 프로 3년차인 올해 변화를 택했다. 윤빛가람과 트레이드로 제주 유니폼을 입었다. 빠른 공수 전환을 중시하는 제주에서 날개를 활짝 펴고 싶다.

2022시즌 기록					WEEKLY BEST 11 주간베스트11	강점	약점
2	0	648(20) MINUTES 출전시간(경기수)	0 GOALS 득점	1 ASSISTS 도움	-	멀티 능력 전술이해도	결정력

한종무

2003년 5월 2일 | 20세 | 대한민국 | 180cm | 67kg
경력 | 제주(22~)
K리그 통산기록 | 14경기 1골
대표팀 경력 | –

대구 출신이지만, 제주로 건너와 본격적인 프로 진출의 꿈을 꿨다. 제주 U–18팀을 거쳐 2022년 제주와 신인 계약을 체결했다. 출발은 좋았다. 5월 22일 수원전을 통해 프로 데뷔전을 치른 뒤 총 14경기를 뛰었다. 7월 포항전에서 주민규의 패스를 건네받아 데뷔골까지 터뜨리며 잊을 수 없는 순간을 보냈다. 제주의 2022시즌 올해의 발견이라 부를 만하다. 왕성한 활동량을 바탕으로 중원을 장악하는 유형인 한종무는 2022년을 통해 구자철, 이창민, 최영준 등 정상급 미드필더들에게 값비싼 과외를 받았다. 프로 2년차인 올해도 22세 규정에 적용이 되기 때문에 어느 정도의 출장시간은 보장될 전망이다.

2022시즌 기록					WEEKLY BEST 11 주간베스트11	강점	약점
0	0	553(14) MINUTES 출전시간(경기수)	1 GOALS 득점	0 ASSISTS 도움	-	신인답지 않은 침착함 활동량	경험 높이

안태현

1993년 3월 1일 | 30세 | 대한민국 | 174cm | 70kg
경력 | 서울이랜드(16)▷부천(17~20)▷상무(20~21)▷부천(21)▷제주(22~)
K리그 통산기록 | 65경기 2골 2도움
대표팀 경력 | –

K리그2에서 최고의 풀백으로 군림했다. 김천 상무에서 한 단계 성장한 안태현은 2022시즌을 앞두고 부천에서 제주로 이적했다. 부천과 제주의 연고 이전 이슈와 맞물려, 부천이 구단 차원에서 팬들에게 양해를 구할 정도로 파장이 컸다. 제주 라이프는 순탄치 않았다. 안현범, 정우재에게 쏠린 부담을 지우는 데 그치지 않고 주전을 꿰찰 거란 예상까지 돌았지만, 데뷔 3경기 만인 4월초 큰 부상을 당하며 계획이 꼬였다. 거의 시즌아웃 될 뻔했으나 10월말 최종전이 되어서야 복귀했다. 올시즌 '건강한 안태현'이 돌아온다.

2022시즌 기록						강점	약점
0	0	318(4) MINUTES 출전시간(경기수)	0 GOALS 득점	1 ASSISTS 도움	- WEEKLY BEST 11 주간베스트11	에너지 유틸리티	부상 후유증

임동혁

1993년 6월 8일 | 35세 | 대한민국 | 187cm | 80kg
경력 | 부천(16~19)▷제주(20~)
K리그 통산기록 | 123경기 9골 2도움
대표팀 경력 | –

안태현 이전에 부천에서 제주로 이적한 선수가 있었으니, 바로 임동혁이다. 2016년 부천에서 프로 데뷔해 2017시즌부터 주전 센터백으로 활약한 임동혁은 2020년 2부에 머물며 1부 승격을 노리던 제주의 콜을 받았다. 제주에서 확고한 주전을 꿰차진 못했으나, 16경기 2골 활약으로 승격을 도왔다. 이후 군 복무를 위해 제주를 떠났던 임동혁은 2023시즌을 앞두고 복귀했다. 임동혁은 대학 시절 최고의 센터백으로 명성을 떨쳤으나, 남기일 감독 체제에선 장신을 바탕으로 센터백과 스트라이커로 번갈아 기용되고 있다.

2022시즌 기록						강점	약점
0	0	-(-) MINUTES 출전시간(경기수)	- GOALS 득점	- ASSISTS 도움	- WEEKLY BEST 11 주간베스트11	피지컬 수트라이커	스피드 안정감

연제운

1994년 8월 28일 | 29세 | 대한민국 | 185cm | 78kg
경력 | 성남(16~20)▷상무(21~22)▷성남(22)▷제주(23~)
K리그 통산기록 | 160경기 4골 2도움
대표팀 경력 | –

2022시즌 수비 불안으로 챔피언스리그 진출에 실패한 제주는 검증된 수비수 연제운을 영입해 무게감을 늘렸다. 남기일 감독의 의중이 담긴 영입이다. 둘의 인연은 2018년으로 거슬러 올라간다. 연제운은 성남 18세이하 팀인 풍생고 출신으로 선문대를 거쳐 2016년 성남 프로팀에 콜업됐다. 프로 2년차인 2017년 주전 센터백으로 발돋움한 그는 남기일 감독이 부임한 2018시즌 팀의 1부 승격을 도왔다. 남기일식 스리백의 핵심이었다. 빠른 스피드와 위치선정으로 후방을 든든히 지켰고, 안정적인 키핑 능력과 패싱력으로 빌드업의 시발점 역할을 했다. 남 감독이 제주에서 그에게 기대하는 부분일 터. 스리백이든 포백이든 핵심적인 롤 맡을 것으로 기대된다.

2022시즌 기록						강점	약점
1	0	1,655(19) MINUTES 출전시간(경기수)	1 GOALS 득점	1 ASSISTS 도움	- WEEKLY BEST 11 주간베스트11	위치선정 빠른발 빌드업	피지컬 제공권

전지적 작가 시점

윤진만이 주목하는 제주의 원픽!

유리

첫 인상부터 호감이 가는 사람이 있다. 유리는 머나먼 브라질에서 온 외인이지만, 왠지 오래 본 친구처럼 친근하다. 성격 자체가 쾌활해 주변인들에게 '긍정 바이러스'를 전파한다. 유리는 제주에 합류하기 전부터 아내와 함께 한국어를 '열공'했다. 제주에 오자마자 구단 직원과 함께 카페에 갔을 때 일이다. 보통의 외국인 선수는 어설픈 한국어로 커피를 주문한다. 유리는 달랐다. 말하는 데 그치지 않고 직접 종이에 한글로 '아메리카노'라고 적었다는 후문이다. 팀 이름 '제주'와 자신의 이름 '유리'를 쓰는 건 기본이다. 동향인 K리그 선배 헤이스에 대해 사전조사를 해오기도 했다. 그야말로 '준비된 이적생'이다.

흔히 K리그는 외인들이 적응하기 쉽지 않은 리그라고 말한다. 문화, 음식, 언어, 리그 스타일이 다르기 때문이다. 그래서 실력을 넘어 적응력을 성공의 필수요인으로 꼽는 전문가들이 적지 않다. 그런 의미에서 유리는 일단 점수 1점을 얻고 출발한다. 압도적인 피지컬에도 점수를 주고 싶다. 브라질산 탱크의 '등딱'과 '뚝배기'는 K리그 센터백들에게 악몽을 선사할 것이다. 행운을 빈다!

지금 제주에 이 선수가 있다면!

유헤이

제주는 상대 수비진을 휘저을 선수(헤이스), 전방에서 싸워줄 선수(유리), 측면을 돌파할 선수(김승섭) 등 다양한 유형의 공격 자원을 골고루 영입했다. 이들에게 양질의 패스를 공급해줄 플레이메이커를 추가한다면 금상첨화다. 전남 소속의 일본 미드필더 유헤이는 어떨까. 유헤이는 J리그 명문 요코하마 F.마리노스 출신으로 몬테디오 야마가타, 도쿄 베르디를 거쳐 2022년 전남에 입단하며 K리그에 첫발을 디뎠다. 임팩트는 강했다. K리그2 36경기에 나서 1골 4도움을 올렸다. 유헤이의 출전 유무에 따라 전남의 경기력이 널뛰었다. 주목할 기록은 '페널티 밖에서 안으로 보내는 패스'다. 107번 시도해 57회 성공했다. K리그2 모든 선수를 통틀어 가장 높았다. 키패스도 42개로 공동 4위다. 파이널서드에서 차이를 만들 패스를 찔러줄 선수란 걸 실력과 기록으로 증명했다. 제주는 '초핵심' 미드필더 이창민이 시즌 중 입대할 것으로 예상되는 상황. 구자철과 더불어 답답한 경기를 풀어줄 '열쇠'가 하나 더 있으면 좋지 않을까?

디노
케빈
갈레고
알리바예프
김대원
양현준
이정협
김해승
조진혁
한국영
고민석
김대우
강지훈
서민우
홍성무
황문기
김현규
김영빈
김진호
이웅희
임창우
정승용
윤석영
유상훈
이광연

강원FC

모두가 아니라고 할 때, 우린 또 파이널A로 간다!

강원 FC

돌풍의 강원FC가 또 한 번의 돌풍을 준비하고 있다. 한 번은 우연일 수 있지만, 두 번은 실력이라는 열매에 초점을 맞추고 있다. 강원은 2년 전 승강 플레이오프를 통해 간신히 1부에 살아남았다. 지난해 문을 열기 전에는 강등권으로 분류됐다. 5, 6월에는 11위까지 추락하며 예상이 맞는 듯 보였다. 그 순간 강원의 바람이 불기 시작했다. 신예 양현준이 혜성처럼 등장해 K리그의 이슈를 집어삼켰다. K리그 전체 공격포인트 1위를 기록한 김대원의 기량은 무르익었다. 위대한 반전이었다. 강원은 지난해 파이널A에 진출했고, 최고 성적인 6위로 시즌을 마감했다. 목표치는 늘 '우상향'되기 마련이다. 이젠 아시아챔피언스리그 출전을 목표로 내걸 만하다. 그러나 최용수 감독이 꿈꾸는 강원의 가치는 조금 다르다. 거창한 목표보다 '현상 유지'에 초점을 맞추기로 했다. 강원은 스플릿 시스템이 도입된 이후 단 한 차례도 두 시즌 연속 '파이널A'에서 생존한 적이 없다. '윗물'과 '아랫물'을 오가는 널뛰기를 이어왔다. 그래서 2023시즌 강원의 목표로 '한 번 더 파이널 A'다. 그 가치를 실현해야 아시아의 길로 나아갈 동력을 마련할 수 있다. 올해 큰 전력 변화는 없으나, 디노와 알리바예프의 합류에 기대가 크다.

구단 소개

정식 명칭	강원도민 프로축구단
구단 창립	2008년 10월 19일
모기업	도민구단
상징하는 색	오렌지 & 옐로우
경기장(수용인원)	춘천송암스포츠타운(20,000명) 강릉종합운동장(21,146명),
마스코트	강웅이
레전드	김영후, 백종환
서포터즈	나르샤
온라인 독립 커뮤니티	그레이트유니온

우승

K리그	–
FA컵	–
AFC챔피언스리그(ACL)	–

최근 5시즌 성적

시즌	K리그	FA컵	ACL
2022시즌	6위	16강	–
2021시즌	11위	4강	–
2020시즌	7위	8강	–
2019시즌	6위	8강	–
2018시즌	8위	32강	–

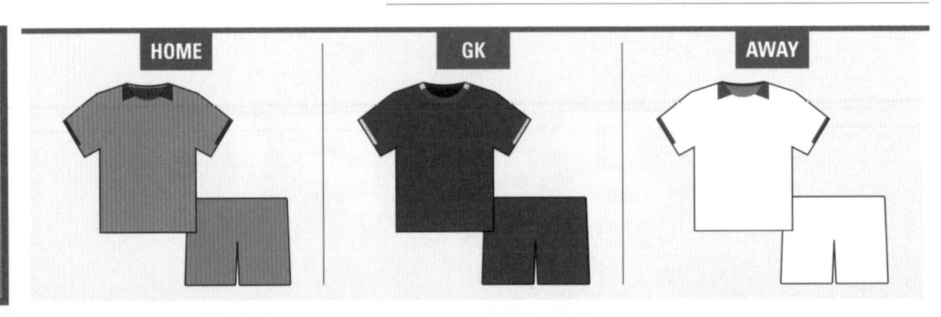

두 번은 우연 아닌 실력,
'최용수 매직' 한 번 더 '빅6' 약속

최용수

1973년 9월 10일 | 50세 | 대한민국

K리그 전적
299전 138승 74무 87패

줄곧 기업구단에서 지도자 생활을 한 최용수 감독에게 도민구단이라는 색채는 다소 어울리지 않을 것 같았다. 하지만 기우였다. 첫 시즌에는 강등권에 놓인 강원FC를 맡아 기사회생시켰다. 온전히 한 시즌을 치른 지난해에는 팀을 파이널A에 진출시키며 '역시 최용수'라는 평가를 이끌어냈다. 그는 버릴 카드는 과감히 지웠다. 그곳에 새로운 싹을 틔웠다. 양현준이라는 새로운 스타는 최 감독이 빚어낸 작품이다. 서민우, 김진호도 무럭무럭 성장하고 있다. 강원의 체질 개선은 여전히 진행형이다. 최 감독은 안정적인 팀 운영을 위해선 들쭉날쭉한 성적부터 수술해야 한다고 믿었다. 최 감독이 올 시즌 꿈꾸는 강원의 가치와 목표는 거창하지 않다. 일신우일신이다. 상대팀들의 더 큰 도전도 예상되지만 선수들은 이미 그와 함께 두 차례나 '기적'을 경험했다. '최용수 매직'은 올해도 계속된다.

선수 경력

안양	제프 유나이티드	교토 퍼플상가	주빌로 이와타	서울

지도자 경력

서울 코치	서울 감독	장쑤 쑤닝 감독	서울 감독	강원 감독(21~)

주요 경력

1998년~2002년 2회 연속 월드컵 출전	2012 K리그 올해의 감독상	2013 AFC 올해의 감독상

선호 포메이션	3-4-3	3가지 특징	업그레이드 된 '밀당'의 화신	죽고 못 사는 타고난 승부근성	안정된 수비 바탕의 순도 높은 역습

STAFF

수석코치	코치	GK코치	피지컬코치	선수 트레이너	전력분석관	통역	장비관리사
김성재	이정열 이진행 최재수	김태수 양동원	이재진	김정훈 이재훈 김민기	김정훈	박성현	유형준 김태석

2022 REVIEW

다이나믹 포인트로 보는 서울의 2022시즌 활약도

'언더독'인 강원FC는 소리 나게 강했다. 양현준은 8골 4도움을 기록하며 '영플레이어상'을 수상했다. 김대원은 더 성숙하고 안정된 플레이로 팀의 공격을 지휘했다. 12골 13도움, K리그1 전체 공격포인트 1위를 강원이 배출했다. 후방도 견고했다. 유상훈이 지킨 골문은 흔들림이 없었고, 김영빈, 윤석영, 임창우가 포진한 스리백도 든든했다. 늘 제몫을 하는 정승용은 물론 서민우, 김진호 등도 오늘보다 내일이 더 기대되는 '우량주'로 발돋움했다. '캡틴' 김동현은 안정적으로 공수 연결고리 역할을 수행했다. 강원의 베스트11이 모두 다이나믹 포인트 100위권 안에 포진한 것은 결코 우연이 아니다.

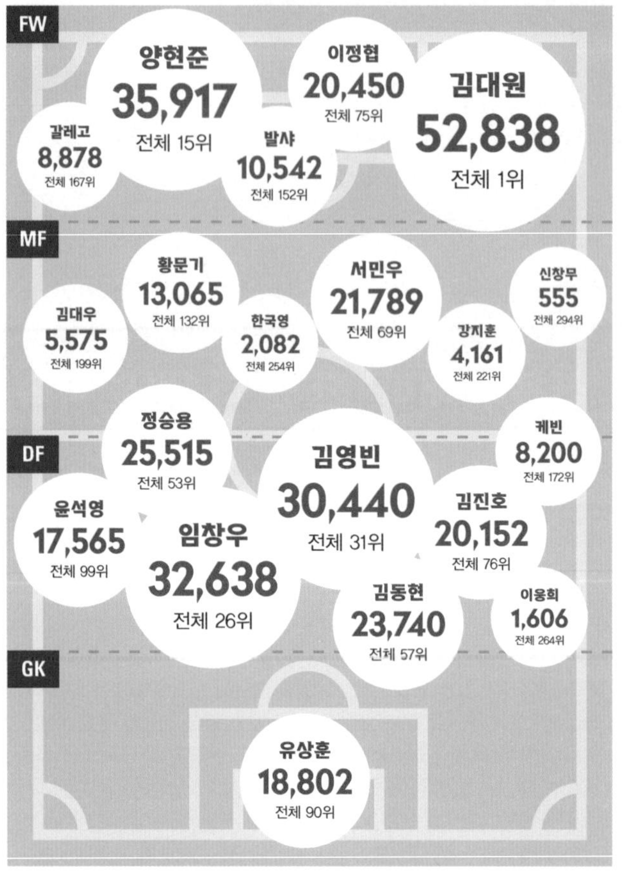

2022시즌 다이나믹 포인트 상위 20명 ■ 포인트 점수

포지션 평점

FW ⚽⚽⚽⚽

MF ⚽⚽⚽

DF ⚽⚽⚽⚽

GK ⚽⚽⚽⚽

출전시간 TOP 3

1위	정승용	3,504분
2위	임창우	3,487분
3위	김영빈	3,448분

■ 골키퍼 제외

득점 TOP 3

1위	김대원	12골
2위	양현준	8골
3위	이정협	5골

도움 TOP 3

1위	김대원	13도움
2위	양현준	4도움
3위	김진호	2도움

주목할 기록

10-10	김대원 유일 달성 득점-도움 두 자릿수
4	양현준 시즌 최다(4회) 이달의 영플레이어상

성적 그래프

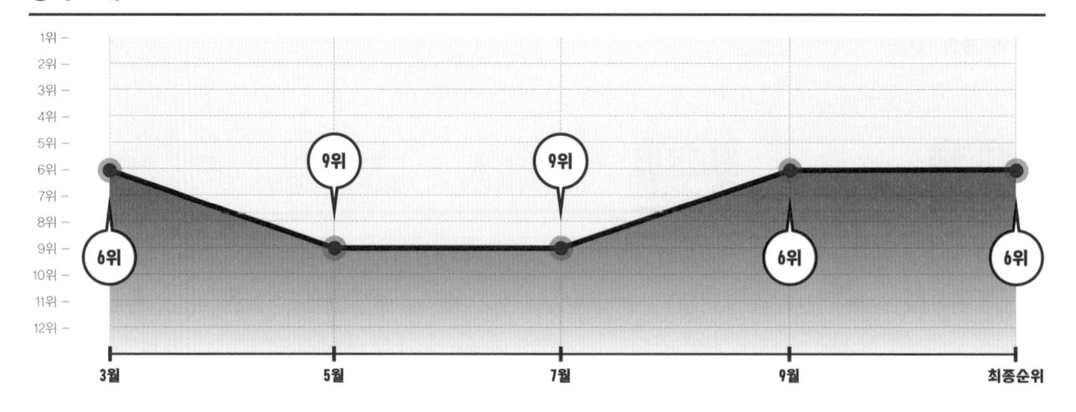

2023 시즌 스쿼드 운용 & 이적 시장 인앤아웃

지난 시즌 초반 시행착오를 겪은 것과 달리 올해는 연초 출발부터 안정적이다. 최용수 감독은 웬만해선 틀을 흔들지 않는다. 김대원, 양현준 등이 건재하고 유상훈, 윤석영과도 재계약에 성공했다. 올 시즌 유독 골키퍼 포지션에 연쇄 이동이 많았다. 최대 변수다. 유상훈을 지킨 것은 '신의 한수'가 될 수 있다. 디노의 복귀도 플러스다. 그는 지난 시즌 초반 골퍼레이드를 벌이다 아킬레스건 파열로 안타깝게 일찌감치 시즌을 접었다. 올해는 원톱, 투톱으로 이정협과 하모니를 연출할 수 있다. 최 감독이 FC서울 사령탑 시절 영입한 알리바예프는 김동현이 군입대로 빠진 중원을 책임진다. 누구보다 '최용수 축구'에 이해도가 높은 만큼 적응에는 문제가 없다. 김진호와 서민우는 올 시즌 한 뼘 더 성장할 것으로 기대되는 자원이다. 다만 주전과 비주전의 기량 차이가 큰 것은 고민이다. 스리백의 경우 주전 외에 대안이 마땅치 않다. 부상이 최대의 적이 될 수 있다.

주장의 각오

임창우

"이번 시즌 주장이 된 만큼 책임감을 가지고 경기장 안에서나 밖에서나 선수들과 팬분들을 위해 열심히 하겠다. 올해 선수들과 함께 구단 최고 성적을 낼 수 있도록 노력하겠다."

2023 예상 베스트 11

이적시장 평가

양보다 질을 선택했다. 불필요한 자원들은 과감하게 정리하고 즉시 전력감으로 여백을 채웠다. 외인의 빼대는 일찌감치 구축됐다. 발샤를 내보내는 대신 디노가 재합류했고, 갈레고는 완전 영입했다. 아시아쿼터로는 '우즈벡 특급' 알리바예프를 선택했다. 케빈은 그대로 유지된다. 여기에 '멀티 플레이어' 유인수와 김우석을 수혈하며 측면과 수비를 보강했다. 신인 선수 가운데 제2의 양현준이 나온다면 금상첨화다.

저자 6인 순위 예측

• 김 성 원 •

5위_'최용수 매직'은 여전히 유효, 팀 장악력은 타의 추종 불허. 제2의 양현준도 기대만발, 오로지 선택과 집중에 기반한 얇은 선수층이 변수.

• 이 원 만 •

10위_새 대표이사가 취임하면서 내부적으로 변화가 적지 않았는데, 그러는 통에 전력 보강이 확실하게 이뤄지지 못했다.

• 김 진 회 •

8위_'빅네임' 영입이 없었음. 기존 멤버들로 지난 시즌 스플릿 A행 기대하는 건 욕심일 수 있음.

• 윤 진 만 •

11위_'욘스'의 선수단 장악과 베테랑의 존재로 쉽게 흔들릴 것 같지 않지만, 김대원과 양현준만 믿기엔 리스크가 크다.

• 박 찬 준 •

11위_겨우내 플러스보다는 마이너스 소식이 더 많았다. 유일한 희망은 '욘스'의 지도력.

• 김 가 을 •

6위_최용수 감독의 '독수리 카리스마'에 외국인 선수까지 더해지면 얼마나 무서울까. 다만, 베테랑 선수들의 체력 관리는 절실.

디노 Dino Islamović

1994년 1월 17일 | 29세 | 몬테네그로 | 190cm | 90kg

경력

흐로닝언(14~16)
▷트렐레보리(17)
▷외스테르순드(18~19)
▷로젠보리(20~22)
▷강원(22~)

K리그 통산기록

5경기 2골

대표팀 경력

스웨덴 1경기
몬테네그로 8경기

2022시즌, 야심차게 영입한 인물이지만 아쉬움이 진했다. 디노는 지난해 강원에 둥지를 틀었다. K리그 데뷔 무대였던 개막전부터 결승골을 터뜨린 그는 시즌 초반 4경기에서 2골을 기록했다. 유효슈팅 2개가 모두 골로 연결된 '원샷원킬'이었다. 새로운 해결사의 등장에 희망이 샘솟았다. 하지만 환희는 오래가지 않았다. 5라운드에서 청천벽력의 순간과 맞닥뜨렸다. 상대 수비를 따돌리기 위해 급회전하다 왼발목을 부여잡고 쓰러졌다. 아킬레스건 파열이었다. 결국 시즌 아웃으로 이어졌다. 강원은 디노의 대체 자원으로 발샤를 영입했지만 그리움만 더했다. 디노가 복귀, 올 시즌 부활을 꿈꾸고 있다. 부상에 따른 후유증과 경기 감각은 고민이다. 하지만 예전의 폼만 되찾는다면 K리그에 충분히 통할 수 있는 역량을 갖추고 있다. 스웨덴 국가대표로 1경기 뛰었지만 부모의 영향으로 뒤늦게 몬테네그로로 옮겨 A매치 8경기에 출전했다. 서울에서 몬테네그로 출신 데얀과 찰떡궁합을 과시한 최용수 감독은 디노를 제2의 데얀으로 성장시키는 것이 꿈이다. 유럽 무대에서도 통했다. 과거 유로파컨퍼런스리그 5경기에서 4골을 터트렸다. 장신 공격수답게 제공권에 강점이 있다. 강력한 피지컬을 자랑하는 만큼 몸싸움에도 능하다.

2022시즌 기록

	MINUTES 출전시간(경기수)	GOALS 득점	ASSISTS 도움		WEEKLY BEST 11 주간베스트11
0	264(5)	2	0	0	1

강점	제공권 겸비한 정통 킬러, 강력한 피지컬	특징	제2의 데얀, '원샷원킬'의 대명사
약점	큰 부상에 따른 후유증 및 경기 감각	별명	대관령 폭격기

양현준

2002년 5월 25일 | 21세 | 대한민국 | 179cm | 73kg

경력

강원(21~)

K리그 통산기록

45경기 8골 4도움

대표팀 경력

–

지난 시즌 K리그가 배출한 최고의 '신데렐라'다. 2021년 K리그에 데뷔했지만 무명이었다. 첫 시즌 9경기 출전에 공격포인트는 제로였다. 2022시즌 디노의 부상 이탈 등 공격 자원이 부족한 최악의 상황에서 혜성처럼 등장했다. 폭발적인 스피드와 감각적인 돌파를 앞세워 K리그의 지축을 뒤흔들었다. K리그 올스타에도 뽑혀 토트넘과의 친선경기에 출격해 전국구 스타로 발돋움했다. 에릭 다이어와 다빈손 산체스를 상대로 현란한 드리블을 선보이며, 탄성을 자아냈다. 비록 A매치 데뷔전을 치르지 못했지만 9월에는 생애 처음으로 벤투호에도 발탁됐다. 대미도 화려했다. 이달의 영플레이어상을 한 시즌에 4차례나 수상한 독보적인 기록을 세운 양현준은 '차세대 슈퍼스타의 증표'인 K리그1 영플레이어상을 거머쥐었다. 취재기자 116명이 투표한 미디어투표에서 무려 106표를 받았다. 여전히 무럭무럭 성장 중이다. 오늘보다 내일이 더 기대된다. 골결정력만 탑재하면 전천후 윙포워드로 거듭날 수 있다. 그는 지난 시즌 슈팅 66개, 유효슈팅 31개를 기록했다. 하지만 득점은 8골이었다. 두 자릿수 득점이 못내 아쉬웠다. 문전에서 좀 더 집중력을 발휘하면 골은 배가될 수 있다. 체력과 파워도 보완해야 한다.

2022시즌 기록

	출전시간(경기수) MINUTES	득점 GOALS	도움 ASSISTS		주간베스트11 WEEKLY BEST 11
3	2,910(36)	8	4	0	6

강점	화려한 드리블, 스피드 앞세운 저돌적 돌파	특징	토트넘도 울고 간 발재간, 유럽 러브콜 쇄도
약점	0.1% 아쉬운 골결정력과 파워	별명	양 사장, 남대천 로번

김대원

1997년 2월 10일 | 26세 | 대한민국 | 171cm | 65kg

경력

대구(16~20)
▷강원(21~)

K리그 통산기록

174경기 32골 30도움

대표팀 경력

–

최고의 한 해를 보냈다. 2022년 K리그 파워랭킹 1위에 빛난다. 그는 공격 부문 2만 1,800점, 패스 부문 2만 2,850점, 수비 부문 7,235점, 기타 1,995점 등 총 5만 3,880점을 기록, K리그 전체 선수 가운데 맨 꼭대기에 자리했다. 선수 인생에 새로운 역사를 섰다. 그는 지난해 유일하게 '10(골)-10(도움)' 클럽에 가입했다. 골도 되고, 도움도 되는 전천후 공격수로 우뚝섰다. 통산 '30-30' 클럽에도 가입한 그는 왼쪽 미드필더 부문 베스트11에도 이름을 올렸다. 역시 최고의 강점은 폭발적인 스피드다. 공격 전환시 빠른 발을 앞세워 순식간에 적진을 무너뜨린다. 드리블 능력과 순간적인 방향 전환도 뛰어나고, 폭넓은 시야까지 장착했다. 기록에 비해 운이 없는 것은 태극마크다. 연령별 대표팀을 거쳤지만 A대표팀에는 소집만 됐을 때 데뷔전을 치르지 못했다. 다방면에 걸쳐 잘 하다보니 독특한 색을 찾기가 쉽지 않다. 그것이 오히려 단점으로 작용되고 있다. 왜소한 체격 조건도 걸림돌이지만 일단 믿고 쓰면 '보배 중의 보배'로 화답한다. 지난 연말에는 '품절남'이 돼 안정감까지 더해졌다. 올해 더 강력한 견제가 예상되지만 큰 걱정은 없어 보인다.

2022시즌 기록

	MINUTES 출전시간(경기수)	GOALS 득점	ASSISTS 도움		WEEKLY BEST 11 주간베스트11
0	3,287(37)	12	13	0	7

강점	폭발적인 스피드, 폭넓은 시야까지 장착	특징	시즌 첫 '10-10', 통산 '30-30' 클럽이 현주소
약점	이제 집중견제에도 살아남아야	별명	김대원스타

유상훈

1989년 5월 25일 | 34세 | 대한민국 | 194cm | 87kg

경력

서울(11~16)
▷상무(17~18)
▷서울(18~21)
▷강원(22~)

K리그 통산기록

170경기 209실점

대표팀 경력

–

축구는 골로 말한다. 골키퍼는 음지의 영역이지만 골과 직결되는 포지션이라 어느 위치보다 소중하다. 하지만 대우는 화려한 공격수만 못하다. 올시즌을 앞두고 골키퍼의 연쇄 이동이 일어난 것도 이런 이유에서다. 골키퍼가 최대 변수로 떠올랐다. 정상급 수문장을 보유하고 있는 팀은 다소 느긋하다. 강원도 미소가 짙게 깔렸다. 유상훈이 올시즌 최고의 무기다. 특수 포지션인 골키퍼는 부상 공백 등 변수가 없는 한 주전 자리가 바뀌지 않는다. 지난해 강원으로 이적한 그는 초반 이광연이 십자인대가 파열된 후 사실상 백업없이 시즌을 보냈다. 강원의 돌풍에는 유상훈의 이름 석자도 지워지지 않는다. 팔까지 길어 골키퍼로는 완벽한 체격 조건을 갖췄다. 큰 키를 앞세워 공중볼 장악 능력이 탁월하다. 동물적 감각도 타고났다. 반응 속도가 빨라 결정적인 선방도 종종 연출한다. 페널티킥은 더 이상 설명이 필요없다. 키커가 더 두려워할 정도로 페널티킥 위기가 곧 기회로 탈바꿈한다. 다만 워낙 몸놀림이 크다 보니 발밑으로 오는 볼에는 허점을 노출할 때도 있다. 그는 서울 시절부터 최용수 감독의 축구에 특화돼 있다. 눈빛만 봐도 통한다. 전술 이해 능력이 뛰어나 수비라인 리드에도 혜안이 있다.

2022시즌 기록					
1	3,341(35) MINUTES 출전시간(경기수)	76 SAVE 선방	45 LOSS 실점	0	5 WEEKLY BEST 11 주간베스트11

강점	동물적인 반사 신경, 제공권 장악	특징	페널티키커가 더 두려워하는 존재
약점	넓은 활동반경에 따른 불안감	별명	PK 달인

김영빈

1991년 9월 20일 | 32세 | 대한민국 | 184cm | 79kg

경력

광주(14~17)
▷상무(18~19)
▷광주(19)
▷강원(20~)

K리그 통산기록

247경기 14골 3도움

대표팀 경력

1경기

스리백의 중심이다. 서른 살이 넘은 베테랑이지만 매 시즌 성장 중이다. '골 넣는 수비수'로도 유명하다. 지난 시즌에는 자신의 한 시즌 최다인 4골을 터트리며 팀에 활력을 불어넣었다. 성실함의 대명사라 밀당의 대가인 최용수 감독의 눈 밖에 나는 일이 없다. 수비 데이터도 최정상급이다. 클리어링은 256개로 리그 전체 1위다. 인터셉트도 148개나 된다. 반면 볼미스는 6개에 불과하다. 발밑 기술이 뛰어나 빌드업 능력이 우수하다. 패스 성공률이 89.4%에 달할 정도로 공격 전환 시 벌걸음을 가볍게 한다. 두 시즌 연속 3000분 이상 소화하며 큰 부상에 노출되지 않은 것도 그의 강점이다. 그만큼 자기관리가 뛰어나다. 다만 센터백 치고는 키가 작은 편이다. 뛰어난 위치 선정으로 충분히 커버하지만 공중볼 경합에 한계를 보일 때도 있다. 스피드가 뛰어난 선수에게도 다소 약점을 보이는 경향도 있다. 최용수 축구의 근간은 스리백이다. 스리백이 흔들리면 답이 없다. 경험이 쌓이면서 수비라인을 리드하는 능력도 배가됐다. 벤투 감독이 눈여겨 봤을 정도로 전형적인 대기만성형이다. 더도 말고, 덜도 말고 지난해만큼의 활약만 펼친다면 강원으로선 더 이상 바랄 것이 없는 존재다.

2022시즌 기록

6	3,448(36) MINUTES 출전시간(경기수)	4 GOALS 득점	0 ASSISTS 도움	0	5 WEEKLY BEST 11 주간베스트11

강점	기복없는 플레이, 탄탄한 빌드업 능력	특징	무조건 믿고 보는 성실함의 대명사
약점	다소 느린 스피드, 공중볼	별명	골 넣는 수비수

임창우

1992년 2월 13일 | 31세 | 대한민국 | 184cm | 79kg
경력 | 울산(11~13)▷대전(14)▷울산(15)▷알 와흐다(16~20)▷강원(21~)
K리그 통산기록 | 128경기 6골 3도움
대표팀 경력 | 6경기, 2014 아시안게임

기본기가 탄탄하고, 기복이 없다. 주 포지션이 윙백이지만 주로 스리백의 오른쪽에서 안정적으로 후방을 지켰다. 멀티 능력은 여전하다. 37경기에 출전할 만큼 훌륭한 시즌을 보냈다. 빠른 스피드를 앞세워 대인 능력이 우수하다. 축구를 읽는 눈도 탁월하다. 클리어링, 인터셉트 등 대부분의 수비 수치가 정상급이다. 공중볼 다툼에는 한계가 있지만 투지로 극복한다. 어느덧 베테랑의 반열이다. 선수들의 구심점 역할도 하고 있다. 인천아시안게임 금메달 결승골의 주인공답게 골 냄새를 맡는 능력도 탁월하다. 세트피스에서 집중력이 뛰어나다.

2022시즌 기록						강점	약점
1	0	3,487(37) MINUTES 출전시간(경기수)	2 GOALS 득점	1 ASSISTS 도움	3 WEEKLY BEST 11 주간베스트11	빠른 스피드를 앞세운 대인 방어	공중볼 장악

이정협

1991년 6월 24일 | 32세 | 대한민국 | 186cm | 76kg
경력 | 부산(13)▷상무(14~15)▷부산(15)▷울산(16)▷부산(17)▷쇼난 벨마레(18)
▷부산(19~20)▷경남(21)▷강원(21~)
K리그 통산기록 | 250경기 53골 21도움
대표팀 경력 | 25경기 5골

화려하진 않지만 헌신적인 플레이가 돋보인다. 주연보다 조연이 더 빛난다. 슈틸리케 감독 시절 A대표팀에 중용된 것도 이런 이유에서다. 부지런하다. 뛰어난 위치선정과 함께 오프더볼 움직임이 좋다. 상대 수비수의 등을 지고 좌우로 연계해 주는 포스트 플레이는 최고의 강점이다. 선발, 조커 등 역할도 가리지 않는다. 그라운드에 투입되는 순간 모든 것을 쏟아붓는다. 다만 슈팅수 31개, 유효슈팅수 21개에도 불구하고 5골이라는 득점은 아쉬운 부분이다. 물론 많이 뛰다 보면 중요한 순간 집중력이 떨어질 수밖에 없다. 그러나 골 결정력은 보완해야 한다.

2022시즌 기록						강점	약점
4	0	1,960(31) MINUTES 출전시간(경기수)	5 GOALS 득점	1 ASSISTS 도움	1 WEEKLY BEST 11 주간베스트11	헌신적인 연계 플레이	골 결정력

갈레고

Jefferson Galego

1997년 4월 4일 | 26세 | 브라질 | 177cm | 71kg
경력 | 모지미링(17)▷레닌시(17~18)▷브라간치누(18~19)▷폰치 프레타(19~20)
▷모레이렌세(20~22)▷강원(22~)
K리그 통산기록 | 14경기 3골
대표팀 경력 | -

가성비 높은 임대 성공작. 올 시즌 강원의 선택은 완전 영입이었다. 지난해 여름시장에서 강원에 임대돼 눈길을 사로잡았다. 화려한 발재간을 앞세운 드리블 능력은 브라질 출신답다. 연이은 부상으로 침체된 공격라인의 활력소였다. 예측불허의 반박자 빠른 슈팅에 골 순도도 높다. 하지만 자신의 발밑 기술에 도취돼 경기 템포를 잡아먹을 때가 있다. 그래도 왼발 능력은 믿고 볼 만하다. 크로스도 뛰어나다. 출발부터 함께하는 첫 시즌이다. 동계훈련도 성실하게 수행했다. K리그에 통할 수 있는 잠재력은 이미 입증됐다. 기복없는 플레이를 보인다면 발전 가능성도 충분하다.

2022시즌 기록						강점	약점
2	0	386(14) MINUTES 출전시간(경기수)	3 GOALS 득점	0 ASSISTS 도움	- WEEKLY BEST 11 주간베스트11	화려한 드리블	나홀로 경기 템포

■ 브라질 리그 기록

서민우

1998년 3월 12일 | 25세 | 대한민국 | 183cm | 75kg
경력 | 강원(20~)
K리그 통산기록 | 70경기 1골 2도움
대표팀 경력 | –

선발 33경기, 교체 5경기, 전 경기에 출전할 정도로 감독의 신임이 두텁다. 멀티 능력도 갖추고 있어 수비와 중원을 오간다. 수비력이 뛰어나고 투지가 넘친다. 책을 가까이하는 축구 선수라 영리한 플레이도 돋보인다. 상대의 전술에 따른 위치 선정은 물론 수비 시에는 효과적인 파울로 길목을 차단한다. 빌드업 능력도 보유하고 있다. 다만 광활한 활동 반경에 경기 막판 집중력이 흐트러질 때가 있다. 체력을 더 키울 수밖에 없다. 흡입력이 빨라 지난 시즌 또 한뼘 성장했다. 성실함의 대명사라 가능성은 무궁무진하다. 오늘보다 내일이 더 기대된다.

2022시즌 기록						강점	약점
3	0	2,936(38) MINUTES 출전시간(경기수)	0 GOALS 득점	1 ASSISTS 도움	- WEEKLY BEST 11 주간베스트11	멀티 능력 성실의 대명사	막판 집중력 저하

알리바예프

Ikromjon Alibaev

1994년 1월 9일 | 29세 | 우즈베키스탄 | 173cm | 65kg
경력 | 로코모티프 타슈켄트(15~18) ▷ 서울(19~20 ▷ 대전(21) ▷ 파흐타코르 타슈켄트(22) ▷ 강원(23~)
K리그 통산기록 | 63경기 4골 6도움
대표팀 경력 | 28경기, 2018 아시안게임

화두는 재회다. 2018년 자카르타-팔렘방 아시안게임에서 최용수 감독의 눈을 사로잡았다. 최 감독의 서울 사령탑 시절인 2019년 K리그와 처음 만났다. 첫 시즌에 35경기에 출전해 3골 5도움을 기록하며 준수한 활약을 펼쳤다. 하지만 최 감독이 떠난 이후에는 존재감이 미비했다. 대전에서도 이름값을 하지 못했다. 최 감독을 보고 이적을 결심했다는 것은 그의 진심이다. 기본적으로 가진 것이 많다. 중거리 슈팅과 패싱 능력이 뛰어나다. 왕성한 활동량도 자랑하며, 터프한 경기 운영도 돋보인다. 다만 감정 조절에 기복이 있다. 카드 관리가 필요하다.

2022시즌 기록						강점	약점
5	0	1,049(18) MINUTES 출전시간(경기수)	0 GOALS 득점	3 ASSISTS 도움	- WEEKLY BEST 11 주간베스트11	왼발 부메랑 크로스 철저한 자기관리	스피드 잦은 실수

■ 우즈베키스탄 리그 기록

김진호

2002년 1월 21일 | 21세 | 대한민국 | 178cm | 74kg
경력 | 강원(21~)
K리그 통산기록 | 28경기 3골 2도움
대표팀 경력 | –

최고의 발견이다. 데뷔 시즌 주전 자리를 꿰찰 정도로 능력을 인정받았다. 윙백 자원으로 스피드를 활용한 돌파와 대인방어가 뛰어나다. 양현준의 그늘에 가렸지만 8월에는 '이달의 영플레이어상'을 수상했다. 미래의 국가대표로 손색이 없을 정도로 발전 가능성이 무궁무진하다. 3골은 무늬가 아니다. 대학 시절 윙포워드까지 소화할 정도로 공격 본능도 갖추고 있다. 멘탈도 우수하다. 다소 불필요해 보이는 후방 롱패스를 하면 벤치에서 불호령이 떨어지지만 아랑곳하지 않고 자신의 플레이를 펼친다. 과도한 의욕이 화를 부를 때도 있으나 어디까지 성장할지 관심이다.

2022시즌 기록						강점	약점
3	0	2,307(28) MINUTES 출전시간(경기수)	3 GOALS 득점	2 ASSISTS 도움	3 WEEKLY BEST 11 주간베스트11	미래의 국가대표감	과도한 의욕

유인수

1994년 12월 28일 | 29세 | 대한민국 | 178cm | 70kg
경력 | FC도쿄(16~17)▷아비스파 후쿠오카(18)▷FC도쿄(19)▷성남(20)▷상무(21~22)▷성남(22)▷강원(23~)
K리그 통산기록 | 67경기 6골 3도움
대표팀 경력 | –

기대감이 크다. 측면 수비와 공격 어디든 뛸 수 있는 멀티형 선수다. 상무에서 제대 후 성남에서 6경기를 소화했지만 강등은 피하지 못했다. 강원으로선 '꿀영입'이다. 늘 헌신적이다. 궂은 일도 마다하지 않는다. 자신의 역할은 200% 소화하는 스타일이다. 스피드가 뛰어나다. 윙백에 위치하면 오버래핑이 좋다. 흐름을 읽은 눈도 탁월한 편이다. 공간 침투 능력과 패스에도 강점이 있다. 기본기는 훌륭하지만 왼발 크로스는 다소 불안한 면이 없지 않다. J리그에서 프로에 데뷔했다. K리그 4년차다. 중앙 미드필더까지 소화할 수 있어 활용도가 높다.

2022시즌 기록						강점	약점
3	0	2,069(25) MINUTES 출전시간(경기수)	3 GOALS 득점	0 ASSISTS 도움	- WEEKLY BEST 11 주간베스트11	영리한 경기 운영	왼발 크로스가 다소 불안

김우석

1996년 8월 4일 | 27세 | 대한민국 | 187cm | 74kg
경력 | 대구(16~22)▷강원(23~)
K리그 통산기록 | 114경기 2골 3도움
대표팀 경력 | –

대구의 '원클럽맨'이었다. 올 시즌 첫 이적을 선택했다. 지난해 전북이 탐낸 귀중한 센터백 자원이다. 강원은 전문 수비자원이 적어 고민이었지만 숨통이 트였다. 높은 제공권에다 스피드까지 갖췄다. 사이드에도 포진할 수 있다. 빌드업에도 강점이 있고, 볼을 예쁘게 차는 유형이다. 터프한 플레이보다 영리하게 수비라인을 이끈다. 지난 두 시즌간 백업으로 적은 시간을 뛰어 경기 감각을 되찾는 것이 급선무다. 체력도 보완해야 한다. 간혹 나오는 치명적인 실수는 절대 금물이다. 스리백 활용도에 대한 기대감이 높다. 수비 전술의 '만능자물쇠'로 충분한 역할을 할 수 있다.

2022시즌 기록						강점	약점
2	1	496(10) MINUTES 출전시간(경기수)	0 GOALS 득점	1 ASSISTS 도움	- WEEKLY BEST 11 주간베스트11	빌드업 능력은 수준급	간혹 나오는 치명적인 실수

윤석영

1990년 2월 13일 | 33세 | 대한민국 | 182cm | 79kg
경력 | 전남(09~13)▷QPR(13~16)▷브뢴뷔(16)▷가시와 레이솔(17)▷서울(18)▷강원(19)▷부산(20)▷강원(21~)
K리그 통산기록 | 208경기 7골 17도움
대표팀 경력 | 2012 올림픽, 2014 월드컵

두 시즌 연속 부상 없이 소화해 팀에 큰 힘이 됐다. 지난 시즌 출발은 힘겨웠지만 32경기에 출전하며 이름값을 했다. 좀 더 안정적인 기반도 구축했다. 2년 재계약에 성공했고, 결혼까지 해 새로운 동력도 생겼다. 베테랑의 향수는 더 짙어졌다. 전술 이해도가 뛰어나다. 사이드에서 스리백의 왼쪽으로 보직을 변경해 제몫을 했다. 기록이 훌륭하다. 물론 측면 수비도 언제든지 가능하다. 왼발 킥력이 뛰어나 세트피스에서 중요한 무기로 활약했다. 스피드가 우수하며, 체력도 왕성하다. 그러나 유리몸이라는 오명은 부인할 수 없다. 매시즌 몸 상태를 경계할 수밖에 없다.

2022시즌 기록						강점	약점
4	0	2,797(32) MINUTES 출전시간(경기수)	1 GOALS 득점	2 ASSISTS 도움	- WEEKLY BEST 11 주간베스트11	뛰어난 축구 지능	부상 위험 공존

정승용

1991년 3월 25일 | 32세 | 대한민국 | 182cm | 83kg
경력 | 서울(10) ▷ 경남(11) ▷ 서울(12~15) ▷ 강원(16~19) ▷ 포천시민(20~21) ▷ 강원(21~)
K리그 통산기록 | 186경기 9골 14도움
대표팀 경력 | –

단 1경기도 쉼표가 없었다. 팀내 최다인 3,504분의 출전시간을 소화했다. 지칠 줄 모르는 스태미나는 타의 추종을 불허한다. 들소처럼 그라운드를 휘젓는다. 공격수 출신이라 직진 본능이 뛰어나다. 스피드와 개인기, 드리블은 물론 몸싸움 능력이 발군이다. 볼 획득 빈도가 높은 것도 이런 이유에서다. 강력한 중거리포도 장착했다. 지나친 공격 본능으로 가끔 수비에 부담주는 상황을 연출하지만 왕성한 체력으로 이를 커버하고 있다. 골의 순도는 높다. 다만 1개의 도움은 아쉬운 부분이다. 숫자를 더 늘릴 수 있는 충분한 자질과 힘을 갖고 있다.

2022시즌 기록						강점	약점
4	0	3,504(38) MINUTES 출전시간(경기수)	2 GOALS 득점	1 ASSISTS 도움	2 WEEKLY BEST 11 주간베스트11	지칠 줄 모르는 스태미나	지나친 공격 본능

케빈 Kevin Nils Lennart Hoog Jansson

2000년 9월 29일 | 23세 | 스웨덴 | 189cm | 89kg
경력 | 미알비(19) ▷ 프레마 아마게르(20) ▷ 보테프 플로브디프(21~22) ▷ 강원(22~)
K리그 통산기록 | 21경기 1골
대표팀 경력 | –

이적 카드로 만지작거렸지만 일단 잔류로 시즌을 시작한다. 북유럽 출신답게 체격조건이 뛰어나다. 센터백과 수비형 미드필더를 모두 소화할 있지만 강원에선 중원에 더 활용도가 높다. 왼발 킥에 강점이 있다. 빌드업 능력이 좋고, 투지 넘치는 플레이도 돋보이다. 하지만 아직 설익은 면이 없지 않다. 애매한 위치 선정으로 화를 부른 적이 종종 있다. 큰 키에도 불구하고 제공권 장악 능력도 의문부호가 달렸다. 스웨덴에서 연령별 대표는 거쳤지만 A대표팀에는 발탁되지 못했다. 어린 나이에 비해 해외 경험도 많은 편이다. 이제는 그 경험을 증명할 때다.

2022시즌 기록						강점	약점
2	0	1,020(21) MINUTES 출전시간(경기수)	1 GOALS 득점	0 ASSISTS 도움	- WEEKLY BEST 11 주간베스트11	뛰어난 왼발 킥 능력	애매한 위치 선정

■ 불가리아 리그 기록

황문기

1996년 12월 8일 | 27세 | 대한민국 | 175cm | 75kg
경력 | 아카데미카 코임브라(15~20) ▷ 안양(20) ▷ 강원(21~)
K리그 통산기록 | 84경기 7골 1도움
대표팀 경력 | –

특급 조커다. 선발은 14경기였는데, 교체로 20경기에 출전했다. 주전과 비주전의 경계선에 있지만 활용 가치는 높다. 파이팅이 돋보인다. 도전적인 경기 운영도 눈에 띈다. 유독 골 찬스가 많다. 22개 슈팅수와 10개와 유효 슈팅은 주전급의 기록이다. 뛰어난 위치선정으로 골냄새를 맡는 능력이 그만큼 탁월하다는 것을 의미한다. 하지만 3골은 기대에 미치지 못하는 수준이다. 문전에서 좀 더 집중력을 발휘하면 더 많은 골을 넣을 수 있다. 골이 많아지고 도움도 나오면 주전으로 발돋움할 수 있다. 나이로 보면 이제 커리어의 승부수를 던져야 할 때다.

2022시즌 기록						강점	약점
2	0	1,247(34) MINUTES 출전시간(경기수)	3 GOALS 득점	0 ASSISTS 도움	1 WEEKLY BEST 11 주간베스트11	뛰어난 승부 근성	문전에서의 결정력

김대우

2000년 12월 2일 | 23세 | 대한민국 | 179cm | 80kg
경력 | 강원(21~)
K리그 통산기록 | 39경기 3골 1도움
대표팀 경력 | –

기대가 큰 카드였다. 데뷔 시즌 U22 자원으로 각광을 받았지만 지난 시즌 양현준에 밀렸다. 경기에 나가더라도 주로 교체여서 첫 해보다 출전 시간이 크게 줄었다. 체력이 좋아 지칠 줄 모르는 활동량을 뽐낸다. 시야가 넓고, 패싱력도 준수하다. 공수 전환에 있어 매끄럽게 연결 고리를 담당할 수 있는 역량도 갖추고 있다. 피지컬도 나쁘지 않다. 하지만 확고한 믿음을 주기에는 아직 부족하다. 경기에 따라 온도차가 크다. 기복 없는 플레이를 펼쳐야 더 많은 시간을 보장받을 수 있다. 자신만의 색깔을 갖는 것도 중요하다. 어린 나이는 무기다.

2022시즌 기록						강점	약점
1	0	541(16) MINUTES 출전시간(경기수)	1 GOALS 득점	0 ASSISTS 도움	- WEEKLY BEST 11 주간베스트11	매끄러운 공수 전환	경기마다 다른 온도차

이웅희

1988년 7월 18일 | 35세 | 대한민국 | 182cm | 78kg
경력 | 대전(11~13)▷서울(14~15)▷상무(16~17)▷서울(17~19)▷대전(20~21)▷강원(22~)
K리그 통산기록 | 256경기 7골 4도움
대표팀 경력 | –

최용수 감독과는 7년 만의 재회였다. 서울 시절 스리백을 완성한 주역이었다. 빠른 스피드와 뛰어난 대인 방어에 매료된 이들이 많았다. 탄탄한 경기운영 능력을 바탕으로 빌드업에도 강점이 있다. 센터백은 물론 사이드에도 설 수 있다. 하지만 세월은 어쩔 수 없다. 햄스트링을 부상을 안고 이적했다. 출전 시간은 적을 수밖에 없었다. 11경기에 출전했는데, 선발은 단 한 차례에 불과했다. 어느덧 최고참이다. 지난해와 달리 동계훈련은 착실히 했다. 이제 현역으로 뛸 시간이 많지 않다. 마지막 불꽃을 태울 시즌이다. 풍부한 경험은 또 다른 힘이 될 수 있다.

2022시즌 기록						강점	약점
0	0	230(11) MINUTES 출전시간(경기수)	0 GOALS 득점	0 ASSISTS 도움	- WEEKLY BEST 11 주간베스트11	영리한 경기 운영 빌드업	야속한 세월의 향수

이광연

1999년 9월 11일 | 24세 | 대한민국 | 184cm | 85kg
경력 | 강원(19~)
K리그 통산기록 | 27경기 46실점
대표팀 경력 | –

유상훈이 흔들리면 채찍으로 꺼내는 카드다. 하지만 지난 시즌은 아픔이었다. 4월, 두 번째 출전경기였다. 볼을 처리하는 과정에서 무릎을 부여잡고 쓰러졌다. 십자인대 파열이었다. 수술대에 오른 그는 결국 시즌 아웃됐다. 20세 이하 FIFA 월드컵 준우승 신화의 주인공이다. 반사신경과 민첩성은 뛰어나다. 하지만 신장이 늘 발걸음을 무겁게 한다. 공중볼에는 한계가 있을 수밖에 없다. 성격이 낙천전이다. 투지와 파이팅도 넘친다. 유상훈과의 주전 경쟁은 쉽지 않지만 백업으로 기대치를 충족시키며 또 다른 터닝포인트를 맞을 수 있다.

2022시즌 기록						강점	약점
0	0	136(2) MINUTES 출전시간(경기수)	2 SAVE 선방	2 LOSS 실점	- WEEKLY BEST 11 주간베스트11	뛰어난 민첩성	공중볼 처리 능력

전지적 작가 시점

김성원이 주목하는 강원의 원픽!

양현준

경기 후 기자회견에는 감독과 함께 MOM급 활약을 펼친 선수가 무대에 오른다. 1년 전만 해도 양현준은 모든 것이 낯설었다. 지난해 초반 처음으로 이 자리에 '초대'받았을 때는 입장하는 데 꽤 오랜 시간이 걸렸다. '이유'를 물었더니 '연습'을 하고 들어오느라 늦었단다. 골을 터트려 주목받고, 경기 출전 시간이 늘어나다보니 '애환'도 있었다. 지난해 4월 10일 포항전에선 후반 교체 출전 후 동점골을 터트린 후 근육경련이 일어나 다시 교체되는 순간도 있었다. 하지만 그는 숨은 원석 중의 원석이었다. 준비된 자만이 기회를 잡는다고 했는데 양현준이 그랬다. 그래서 올 시즌 더 주목할 수밖에 없다. 지난해와 같은 활약을 펼친다면 완벽한 보석이 될 수 있다. 최용수 감독도 "견제가 더 심할 것이다. 이것을 풀어내지 못하면 상당히 평범한 선수가 될 수 있다. 이걸 슬기롭게 헤쳐 나가면 무서운 선수로 성장할 수 있다"고 예고한 것도 이런 이유에서다. 폭발적인 스피드, 뛰어난 볼터치와 유연성. 양현준이 뜨면 강원은 또 비상할 수 있다.

지금 강원에 이 선수가 있다면!

이규성

이규성이 1년간의 성남FC 임대를 마치고 울산으로 복귀한 직후였다. 홍명보, 최용수, 두 감독과 함께 자리를 한 적이 있다. 최 감독이 불쑥 이규성 이야기를 꺼냈다. 4~5년 전부터 봐왔다면서 "안 쓸거면 달라"고 했다. "참 요긴하게 쓸 수 있다. 울산에서 다시 꽃을 피우겠지만 아까운 선수"라는 말도 잊지 않았다. 그 순간 홍 감독의 눈도 반짝거렸다. "그래? 난 한 번도 못 봐 가지고. 작년에 왔는데 임대 간다고 그래서"라며 말끝을 흐렸다. 최 감독의 예견대로 이규성은 지난 시즌 울산에서 꽃을 피웠다. 31경기에 출전해 중원의 든든한 버팀목으로 활약했고, 최 감독은 다시 한 번 아쉬움에 젖었다. 이규성은 요란하지 않지만 없어서는 안되는 에너지다. 헌신이 몸에 뱄다. 경기를 읽는 눈도 탁월하다. 볼배급은 후진보다 직진이다. 도전적인 플레이로 공수의 윤활유 역할을 한다. 강원이 채택할 수밖에 없는 전술이지만 최 감독은 차원이 다른 역습으로 상대를 요리한다. 이규성을 어떻게 활용할지에 대한 구상은 이미 머릿속에 있다.

라스
루안
무릴로
잭슨
이용
김현
이승우
이광혁
정재윤
양동현
윤빛가람
정재용
황순민
김예성
이태섭
박주호
정동호
박병현
김주엽
신세계
오인표
김현훈
이재성
박배종
이범영

수원FC

수비까지 되는 '닥공'의 위력을 보여주마. 간다 4강!

수원 FC

2021년 승강 플레이오프를 통과하고 K리그1 무대에 돌아왔을 때 수원FC가 이렇게 확고한 영역을 구축하며 1부리그에서 두 시즌 동안이나 경쟁력을 보여줄 수 있을 것이라고 예상한 전문가는 별로 많지 않았다. 하지만 수원FC는 특유의 공격 축구를 앞세워 이걸 해냈다. 승격 첫 해 5위로 파이널A에 올랐고, 지난해에도 중위권을 유지하며 막판까지 파이널A의 문을 두드렸다. 비록 고질적인 수비 난조 문제를 극복하지 못하며 리그 공동 2위의 득점력에도 불구하고 7위로 시즌을 마감했지만, 수원FC의 화끈한 공격축구는 많은 팬들에게 사랑받았다. 올해는 팀내 변화가 상당히 많은 시즌이다. 김도균 감독과 좋은 호흡을 이어가던 김호곤 단장이 물러나고, 최순호 단장이 새로 부임했다. 구단 운영 시스템도 이전과는 상당히 달라질 전망이다. 이런 변화가 선수단 전력에 어떤 영향을 미칠지는 현재로서는 미지수다. 기대와 불안이 공존한다. 물론 김 감독은 흔들림 없이 특유의 온화한 리더십을 앞세워 기존 선수들과 이적생을 하나로 버무리는 데 총력을 기울였다. 역대 최고 성적인 4위를 목표로 내걸었는데, 시즌 초반 운영이 매우 중요할 것으로 예상된다. 뜨거운 공격과 차가운 수비, 이 사이의 갭을 줄이는 게 올 시즌 화두다.

구단 소개

정식 명칭	수원시민 프로 축구단
구단 창립	2003년 3월 15일
모기업	시민구단
상징하는 색	블루 & 레드
경기장(수용인원)	수원종합운동장 (29,791명)
마스코트	화서장군, 장안장군, 팔달장군, 창룡장군
레전드	박종찬, 김한원, 임석택, 자파, 이승현
서포터즈	리얼크루
온라인 독립 커뮤니티	수원FC DC갤러리

우승

K리그	–
FA컵	–
AFC챔피언스리그(ACL)	–

최근 5시즌 성적

시즌	K리그	FA컵	ACL
2022시즌	7위	3라운드	–
2021시즌	5위	16강	–
2020시즌	2위(2부)	16강	–
2019시즌	8위(2부)	32강	–
2018시즌	7위(2부)	32강	–

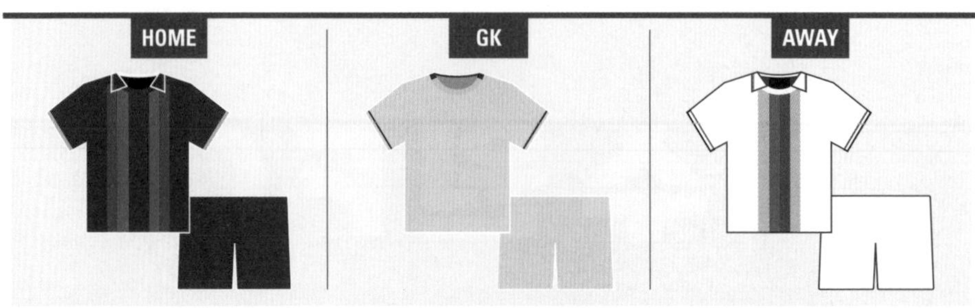

2년간 K리그1 적응은 다 마쳤다.
이제 성적으로 보여준다!

김도균

1977년 1월 13일 | 42세 | 대한민국

K리그 전적
104전 44승 22무 38패

현역 시절에는 '꽃미남 스타'로 불렸지만, 현재는 푸근하고 부드러운 인상의 '인자한 큰 형님' 같은 이미지를 지녔다. 외모뿐만 이 아니라 지도 스타일도 그렇다. 선수들의 이야기를 잘 들어 주면서, 개개인이 지닌 장점을 극대화하는 게 김 감독의 특징. 그래서 붙여진 별명도 '재활 공장장'이다. 다른 팀에서 폼이 무너졌던 선수들이 김 감독과 만난 뒤 다시 부활한 케이스가 많다. 동시에 2020년 수원FC에 부임한 이래 확고한 공격 축구에 대한 신념을 일관되게 유지하면서 역동적인 팀 컬러를 만들었다. 이런 기조는 올해도 변함없이 유지될 것으로 보인다. 다만, 지난 2년의 K리그1 경험을 통해 수비력 강화에 대한 중요성을 뼈저리게 느낀 만큼, 이에 대한 대비책을 세우겠다는 뜻을 분명히 밝히고 있다. 김 감독의 수비 대책이 과연 얼마나 성과를 낼지 기대된다.

선수 경력

울산	교토퍼플상가	성남	전남

지도자 경력

서남대 코치	울산 현대중 감독	홈 유나이티드 코치	울산 코치	수원FC 감독(20~)

주요 경력

2000년 시드니올림픽

선호 포메이션	5-2-3	3가지 특징	유연하고 열린 리더십	선수의 장점을 살리는 용병술	공격 축구에 대한 확고한 신념

STAFF

수석코치	코치	GK코치	선수 트레이너	피지컬코치	전력분석관	통역
이정수	김영삼 기영서	김성수	김정원 김진석 강수현	박성준	최정탁	양재모 황재혁

2022 REVIEW

다이나믹 포인트로 보는 수원FC의 2022시즌 활약도

해외 리그에서 확실한 자리를 잡지 못한 채 폼을 잃어가던 이승우를 데려와 K리그1 특급 공격수로 화려하게 부활시킨 덕분에 득점력만큼은 전북과 공동 2위(56골)로 리그 선두권을 형성했다. 김도균 감독의 '재활 공장장' 능력이 다시 한 번 발휘된 시즌이었다. 라스와 김현도 공격에서 충분히 제 몫을 해낸 덕분에 수원FC는 특유의 '공격 축구'를 유감없이 발휘했다. 하지만 역시나 빈약한 수비가 상승세의 발목을 잡았다. 리그 꼴찌 성남에 이어 최다실점 2위(63골)를 기록한 것은 수원FC가 왜 파이널A에 오르지 못했는지 보여주는 증거. 결국 '한끗 차이'로 2년 연속 파이널A 진입에 실패하며 '수비 보강'이라는 숙제를 또다시 남기고 말았다.

2022시즌 다이나믹 포인트 상위 20명 ■ 포인트 점수

포지션 평점

FW
⚽⚽⚽⚽

MF
⚽⚽

DF
⚽⚽

GK
⚽

출전시간 TOP 3

순위	선수	시간
1위	김건웅	3,245분
2위	박민규	3,160분
3위	박주호	2,753분

■골키퍼 제외

득점 TOP 3

순위	선수	득점
1위	이승우	14골
2위	김현, 라스	8골
3위	김승준, 정재용	5골

도움 TOP 3

순위	선수	도움
1위	라스	7도움
2위	무릴로	5도움
3위	이승우	3도움

주목할 기록

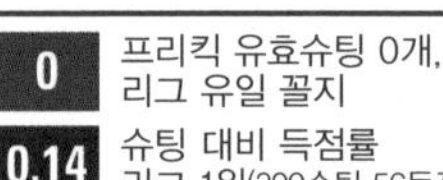

0	프리킥 유효슈팅 0개, 리그 유일 꼴지
0.14	슈팅 대비 득점률 리그 1위(399슈팅 56득점)

성적 그래프

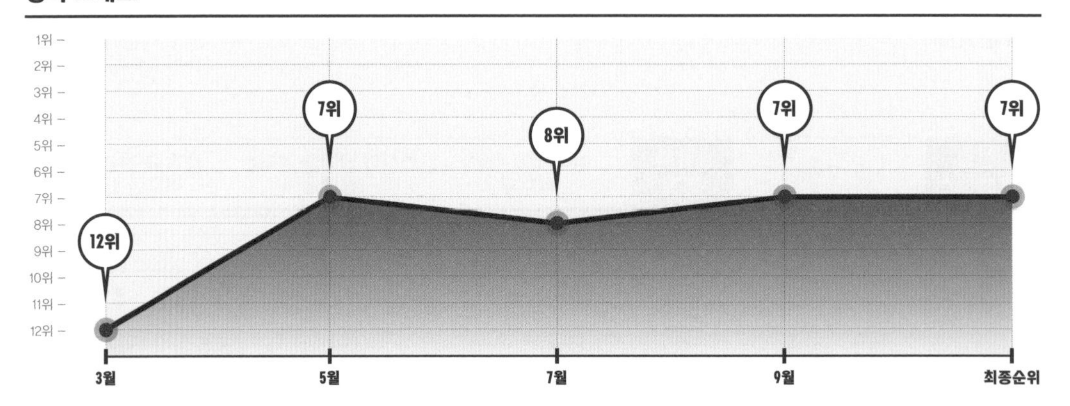

2023 시즌 스쿼드 운용 & 이적 시장 인앤아웃

Ⓒ 주장 ■ U-22 자원

김도균 감독은 2023시즌을 수원FC가 진정한 1부리그 팀으로서 자리매김할 수 있는 승부처라고 여기고 있다. 부임 첫 해였던 2020년 승격 성공, K리그1 첫 시즌인 2021년 파이널A 진출(5위)로 승승장구하다가 지난해 아쉽게 파이널B로 밀려난 아픔이 컸기 때문이다. 이를 위해 지난 2년 동안 지속적으로 노출된 '허약한 수비력'을 강화하는 데 초점을 맞췄다. 팀 컬러인 공격 축구 기조를 유지하면서 수비에서는 실점을 최소화한다면 파이널A에 복귀할 수 있다는 자신감을 보이고 있다. 현실적인 목표는 아시아 축구연맹(AFC) 챔피언스리그 진출이 가능한 4위 확보다. 목표 달성을 위해 기존 선수들과 이적생들을 치밀하게 융화시키는 작업이 겨울훈련 내내 이어졌다. 특히 새 시즌을 앞두고 최순호 단장이 새로 부임하며 내부적으로 많은 변화를 겪었다. 긍정적인 변화일지 아닐지가 성적을 통해 판가름 날 것으로 보인다.

주장의 각오

윤빛가람

"프로 생활 첫 주장이다. 부담도 되지만, 책임감을 느끼고 팀에 대한 애정도 많이 생긴다. 시즌 초반부터 좋은 출발을 해서 팬들과 함께 즐기고 싶다."

2023 예상 베스트 11

이적시장 평가

지난 2년간 수원FC의 최대 문제였던 수비력을 보강하는 것이 이번 이적시장의 화두였다. 이재성과 박병현 오인표을 데려와 일단 시급한 포지션 보강을 이뤄낸 것은 좋은 성과라고 평가할 만하다. 여기에 재능 넘치는 미드필더 윤빛가람의 영입으로 공수 밸런스도 한층 높였다. 하지만 수비는 한 순간에 좋아지기 힘들다. 영입한 선수들이 A급은 아니라는 점이 다소 아쉬운 부분이다.

저자 6인 순위 예측

• 김 성 원 •

9위_2021시즌 5위, 2022시즌 7위, 2023시즌은?! 특별한 성장 동력이 없는 것이 고민. 이승우는 약이지만 제어가 안 되는 순간 독이 될 수도. 프론트도 변수.

• 이 원 만 •

6위_결국 문제는 수비력이다. 수비력만 받쳐주면 4위 이상 가능하다. 그래서 보강은 했는데, 제대로 통할 지는 미지수.

• 김 진 회 •

10위_핵심 멀티 자원 김건웅 이적. 예산부족으로 뚜렷한 전력향상 요인 없음. 강등권에서 힘겨운 시즌 보낼 듯.

• 윤 진 만 •

9위_예년 대비 전력 플러스요인을 딱히 찾기 어렵다. 결국은 올 시즌도 김도균 감독의 용병술에 기대를 걸어야….

• 박 찬 준 •

6위_윤빛가람의 존재감, 여름에 가세할 이영재까지, 2년 전 기적의 파이널A 행을 재연할 재료는 충분.

• 김 가 을 •

7위_K리그1 입성 '마의 3년'을 어떻게 이겨내느냐가 포인트. 지난해 부진했던 외국인 선수들의 활약이 중요.

이승우

1998년 1월 6일 | 25세 | 대한민국 | 173cm | 63kg

경력

FC바르셀로나B(16~17)
▷엘라스 베로나(17~19)
▷신트트라위던(19~21)
▷포르티모넨스(21)
▷수원FC(22~)

K리그 통산기록

35경기 14골 3도움

대표팀 경력

11경기
2018 아시안게임
2018 월드컵

수많은 열성 팬과 그에 비등하는 많은 안티 팬을 지닌 내츄럴 본 스타플레이어로 어린 시절 해외진출이 오히려 독이 된 케이스다. 어린 시절 폭발적인 스피드와 넘치는 재능을 보여주며 '한국의 메시'로 주목받으며 바르셀로나 유스팀에서도 유망주로 평가받았다. 하지만 나이가 들수록 성장이 정체되며 결국 바르셀로나 1군 진입에 실패하고, '유럽 떠돌이' 신세로 전락했다. 이탈리아 엘라스 베로나 시절은 그런대로 괜찮았지만, 2019년 벨기에 신트트라위던으로 떠나며 최악의 시절을 경험했다. 그나마 더 늦기 전에 K리그로 돌아와 '재활 공장장' 김도균 감독을 만나 폼을 회복하고 있다는 게 다행. 2022시즌 K리그 무대에서 오랜만에 풀타임 주전으로 활약했다. 김 감독은 처음 이승우가 팀에 왔을 때 '전성기의 30% 수준'이라며 냉정한 평가를 내리고 이승우를 혹독하게 조련했다. 이승우도 훈련에 성실히 임하며 마침내 리그 14골로 부활에 성공한다. 골 감각은 리그 최정상급이라고 할 수 있다. 덕분에 비시즌에 해외 구단들의 러브콜이 쇄도했다. 하지만 이승우는 자신을 되살려준 김 감독과 수원FC에 대한 의리를 지키며 K리그 잔류를 택했다. 이승우가 올해 더 향상된 기량을 이어간다면 시즌 후 더 좋은 제안이 쏟아질 것이 확실하다.

2022시즌 기록

	출전시간(경기수)	득점	도움		주간베스트11
7	2,748(35) MINUTES	14 GOALS	3 ASSISTS	1	6 WEEKLY BEST 11

강점	탁월한 골감각과 드리블 능력	특징	특유의 끼로 팬의 시선을 사로잡는다
약점	경쟁력 약한 피지컬	별명	코리안 메시

라스 Lars Veldwijk

1991년 8월 21일 | 32세 | 네덜란드 · 남아공 | 197cm | 94kg

경력

FC폴렌담(10~11)
▷FC위트레흐트(11~12)
▷도르트레흐트(12~13)
▷엑셀시오르(13~14)
▷노팅엄 포레스트(14~15)
▷즈볼러(15~16)
▷코르트레이크(16~17)
▷올레순(17)
▷흐로닝언(17~18)
▷스파르타 로테르담(18~20)
▷전북(20)
▷수원FC(20~)

K리그 통산기록

98경기 32골 16도움

대표팀 경력

남아공 대표팀 7경기

수원FC의 실질적인 에이스이자 간판 스타로 팀에 대한 애정과 충성심이 상당히 강하다. 그도 그럴 것이 수원FC에서 새로운 전성시대를 활짝 열었기 때문이다. 원래 라스는 2020년 전북 유니폼을 입고 K리그에 데뷔했다. 당시 등록명은 '벨트비크'였다. 이 이름으로 활동했을 때는 특별한 경쟁력을 보여주지 못했다. 전북 스쿼드와의 궁합이 맞지 않았다. 결국 6개월 만에 전북과의 계약을 해지하고 수원FC로 이적했다. 이때 무슨 생각이었는지 등록명을 '라스'로 바꿔달라고 한다. 어쩌면 이전의 부진을 지워내고 새 팀에서 다시 출발하겠다는 의지의 표현일 수도 있다. 팀 이적과 등록명 변경은 '신의 한수'였다. 라스는 2020시즌 후반기에만 5골 3도움으로 살아났고, 2021시즌에 최고의 활약을 펼치며 리그 득점 2위(18골)까지 차지한다. 작년에는 시즌 초반 발목 부상에 따른 컨디션 저하로 폼이 무너졌다. 그러나 7라운드 성남전에 시즌 첫 골을 터트리며 부활을 알렸다. 이후 리그 최정상급 타깃형 스트라이커로 건재함을 과시했다. 비록 지난해 8골에 그쳤으나 7개의 도움을 올리며 알토란 같은 활약을 펼쳤다. 라스가 올해 다시 두 자릿수 득점을 한다면, 수원FC의 파이널A 진입은 어렵지 않을 것이다.

2022시즌 기록

	MINUTES 출전시간(경기수)	GOALS 득점	ASSISTS 도움		WEEKLY BEST 11 주간베스트11
1	2,580(34)	8	7	0	5

강점	공중볼의 지배자	특징	온 몸을 휘감은 화려한 타투
약점	다소 아쉬운 골 결정력	별명	랄스

윤빛가람

1990년 5월 7일 | 33세 | 대한민국 | 178cm | 75kg

경력

경남(10~11)
▷성남(12)
▷제주(13~15)
▷옌벤(16~19)
▷제주(17)
▷상무(18~19)
▷제주(19)
▷울산(20~21)
▷제주(22)
▷수원FC(23~)

K리그 통산기록

350경기 57골 48도움

대표팀 경력

15경기 3골

윤빛가람에게 올해는 상당히 중요한 시즌이다. 최근 수 년간 팀을 옮기는 과정에서 기량이 퇴보되고 있다는 비판이 나오고 있기 때문이다. 특히 지난해 제주에서는 부상 문제도 있었지만, 결정적으로 팀에 융화되지 못하고 겉돌며 이름값을 하지 못했다. 때문에 올해 수원FC에서 지금까지 쌓아온 커리어와 명성을 다시금 입증할 필요가 있다. 본인도 이런 상황을 충분히 인지하고 있고, 그 어느 때보다 열정적으로 동계훈련을 소화했다. 이런 측면에서 커리어의 위기를 맞은 선수를 되살리는 데 일가견이 있는 김도균 감독과 만난 것은 호재라고 볼 수 있다. 김 감독은 이적생임에도 윤빛가람에게 '주장'의 임무를 부여해 선수 스스로 더 강한 책임감을 갖도록 했다. 선수와 팀을 동시에 살리려는 절묘한 선택. 이제 키는 윤빛가람에게 건네졌다. 김 감독의 선택이 '신의 한 수'인지 아닌지는 윤빛가람이 그라운드에서 스스로 증명해내야 한다. 만약 윤빛가람이 전성기 시절의 폼을 되찾아 중원에서 특유의 폭넓은 시야와 날카로운 패싱 능력을 보여준다면, 수원FC의 '공격 축구'는 한층 더 날카로워질 수 있다. 이미 라스와 이승우, 김현 등 윤빛가람의 패스를 골로 연결해줄 선수들은 풍부하다. 감독과 동료를 믿어야 한다.

2022시즌 기록

	출전시간(경기수)	득점	도움		주간베스트11
0	1,143(15) MINUTES	3 GOALS	2 ASSISTS	0	2 WEEKLY BEST 11

강점	여전히 수준 높은 패싱력	특징	넓은 시야로 경기 흐름을 조정한다
약점	느린 스피드와 약한 멘탈	별명	윤비트

박주호

1987년 1월 16일 | 36세 | 대한민국 | 175cm | 71kg

경력

미토 홀리호크(08~09)
▷가시마 앤틀러스(09~10)
▷주빌로 이와타(10~11)
▷FC바젤(11~13)
▷마인츠(13~15)
▷도르트문트(15~17)
▷울산(18~20)
▷수원FC(21~)

K리그 통산기록

113경기 3도움

대표팀 경력

40경기 1골
2018 월드컵

화려하고 풍부한 해외리그 경험을 갖고 있는 박주호는 이제 30대 후반으로 접어들며 어린 시절의 빠른 스피드는 사라졌다. 잦은 부상도 겪으며 피지컬 측면에서의 경쟁력도 약해진 상태. 그러나 여전히 뛰어난 축구 센스와 성실함을 기반으로 한 안정감 있는 경기 운영으로 수원FC의 핵심적인 역할을 하고 있다. 수비형 미드필더로서 박주호는 탄탄한 기본기에서 나오는 볼 컨트롤 능력을 앞세워 경기 흐름을 잘 제어해낸다. 비록 제공권에 대한 약점과 지나친 왼발 의존도가 약점으로 지적되긴 하지만, 본인의 약점을 보완하려는 노력을 게을리 하지 않기 때문에 심각한 약점이라고 볼 수는 없다. 올해는 이적생 윤빛가람과 함께 베테랑 콤비로 중원에서 팀을 이끄는 역할을 할 것으로 보인다. 윤빛가람이 좀 더 공격적인 부분을 담당하고, 박주호는 수비적인 면에서 본인의 역량을 집중할 것으로 예상된다. 관건은 부상 방지와 체력 유지다. 작년에는 몸 관리가 잘 되어 리그 32경기를 소화하며 팀내 출전시간 3위를 기록했다. 올해도 이 정도만 뛰어준다면 팀의 기둥 역할을 확실히 할 수 있을 전망이다. 다만, 현재 아내가 투병 중이라 축구 외적으로 힘든 상황이 있다. 팬들의 성원이 그 어느 때보다 필요하다.

2022시즌 기록

	MINUTES 출전시간(경기수)	GOALS 득점	ASSISTS 도움		WEEKLY BEST 11 주간베스트11
5	2,753(32)	0	1	1	-

강점	탄탄한 기본기와 간결한 패싱능력	특징	뛰어난 축구지능으로 예쁜 축구를 한다
약점	지나친 왼발 의존도	별명	나은이 아빠

김현

1993년 5월 3일 | 30세 | 대한민국 | 190cm | 87kg

경력

전북(12~13)
▷성남(13)
▷제주(14~16)
▷성남(16)
▷아산(17~18)
▷도치기(19)
▷화성(20)
▷부산(20)
▷인천(21)
▷수원FC(22~)

K리그 통산기록

210경기 35골 12도움

대표팀 경력

2013 U-23 월드컵

수원 출신으로 어린 시절부터 좋은 체격과 발재간으로 주목받았다. 조성환 감독의 픽으로 영생고 창단 멤버로 입학했고, 잘 성장해 전북 유스 시스템 1호 프로선수가 됐다. 하지만 이후 프로 생활은 순탄치 못했다. 고질적인 골 결정력 부재 문제를 극복하지 못하면서 이팀 저팀 떠돌다가 K3리그 화성까지 가게 됐다. 보통 이런 과정을 겪으면 커리어의 종지부를 찍게 되는 경우가 많은데, 김현은 시련을 통해 절실함을 장착하고 다시 일어선다. 특히 2021시즌 고교 은사인 조성환 감독이 이끄는 인천에 입단하면서 마침내 잠재력을 활짝 피워낸다. 긴 머리의 트레이드 마크도 이때 본격적으로 만들었다. 2022시즌 고향팀 수원FC에 합류한 김현은 마침내 프로 커리어 최다골(8골)을 기록하며, 수원FC의 주력 공격수로 자리매김했다. 라스와 함께 장신 공격수 듀오로 좋은 모습을 보여줬다. 시즌 초반에는 다소 부진했지만, 중후반으로 갈수록 날카로운 공격력이 살아났다. 장신임에도 활동력이 좋고, 상대 수비의 압박을 깨트리는 역할을 잘 하기 때문에 본인 뿐만 아니라 동료의 득점 찬스도 잘 만드는 스타일. 약점으로 지적받았던 골 결정력도 작년 후반기 무렵 상당히 개선됐다. 올해 커리어 첫 두 자릿수 골에 도전한다.

2022시즌 기록

5	1,752(31) MINUTES 출전시간(경기수)	8 GOALS 득점	1 ASSISTS 도움	0	1 WEEKLY BEST 11 주간베스트11

강점	큰 키와 활동력	특징	시선을 한눈에 사로잡는 헤어스타일
약점	아직은 부족한 골결정력	별명	현라탄

무릴로 Pereira Rocha Murilo Henrinque

1994년 11월 20일 | 29세 | 브라질 | 177cm | 76kg
경력 | 고이아스(14~17)▷아파레시덴시(17)리넨시(18)▷폰치 프레타(18~19)
그레미우 노보리존치누(19)▷보타포구(19~20)▷전북(20)▷수원FC(21~)
K리그 통산기록 | 76경기 7골 15도움
대표팀 경력 | –

팀 동료 라스와 마찬가지로 전북에서 실패했다가 수원FC에 와서 제 실력을 발휘한 케이스다. 2021년은 환상적이었다. 중앙에서 물 만난 고기처럼 날뛰며 팀 공격의 활로를 뚫어주는 역할을 200% 해냈다. 그러나 작년에는 시즌 초반 발목 수술과 재활로 인해 큰 활약을 하지 못했다. 그래도 16라운드부터 팀에 돌아와 뒤늦게 건재함을 보여주며 2023시즌을 기대케 했다. 무릴로는 김도균 감독이 추구하는 공격 축구의 핵심이다. 그가 중앙에서 득점의 활로를 뚫어줘야 라스, 이승우, 김현 등이 더욱 살아난다. 부상만 없다면 두 자릿수 공격포인트는 너끈하다.

2022시즌 기록						강점	약점
0	0	1,532(23) MINUTES 출전시간(경기수)	1 GOALS 득점	5 ASSISTS 도움	1 WEEKLY BEST 11 주간베스트11	동료의 득점을 이끌어내는 킬패스	다소 처지는 스피드

박배종

1989년 10월 23일 | 34세 | 대한민국 | 185cm | 78kg
경력 | 수원시청(12)▷수원FC(13~16)▷아산(16~18)▷수원FC(19~)
K리그 통산기록 | 205경기 250실점
대표팀 경력 | –

프로 커리어는 화려하지 않지만, 사실 박배종이야말로 수원FC의 '살아있는 화석'과 같은 존재다. 수원 출신에다 내셔널리그 수원시청 시절에 팀에 입단해 프로 전환, K리그1 승격을 모두 경험하며 현재까지 팀을 지켜온 프랜차이즈 선수다. 지난 시즌에 원래 주전이었던 유현이 갑작스러운 난조에 빠진 틈을 타 다시 팀의 주전 골키퍼 자리를 꿰차며 건실한 모습을 보여줬다. 덕분에 재계약에도 성공. 올 시즌에는 주전으로 출발한다. 그러나 이범영과 노동건 등 장신 골키퍼 경쟁자들이 호시탐탐 주전자리를 노리고 있어 안심할 수 없다. 안정적인 모습을 유지해야 한다.

2022시즌 기록						강점	약점
0	0	2,413(25) MINUTES 출전시간(경기수)	85 SAVE 선방	37 LOSS 실점	4 WEEKLY BEST 11 주간베스트11	흔들림 없는 멘탈	골키퍼 치고는 다소 작은 키

이광혁

1995년 9월 11일 | 28세 | 대한민국 | 169cm | 60kg
경력 | 포항(14~22)▷수원FC(23~)
K리그 통산기록 | 155경기 8골 15도움
대표팀 경력 | –

축구의 신은 이광혁을 만들며 빠른 스피드와 개인기를 앞세운 드리블 돌파능력, 축구 센스 등을 골고루 주었지만, 마지막 순간 '강한 피지컬'을 빠트리고 말았다. 포항의 성골 유스출신으로 2014년 포항에 입단해 2022년까지 뛰었지만, 거의 매 시즌 장기 부상에 시달렸다. 2021시즌에는 아킬레스건 파열로 1경기도 못 뛰기도 했다. 다행히 은퇴 위기를 극복하고 재활에 성공해 2022시즌 21경기를 소화했다. 여름 이적시장에서 수원FC 이적이 성사직전 무산되는 해프닝을 겪었지만, 결국 올해 수원FC에 합류했다. 건강함을 유지하는 게 일단 급선무다.

2022시즌 기록						강점	약점
1	0	939(21) MINUTES 출전시간(경기수)	1 GOALS 득점	0 ASSISTS 도움	- WEEKLY BEST 11 주간베스트11	스피드를 갖춘 반대발 윙어	잦은 부상이력

잭슨

Lachlan Robert Tua Jackson

1995년 3월 12일 | 28세 | 호주 | 196cm | 85kg
경력 | 브리즈번 로어(14)▷뉴캐슬 제츠(15~21)▷수원FC(21~)
K리그 통산기록 | 40경기 4골 2도움
대표팀 경력 | –

수원FC에서 3년차를 맞이하고 있는 호주 출신 장신 수비수다. 입단 첫 해인 2021시즌은 대박이었다. 여름이적시장을 통해 팀에 합류한 잭슨은 장신에 비해 빠른 스피드로 상대 공격수들을 곧잘 봉쇄하며 주전 자리를 꿰찼다. 특히 왼발 롱패스를 활용한 빌드업 능력이 돋보였다. 그 덕분에 왼쪽 측면의 공격 루트가 새롭게 만들어지기도 했다. 이런 활약으로 재계약에 성공했는데, 지난 시즌은 수비적인 측면에서 허점을 노출하며 다소 실망스러운 모습을 남겼다. 수원FC 수비 몰락의 장본인 중 한 명. 올해는 우선적으로 수비적인 면에 집중해야 한다.

2022시즌 기록						강점	약점
6	0	1,797(21) MINUTES 출전시간(경기수)	2 GOALS 득점	1 ASSISTS 도움	- WEEKLY BEST 11 주간베스트11	왼발 롱패스 빌드업	뒷공간을 잘 털린다

이재성

1988년 7월 5일 | 35세 | 대한민국 | 187cm | 81kg
경력 | 수원(09)▷울산(10~16)▷상주(13~14)▷전북(17~18)▷인천(19~20)
▷랏차부리 미트르폴(21)▷충남아산(22)▷수원FC(23~)
K리그 통산기록 | 247경기 13골 2도움
대표팀 경력 | 1경기

고질적인 수비 약점을 보강하기 위해 겨울 이적시장에서 영입한 베테랑 수비수다. 올해로 프로 15년차를 맞이한 이재성은 정통 수비수 출신으로 큰 키를 활용한 제공권 장악과 침착하고 안정적인 수비력이 최대 장점이다. 전북(2017~2018) 시절 김민재와 함께 빼어난 수비 조합을 이뤄내며 커리어의 정점을 찍었다. 그러나 2019년 인천으로 이적한 이후 잦은 부상과 소속팀의 성적 부진 등을 겪으며 폼이 많이 떨어진 상태. 태국과 K리그2 충남아산을 거쳐 다시 K리그1 무대로 돌아왔는데, 과연 얼마나 폼을 회복했느냐가 올해의 관건이다.

2022시즌 기록						강점	약점
2	0	1,950(20) MINUTES 출전시간(경기수)	0 GOALS 득점	0 ASSISTS 도움	2 WEEKLY BEST 11 주간베스트11	양 측면 소화 공격성	헤더 마무리 능력

■K리그2 기록

김현훈

1991년 4월 30일 | 32세 | 대한민국 | 184cm | 82kg
경력 | 제프 유나이티드(13~15)▷아비스파 후쿠오카(16)▷리장 자윈하오(17)
▷경남FC(18~19)▷경주(19~20)▷서울이랜드(21)▷광주(22)▷수원FC(23~)
K리그 통산기록 | 78경기 2골
대표팀 경력 | –

진주고 재학 시절까지는 공격수로 뛰었는데, 홍익대 진학 후 센터백으로 포지션을 변경해 오히려 더 이득을 본 케이스. 대학 졸업 후에는 일본과 중국에서 프로 경력을 먼저 쌓았다. 2018년 경남으로 돌아와 뒤늦게 K리그 무대를 밟았는데, 곧바로 주전을 맡을 정도로 폼이 좋았던 시기. 하지만 이후 3년간 K3리그 경주와 K리그2 서울 이랜드를 거치며 암흑기를 겪었다. 그나마 2022시즌 광주에서 폼을 되찾으며 다이렉트 승격의 주역이 됐다. 이를 눈 여겨 본 김도균 감독이 수비 강화를 위해 영입했는데, 기대가 큰 눈치다.

2022시즌 기록						강점	약점
4	0	2,624(27) MINUTES 출전시간(경기수)	0 GOALS 득점	0 ASSISTS 도움	3 WEEKLY BEST 11 주간베스트11	공격력도 갖춘 수비수	가끔 하는 어이없는 실수

■K리그2 기록

오인표

1997년 3월 18일 | 26세 | 대한민국 | 177cm | 63kg
경력 | LASK 린츠(18~19)▷유니오즈(19~22)▷울산(22)▷수원FC(23~)
K리그 통산기록 | 3경기
대표팀 경력 | –

현대중 · 고를 거치며 울산 유스 엘리트 코스를 밟을 당시만 해도 촉망받던 공격형 미드필더였다. 고교 졸업 후 울산에 우선 지명을 받았지만, 좀 더 성장이 필요하다는 판단에 일단 성균관대에 진학해 대학 최대어로 거듭난다. 여기까지는 순조로웠다. 하지만 2018년 울산에 입단하자마자 유망주 성장을 위해 만든 해외클럽 임대 시스템에 의해 오스트리아 분데스리가 LASK 린츠로 임대됐다. 이후 2019년 중순 완전이적에 성공한다. 그런데 이후 발전이 정체됐다. 1군 무대에 좀처럼 진입하지 못하다가 지난해 울산으로 유턴했다. 유럽에서 측면수비수로 전환했다.

2022시즌 기록						강점	약점
0	0	136(3) MINUTES 출전시간(경기수)	0 GOALS 득점	0 ASSISTS 도움	- WEEKLY BEST 11 주간베스트11	미드필더도 소화가능	몸싸움

황순민

1990년 9월 14일 | 33세 | 대한민국 | 178cm | 69kg
경력 | 목포시청(10)▷쇼난 벨마레(11)▷대구(12~16)▷상무(16~17)▷대구(17~21)▷수원FC(22~)
K리그 통산기록 | 224경기 16골 18도움
대표팀 경력 | –

K리그 224경기를 소화한 베테랑 중의 베테랑이다. 커리어 초창기에는 공격수로도 뛰었으나 커리어 중반 이후 미드필더, 윙백 등으로 포지션을 변경해 존재 가치를 입증했다. 대구에서 마지막 해였던 2021년에는 총 35경기를 소화하는 등 완숙미를 보여줬다. 그러나 시즌 막판 '노마스크 헌팅 사건'으로 커리어에 오점을 남겼다. 결국 이로 인해 거의 200경기를 뛰었던 친정팀 대구를 떠나야 했다. 지난해 수원FC에 합류했으나 팀 전술에 융화되지 못하며 9경기 출전에 그쳤다. 올해는 달라질 가능성이 크다. 전지훈련에서 좋은 모습을 보여 김도균 감독의 기대를 받고 있다.

2022시즌 기록						강점	약점
2	0	436(9) MINUTES 출전시간(경기수)	0 GOALS 득점	1 ASSISTS 도움	- WEEKLY BEST 11 주간베스트11	미드필더와 윙백 겸용 가능	사라진 자신감

정재용

1990년 9월 14일 | 33세 | 대한민국 | 188cm | 80kg
경력 | 안양(13~16)▷울산(16~19)▷포항(19)▷부리람 유나이티드(20)▷수원FC(20~)
K리그 통산기록 | 234경기 23골 10도움
대표팀 경력 | –

수원FC에서 안정적인 활약으로 커리어 후반기를 이어가고 있는 핵심 수비형 미드필더다. 지난해에 이어 올해도 김도균 감독의 강한 신뢰 속에 팀의 부주장으로 선임됐다. 뛰어난 피지컬을 기반으로 수비형 미드필더로서 늘 믿음직한 활약을 펼치다 기회가 찾아오면 강력한 중거리 슛으로 상대의 간담을 서늘하게 만들곤 한다. 2021시즌에는 폼이 올라오지 않아 고생했지만, 시즌 후반기에 다시 기량을 회복했고, 지난해에는 34경기에 출전해 5골이나 넣으며 수원FC 중원의 기둥 역할을 톡톡히 해냈다. 올해 역시 정재용은 팀 스쿼드의 중심이다.

2022시즌 기록						강점	약점
3	0	2,177(34) MINUTES 출전시간(경기수)	5 GOALS 득점	2 ASSISTS 도움	1 WEEKLY BEST 11 주간베스트11	뛰어난 수비력 강력한 중거리 슛	스피드 저하

양동현

1986년 3월 28일 | 37세 | 대한민국 | 186cm | 80kg
경력 | 울산(05~08)▷부산(09~12)▷경찰(12~13)▷울산(14~15)▷포항(16~17)▷세레소 오사카(18~19)▷아비스파 후쿠오카(19)▷성남(20)▷수원FC(21~)
K리그 통산기록 | 352경기 100골 35도움
대표팀 경력 | 2경기

K리그 통산 100골을 달성한 베테랑 양동현은 올해부터 플레잉코치로 수원FC와 동행하게 됐다. 이는 곧 양동현이 현역 커리어를 마감할 때가 멀지 않았다는 뜻이기도 하다. 확실히 지난 시즌을 기점으로 체력과 폼이 확 떨어졌다. 수원FC에 처음 합류한 2021시즌에는 그래도 29경기에 나와 7골 1도움을 기록하며 팀의 파이널A행에 기여했으나 작년에는 부상과 체력저하 등으로 인해 교체로 8경기 밖에 출전하지 못했다. 공격 조커로서의 활용도마저 떨어지자 지난 시즌 후반기에는 수비수 변신을 시도하기도 했다. 올해도 공격수보다는 수비수로 활용될 수 있다.

2022시즌 기록						강점	약점
1	0	237(8) MINUTES 출전시간(경기수)	0 GOALS 득점	0 ASSISTS 도움	- WEEKLY BEST 11 주간베스트11	센터백 가능 공격수	확연한 노쇠화

정동호

1990년 3월 7일 | 33세 | 대한민국 | 174cm | 68kg
경력 | 요코하마 마리노스(09~11)▷가이나레 돗토리(11)▷항저우 뤼청(12)▷울산(14~20)▷수원FC(21~)
K리그 통산기록 | 153경기 4골 13도움
대표팀 경력 | 5경기

올 시즌 수원FC의 측면 수비를 담당해줘야 할 베테랑이다. 원래 포지션은 라이트백이지만, 레프트백과 윙어로도 활용가능한 멀티 플레이어. 특히 지난해 후반기에는 풀백보다는 주로 윙어로 기용되면서 좋은 활약을 보여줬다. 하지만 올해는 수비적인 면에서 좀 더 많이 활용될 전망. 김도균 감독은 지난해 문제점이었던 수비력 강화를 위해 정동호에게 기대를 걸고 있다. 물론 후배들과 경쟁을 해야 하는 상황이다. 지난해 초반 부상으로 결장이 길었는데, 올해 시즌 초반 부상을 조심해야 할 필요가 있다. 측면 수비 포지션 경쟁이 치열한 상황이다.

2022시즌 기록						강점	약점
0	0	1,370(21) MINUTES 출전시간(경기수)	2 GOALS 득점	0 ASSISTS 도움	1 WEEKLY BEST 11 주간베스트11	스피드 크로스	약한 순발력

노동건

1991년 10월 4일 | 32세 | 대한민국 | 190cm | 88kg
경력 | 수원(14~16)▷포항(17)▷수원(18~22)▷수원FC(23~)
K리그 통산기록 | 133경기 179실점
대표팀 경력 | 8경기 3실점

같은 지역 연고팀인 수원 삼성에서 올해 수원FC 유니폼으로 갈아입었다. 노동건은 청소년 대표시절 큰 기대를 받았지만, 막상 프로에서는 성장이 그에 못 미쳤다. 빼어난 반사신경과 순발력, 그리고 안정적인 캐칭 실력에 PK 방어능력까지 갖췄지만, 잘 할 때와 못할 때의 온도차가 너무 커서 확실하게 주전 골키퍼 자리를 지켜내지 못했다. 2021시즌에도 후반기에 경쟁자 양형모를 밀어내는 듯 했으나 2022시즌에는 경쟁에서 완전히 밀리며 겨우 2경기 밖에 출전하지 못했다. 수원FC에서 '터줏대감' 박배종의 뒤를 받치는 역할을 할 것으로 보인다.

2022시즌 기록						강점	약점
0	0	201(2) MINUTES 출전시간(경기수)	4 SAVE 선방	2 LOSS 실점	- WEEKLY BEST 11 주간베스트11	엄청난 다이빙 범위 캐칭능력	극심한 기복

루안

Luan Ferreira

1996년 1월 23일 | 27세 | 브라질 | 177cm | 66kg
경력 | 바이아(15)▷파우메이라스(15~16)▷바이아(16~17)▷아나폴리스FC(17)▷카자제이라스(17)▷CA투바랑(17~18)▷산타 리타(18)▷ABC FC(18)▷비토리아(18~19)▷ABC FC(19)▷삼파이우 코헤아(20)▷세아라SC(20~21)▷자쿠이펜시(21)▷파이산두(21)▷에르실리우 루스(22)▷콘피안사(22)▷수원FC(23~)
K리그 통산기록 | –
대표팀 경력 | –

올해 측면 공격의 조커 역할을 기대하며 수원FC가 마지막으로 영입한 외국인 선수다. 프로 경력에서 확인할 수 있듯 루안은 한 팀에서 꾸준히 주전으로 활약하기보다는 여러 팀을 전전했던 선수다. 능력치가 어정쩡하다는 뜻으로 볼 수 있다. 장점은 드리블 돌파와 공격진영에서의 활발한 움직임이라고 하는데, K리그 무대에서 통할지는 두고볼 일이다. 사실 재정적 여유가 없는 수원FC가 '로또'를 사듯 저비용에 영입한 선수라고 보면 된다. 그래도 김도균 감독이 직접 테스트한 후 영입을 결정한 만큼 잠재력은 있는 듯 하다. 이게 터지면 대박이다.

2022시즌 기록						강점	약점
1	0	342(8) MINUTES 출전시간(경기수)	0 GOALS 득점	0 ASSISTS 도움	- WEEKLY BEST 11 주간베스트11	드리블 능력	확실한 장점 부재

■ 브라질 리그 기록

정재윤

2002년 5월 7일 | 21세 | 대한민국 | 180cm | 77kg
경력 | 수원FC(22~)
K리그 통산기록 | 12경기 1골
대표팀 경력 | –

지난해 신인으로 입단해 가능성을 보여준 정재윤은 올해도 팀의 U-22 카드로 적극 활용될 전망이다. 청주대 시절 미드필더로 활약한 정재윤은 지난해에는 측면 공격수로 포지션을 조정했다. 시즌 12경기에 출전(선발 11회)했는데, 28라운드 강원 원정경기에서 전반 11분 만에 프로 데뷔골을 터트렸다. 팬들은 그의 성장 가능성에 기대를 걸고 있다. 스피드가 뛰어난데다 원래 미드필더였던 만큼, 윙 포워드와 미드필더로 모두 활용할 수 있다. 데뷔 시즌의 경험을 통해 얼마나 많은 자신감을 얻었는지가 올해 활약의 열쇠가 될 전망. 아직은 어린 나이라 지켜볼 필요가 있다.

2022시즌 기록						강점	약점
0	0	167(12) MINUTES 출전시간(경기수)	1 GOALS 득점	0 ASSISTS 도움	- WEEKLY BEST 11 주간베스트11	발군의 스피드	낮은 경험치

이범영

1989년 4월 2일 | 34세 | 대한민국 | 197cm | 90kg
경력 | 부산(08~15)▷아비스파 후쿠오카(16)▷강원(17~18)▷전북(19~21)▷수원FC(22~)
K리그 통산기록 | 218경기 305실점
대표팀 경력 | 1경기 1실점, 2012 올림픽, 2014 월드컵

2008년 부산에 입단한 시절에는 K리그를 대표하는 골키퍼가 될 줄 알았다. 2012 런던올림픽 영국 단일팀과의 8강전 승부차기 선방은 이범영의 커리어 베스트 장면. 이 덕분에 한국축구 역사상 최초의 올림픽 메달 신화가 이뤄졌다. 하지만 이후 커리어는 화려하지도 안정적이지도 않았다. 특히 전북 이적 첫 해인 2019년 아킬레스건 파열부상이 큰 데미지를 남겼다. 이후 2021년까지 세 시즌 동안 1경기 출전에 그쳤고, 수원FC로 이적한 지난해에도 2경기 출전이 전부. 일단 주전경쟁은 어렵고, 떨어진 경기감각과 폼을 되찾는 게 급선무다.

2022시즌 기록						강점	약점
0	0	191(2) MINUTES 출전시간(경기수)	0 SAVE 선방	7 LOSS 실점	- WEEKLY BEST 11 주간베스트11	압도적인 공중볼 경쟁력	잃어버린 경기감각

전지적 작가 시점

이원만이 주목하는 수원FC의 원픽!

윤빛가람

'선비는 자신을 알아준 주군을 위해 목숨을 바친다'는 말이 있다. 사마천의 '사기'에서 유래한 이 말은 과거에만 통용되는 것이 아니다. 제대로 인정받지 못한 채 방치됐던 재능을 인정해주는 상사 또는 지도자를 위해 절치부심해서 뛰어난 성과를 만들어내는 케이스가 요즘 사회에서도 적지 않다. 어쩌면 수원FC 김도균 감독이 '이적생' 윤빛가람에게 큰 기대를 걸며 주장을 맡긴 이유도 여기에 있지 않을까. 윤빛가람은 전 소속팀 제주 유나이티드에서 남기일 감독에게 인정받지 못하며 거의 한 시즌을 허송세월하다시피 했다. 하지만 그가 가진 기량은 그냥 묻혀버릴 만한 수준이 아니다. K리그에서 '천재'라고 불리는 몇 안 되는 인물이다. 폭넓은 시야와 빠르고 날카로운 킬패스 능력, 수비가 방심하는 순간 날리는 위력적인 중거리 슛은 윤빛가람을 '천재 미드필더'라고 부르기에 부족함이 없다. 김 감독이 추구하는 '공격 축구'의 수준을 한층 더 높여줄 수 있는 중원의 조율사가 되기에 충분하다. 특히 최전방의 이승우, 라스 등과 호흡이 일치된다면 수원FC의 득점력은 몇 배는 더 좋아질 수 있다. 올해 수원FC 성적의 향방이 윤빛가람의 발끝에 달려있다고 해도 과언은 아니다.

지금 수원FC에 이 선수가 있다면!

김민재

복잡하게 생각할 필요가 있을까. 어차피 '만약에'가 전제로 깔린 물음이라면, 내놓을 수 있는 최상의 답을 고르면 된다. 국가대표 센터백으로 이탈리아 세리에A 무대를 평정하고 있는 김민재. 바로 그가 수원FC의 수비라인을 이끌어준다고 생각하면 벌써부터 가슴이 웅장해진다. 수원FC가 어떤 팀인가. K리그1에서 둘째 가라면 서러워 할 정도의 막강 공격력을 지닌 팀이다. 감독도 선수들도 하나같이 '두 골 먹으면, 세 골 뽑는다'는 마음가짐으로 경기에 임한다. 하지만 그런 굳센 각오에 비해 수비가 너무나 부실하다. 지난 2년간 리그 최저 수준의 실점에 발목이 잡혀왔다. 마치 '신검' 엑스칼리버를 든 기사가 겨우 얼굴 만한 나무방패를 들고 있는 전장에 뛰어든 모양새라고나 할까. 김민재는 그런 수원FC에게 줄 수 있는 최고이자 최상의 카드다. 그의 존재감은 마치 그리스 신화에 등장하는 '이지스의 방패'를 연상케 한다. 최고의 신 제우스가 그의 딸 아테나에게 준 '신의 방패', 절대적인 방어력의 상징이다. 김민재는 수원FC의 방어력 뿐만 아니라 공격력까지 몇 배는 더 업그레이드 시켜줄 수 있는 '신의 방패'다. '김민재를 곁들인 수원FC', 안 봐도 뻔하다. 리그 최강의 수비력이 된다.

페냐
케이타
세징야
세라토
에드가
바셀루스
이근호
장성원
전용준
김영준
박용희
고재현
이용래
김희승
서도협
박세진
최민기
배수민
홍철
홍정운
김진혁
황재원
이진용
오승훈
최영은

대구FC

강등위기 탈출의 에너지를 올 시즌 명예 회복의 원동력으로!

대구 FC

지옥 문턱에서 간신히 살아 돌아온 시즌. 대구FC의 2022시즌은 이렇게 정의할 수 있다. 2021시즌에 구단 창단 후 역대 최고 순위인 3위를 찍으며 최고의 성과를 낸 대구는 야심차게 알렉산드레 가마 감독을 선임했다. 이유는 분명했다. 태국에서 '우승제조기'로 명성을 날렸던 가마 감독이 지닌 '우승 DNA'를 대구에 심겠다는 의지. 하지만 결과적으로 이 선택은 최악의 실패였다. 시즌 초반부터 에드가, 세징야, 홍철, 홍정운 등 공수 핵심 선수들의 부상이 이어지며 시즌 플랜이 완전히 꼬여버렸다. 결국 시즌 중반 이후 깊은 침체기에 빠지면서 강등권까지 내몰리고 말았다. 설상가상 가마 감독이 8월 중순 사퇴하면서 대구는 폭풍 속에서 선장을 잃고 말았다. 하지만 늘 영웅은 '난세'에 등장하는 법. 최원권 수석코치가 감독대행으로서 위기탈출의 지휘관 역할을 완벽하게 해냈다. 결국 대구는 강등 위기를 극복하고 힘겹게 잔류에 성공한다. 감독 대행 꼬리표를 뗀 최 감독은 지난 시즌 위기탈출의 에너지를 모아 2023시즌 '명예 회복'을 노리고 있다. 그와 함께 시련을 극복해 낸 선수들의 투지도 그 어느 때보다 뜨겁게 달아올라 있다. 시련은 그들을 더 강하게 만들었다.

구단 소개

정식 명칭	대구시민 프로 축구단
구단 창립	2002년 10월 9일
모기업	시민구단
상징하는 색	스카이블루
경기장(수용인원)	DGB대구은행파크 (12,419명)
마스코트	빅토, 리카
레전드	박종진, 세징야
서포터즈	그라지예
온라인 독립 커뮤니티	대구스토

우승

K리그	–
FA컵	1회(2018)
AFC챔피언스리그(ACL)	–

최근 5시즌 성적

시즌	K리그	FA컵	ACL
2022시즌	8위	4강	16강
2021시즌	3위	준우승	16강
2020시즌	5위	16강	–
2019시즌	5위	16강	본선진출
2018시즌	7위	우승	–

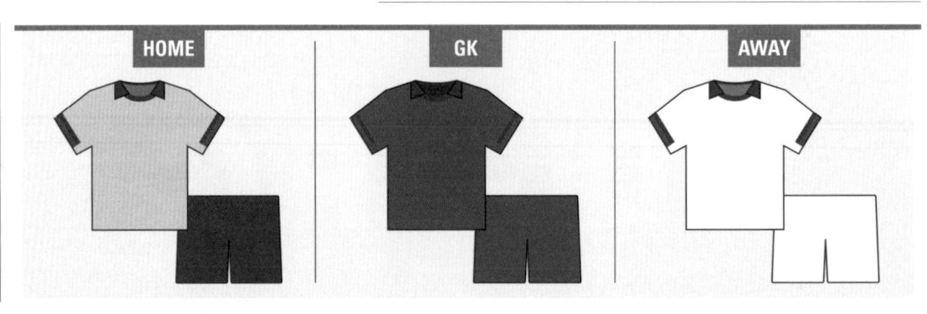

이번엔 정식으로 보여준다.
막내감독의 영파워!

최원권

1981년 11월 8일 | 42세 | 대한민국

K리그 전적
11전 5승 4무 2패

최원권 감독을 한 마디로 표현하면 '힘숨찐'이 아닐까. 선수 시절이나 지도자 시절, 특별한 스포트라이트는 받지 못했다. 하지만 알고 보니 그는 끈기와 투지를 가슴 가득 품고 있던 '숨은 실력자'였다. 지난해 8월 중순, 가마 감독이 성적 부진으로 사퇴한 뒤 감독대행을 맡아 대구를 강등 위기에서 구해낸 '난세의 영웅'이다. 그를 세상에 널리 알린 건 바로 '눈물의 인터뷰'였다. 전북 현대와의 31라운드 홈경기에서 0 대 5로 패하며 11위로 떨어지자 성난 홈 팬들이 시위를 벌였다. 그때 분노한 팬들 앞에 나와 눈물을 흘리면서도 지지와 성원을 부탁하는 '포기하지 않는 리더십'을 보여줬다. 그 덕분에 팬심은 가라앉았고, 선수단도 하나로 뭉쳐 기적 같은 잔류를 이뤄냈다. 이제 정식 감독을 맡아 본 실력을 발휘하려 한다.

선수 경력

안양	서울	제주	한국수력원자력	대구

지도자 경력

대구 플레잉코치	대구 수석코치	대구 감독대행	대구 감독(23~)

주요 경력

2004년 아테네 올림픽

선호 포메이션	3-4-3	3가지 특징	위기에서 더 강해지는 뚝심	팬과 선수들의 마음을 움직이는 솔직함	팀의 강점을 최대화하는 전술 활용

STAFF

수석코치	코치	GK코치	피지컬코치	선수 트레이너	전력분석관	통역
마철준	이용래 정선호	이용발	이종현	박해승 이대균 노현욱	정선호 박준철	이종현

2022 REVIEW

다이나믹 포인트로 보는 대구의 2022시즌 활약도

큰 꿈에 부풀어 시작했다가 천신만고를 겪었던 시즌이다. 2021시즌 역대 최고성적 리그 3위에 FA컵 준우승 등 화려한 성과를 내면서 본격적으로 '우승'을 꿈꿨다. 투자도 많이 했고, 특히 알렉산드르 가마 감독을 영입해 '우승 DNA'를 심고자 했다. 하지만 현실은 냉정했다. 시즌 초반 핵심 선수들의 연이은 부상으로 점점 가마 감독의 빌드업 축구 전술이 통하지 않게 됐다. 결국 가마 감독이 떠난 뒤 최원권 감독대행 체제로 바뀌면서 빌드업 축구를 포기하고, 선수비 후역습 전술로 변화하며 실마리를 찾았다. 뒤늦게 복귀한 세징야와 제카, 고재현의 활약 덕분에 잔류에 성공했다. 강등 위기에서 탈출한 자신감을 바탕으로 새 시즌에는 본격적인 '최원권 축구'를 펼치려고 한다.

2022시즌 다이나믹 포인트 상위 20명 ■ 포인트 점수

포지션 평점

FW
MF
DF
GK

출전시간 TOP 3

1위	정태욱	3,323분
2위	황재원	2,906분
3위	고재현	2,586분

■골키퍼 제외

득점 TOP 3

1위	고재현	13골
2위	세징야	12골
3위	제카	7골

도움 TOP 3

1위	제카	7도움
2위	세징야	6도움
3위	황재원	3도움

주목할 기록

88	팀 파울 개수 (리그 전체 1위)
7	프리킥 유효슈팅 (리그 전체 1위)

성적 그래프

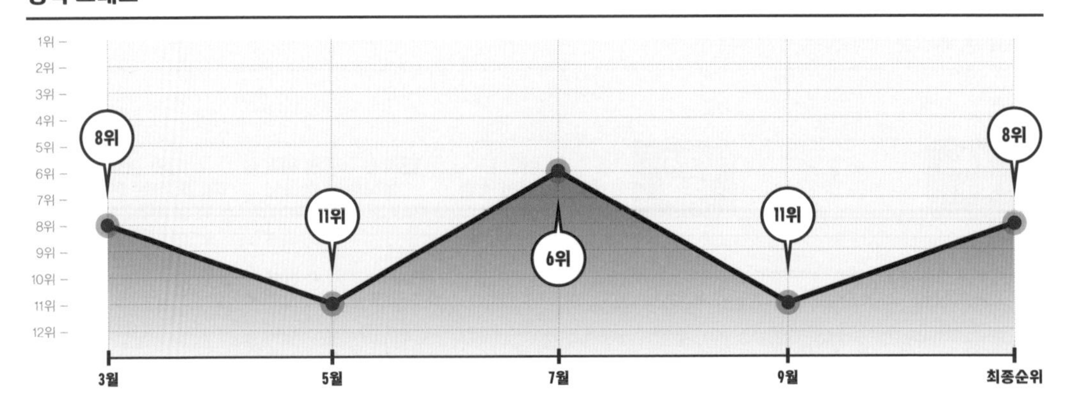

2023 시즌 스쿼드 운용 & 이적 시장 인앤아웃

Ⓒ 주장 ■ U-22 자원

지난해 기적처럼 팀을 잔류에 성공시키며 '대행' 꼬리표를 당당히 뗀 최원권 감독이 본격적으로 자신의 스타일대로 팀을 꾸려 치르는 시즌이다. 최 감독은 겨울 훈련을 통해 '대구만의 스타일'을 최대한 살리는 데 초점을 맞췄다. 핵심은 '단단한 수비와 빠른 역습'이다. 바로 지난해 막판 대구를 살려낸 전술의 요체다. 곁치레를 버리고 이 핵심만을 살리는 데 훈련의 초점을 맞췄다. 팀 전력 면에서는 플러스 요소와 마이너스 요소가 극명하다. 가장 기대를 거는 플러스 요소는 역시 팀 전력의 핵심인 에드가와 세징야의 건강한 활약이다. 지난해 대구가 강등 위기에 몰렸던 가장 큰 요인이 바로 이 두 명의 부상 때문이었다. 현재까지는 건강한 몸 상태로 베스트 컨디션을 맞춰오고 있다. 이 부분만 흔들리지 않아도 대구는 중위권 이상은 할 수 있다. 마이너스 요소는 팀 수비의 근간이었던 정태욱의 이적이다. '선수비' 전술의 핵심이 빠졌다. 이 부분을 잘 커버하는 게 관건이다.

주장의 각오

세징야

"나를 믿어준 코칭스태프와 선수들에게 감사하다. 팀도, 나도 작년보다 더 나은 한 해를 보낼 수 있도록 최선을 다하겠다."

2023 예상 베스트 11

이적시장 평가

가장 가시적인 성과는 역시 '에드가 재영입'이다. 지난 시즌 초반 부상으로 이탈했던 에드가가 '건강한 상태'로 다시 팀에 합류한 것은 대구의 공격력을 다시금 날카롭게 만들 수 있는 호재다. 여기에 멀티공격수 바셀루스를 더해 공격의 다양성을 높였다. 미드필더에 세라토와 수비수 김강산도 잘 데려온 편. 하지만 수비에서 정태욱을 놓친 데미지가 너무 크다.

저자 6인 순위 예측

• 김 성 원 •

7위_세월의 무게가 느껴지는 세징야, 부상 복귀 에드가도 의문부호. 출혈이 큰 수비라인, 그나마 위기관리 능력이 뛰어난 것은 위안.

• 이 원 만 •

4위_가장 극적인 반등이 예상된다. 세징야와 에드가의 귀환이 최대 무기. 강등위기를 극복하며 더 단단한 팀이 됐다.

• 김 진 회 •

9위_K리그1에서 살아남는 법 터득. 제카가 이적했지만, 에드가 복귀로 큰 전력 손실 없음.

• 윤 진 만 •

6위_세드가(세징야+에드가)의 재회만으로 기대되는 시즌, 대구의 역습은 언제나 무서워~

• 박 찬 준 •

8위_정태욱의 이탈, 에드가의 복귀 외에는 잠잠했던 대구, 올해도 믿을 구석은 세징야.

• 김 가 을 •

8위_일찌감치 외국인 선수 쿼터를 모두 채운 실행력. 관건은 매서운 공격력을 뒷받침할 수비진의 활약 여부.

세징야

César Fernando Silva Melo

1989년 11월 29일 | 34세 | 브라질 | 177cm | 77kg

경력

SC코린치안스(10)
▷우니앙 바르바렌시(11~12)
▷CA브라간치누(12~16)
▷대구(16~)

K리그 통산기록

209경기 80골 53도움

대표팀 경력

–

최원권 감독이 지난 시즌 이런 말을 했다. "우리는 세징야의 팀이다." 현재 대구FC에서 세징야의 위상을 이보다 잘 표현해주는 문장이 있을까. 외국인 선수로 합류한 지 올해로 8년차. 세징야는 더 이상 '외국인 선수'라는 카테고리로 분류할 수 없는 대구의 '리빙 레전드'이자 심장이다. 이는 단순히 기량이 뛰어나고, 오랜 시간 한 팀에서만 뛰어왔다고 해서 될 수 있는 게 아니다. 근면성실함과 뛰어난 개인기를 앞세워 팀 공격을 전담해왔을 뿐만 아니라 '라커룸 리더'로서의 역할을 그 어떤 국내선수보다 훌륭히 수행해내며 선수단은 물론, 팬들의 두터운 신뢰를 받았기 때문에 가능한 일이었다. 특히 팀이 강등 위기에 빠졌던 지난해 후반, 처참한 경기력에 성난 홈팬들 앞에 당당히 서서 지지를 호소하던 모습은 감동을 넘어 경외감마저 주기에 충분했다. 본인 스스로도 대구를 '나의 팀'으로 여기고 있다는 대표적인 장면이었다. 세징야만 건재하다면 대구는 언제든 중위권 이상의 성적을 낼 가능성이 있다. 그가 부상으로 빠졌을 때와 복귀해 제 기량을 발휘했을 때 대구의 성적 변화를 보면 알 수 있는 대목이다. 관건은 결국 '부상 방지'다. 에이징 커브를 우려할 수 있는 나이에 접어든 만큼, 부상은 치명타가 될 수 있다. 건강 유지가 세징야 활용법의 키워드다.

2022시즌 기록

4	2,565(29) MINUTES 출전시간(경기수)	12 GOALS 득점	6 ASSISTS 도움	0	7 WEEKLY BEST 11 주간베스트11

강점	빼어난 개인기, 국내선수 이상의 리더십	특징	대구의 리빙레전드
약점	점차 뚜렷해지는 에이징커브	별명	대구에로

에드가 Edgar Silva

1987년 1월 3일 | 36세 | 브라질 | 191cm | 87kg

경력

조인빌리EC(05~06)
▷FC포르투(07~08)
▷조인빌리EC(05~06)
▷바스쿠 다 가마(09~10)
▷비토리아SC(10~12)
▷알 샤바브(12~15)
▷알 와슬(15~16)
▷아다나스포르(16~17)
▷알 두하일 SC(17)
▷부리람 유나이티드 FC(18)
▷대구(18~)

K리그 통산기록

95경기 35골 15도움

대표팀 경력

–

올해 대구의 운명을 쥐고 있는 키 플레이어 중 한명. 에드가가 시즌을 정상적으로 완주할 수 있느냐의 여부에 따라 대구의 순위가 바뀔 수 있다. 세징야와 마찬가지로 대구의 터줏대감인 에드가는 장신의 타깃형 스트라이커로 확실한 자기만의 영역을 구축해왔다. 정상 컨디션일 때의 에드가는 에너지를 상당히 효율적으로 사용한다. 평소에는 느린 듯한 몸놀림을 보이다가도 스피드가 필요한 순간에는 폭발적인 대시 능력을 보여주기도 한다. 또한 최전방에서 정확한 위치선정과 골 결정력을 지니고 있다. 때문에 세트피스 상황에서 절대적인 가치를 보유하고 있다. 관건은 지난 시즌을 통째로 날려버린 부상 이후 얼마나 몸 상태를 회복했느냐다. 에드가는 작년 3월 아시아챔피언스리그(ACL) 부리람과의 플레이오프 경기 도중 아킬레스건 파열 부상을 입어 시즌 아웃됐다. 이후 브라질에서 수술을 받고 재활한 끝에 다시 대구로 돌아왔다. 부상 치료는 끝났지만, 아직도 컨디션을 완벽히 회복하진 못했다. 그러나 최원권 감독은 "개막까지 80% 정도만 올라오면 된다"며 느긋한 태도로 에드가에게 기대를 걸고 있다. 정상적으로 시즌을 완주한다면, 두 자릿수 공격포인트는 충분히 해낼 것으로 기대된다.

2022시즌 기록

	출전시간(경기수)	득점	도움		주간베스트11
1	356(5) MINUTES	1 GOALS	0 ASSISTS	0	1 WEEKLY BEST 11

강점	위치선정과 완급조절스피드	특징	영리하고 이타적인 플레이스타일
약점	부상 후유증	별명	에드가사우르스

고재현

1999년 3월 5일 | 24세 | 대한민국 | 180cm | 67kg

경력

대구(18~)

K리그 통산기록

92경기 17골 5도움

대표팀 경력

–

지난해 혜성처럼 등장한 '난세의 영웅'이자 이제는 '대구의 미래'다. 대륜고를 졸업하고 2018시즌 신인으로 대구에 입단한 고재현은 입단 첫해 13경기에 나와 가능성을 보여줬지만, 이후 갈수록 출전 횟수가 줄어들었다. 결국 2020시즌 중반 K리그2 서울이랜드로 임대됐는데, 이것이 진화의 터닝포인트가 됐다. 2019 U-20 월드컵 때의 은사였던 정정용 감독 밑에서 많은 경기에 출전하면서 경험치와 자신감이 쑥쑥 커진 것. 그렇게 1년 반의 임대생활을 마치고 2022시즌 대구로 돌아온 고재현은 완전히 다른 클래스의 선수가 되어 있었다. 물론, 이때까지만 해도 아직 그의 존재감은 드러나지 않았다. 하지만 시즌 초반부터 골 감각이 폭발했다. 2라운드 전북현대전에서 극적인 동점골을 터트리며 가능성을 보여주더니, 3라운드 김천상무전에서 2경기 연속골을 터트려 스스로 존재감을 알렸다. 특히 시즌 초 세징야와 에드가가 부상으로 빠진 상황에서 스트라이커 역할을 하면서 팀내 리그 최다골(13골)을 기록하는 '미친 활약'으로 잔류의 일등공신 역할을 했다. 이제는 누구도 부정할 수 없는 대구 공격의 핵심이다. 그래서 상대 수비들의 집중마크가 예상된다. 이걸 어떻게 극복하느냐가 올해 고재현의 숙제다.

2022시즌 기록					
3	2,586(32) MINUTES 출전시간(경기수)	13 GOALS 득점	2 ASSISTS 도움	0	3 WEEKLY BEST 11 주간베스트11

강점	많은 활동량을 기반으로 한 좋은 위치선정	특징	어디 내놔도 안빠지는 골 결정력
약점	패싱 플레이	별명	고자기

김진혁

1993년 6월 3일 | 30세 | 대한민국 | 187cm | 78kg

경력

대구(15~)

K리그 통산기록

163경기 19골 4도움

대표팀 경력

–

대구의 기둥 역할을 해주는 베테랑 멀티 플레이어다. 처음 프로 데뷔 때 공격수 역할을 부여받았다가 시즌을 치르며 점차 수비수로 정착한 케이스. 덕분에 수준급 공격 가담력을 갖추게 됐다. 중거리슛 능력도 뛰어나 기회가 포착되면 상대의 간담을 서늘하게 하는 모습을 보여줄 때가 종종 있다. 하지만 그의 진가는 역시 수비에 있다. 뛰어난 피지컬 경쟁력과 왕성한 활동력으로 몸싸움을 마다하지 않는 스타일. 여기에 책임감도 뛰어나 2021시즌부터 2연 연속 팀의 캡틴 역할을 수행하기도 했다. 비록 지난해 핵심 선수들의 부상으로 인해 팀 성적이 강등권까지 밀리는 등 힘겨운 상황이 이어지며 주장 자리를 내려놓기도 했지만, 여전히 팀내 신망이 두텁다. 올해는 김진혁이 공격보다는 수비수로서 많은 활약을 해줘야 할 것으로 보인다. 대구 스리백 수비의 핵심이던 정태욱이 전북으로 이적하면서 수비진의 무게감이 약해졌기 때문. 선수 개인으로서도 확실하게 한 가지 역할을 부여받는 게 좀 더 경기에 집중하기 편할 수 있다. 더구나 최원권 감독이 '선수비 후역습'의 전략을 강조한 만큼 후방에서 김진혁이 얼마나 무게 중심을 잘 잡아 주느냐에 따라 대구의 경기력이 좌우될 수 있다.

2022시즌 기록

4	2,423(26) MINUTES 출전시간(경기수)	2 GOALS 득점	1 ASSISTS 도움	0	1 WEEKLY BEST 11 주간베스트11

강점	강한 책임감과 활동량	특징	수준급 공격력을 지닌 멀티플레이어
약점	수비 영역에서 흥분할 때가 있음	별명	골 넣는 수비수

홍철

1990년 9월 17일 | 33세 | 대한민국 | 176cm | 70kg

경력

성남(10~12)
▷수원(13~20)
▷상무(17~18)
▷울산(20~21)
▷대구(22~)

K리그 통산기록

334경기 14골 43도움

대표팀 경력

47경기 1골

지난 시즌은 홍철에게 '시련의 계절'이었다. 울산을 떠나 새롭게 대구 유니폼을 입고, 커리어의 전환기를 맞이했지만 여러 측면에서 기대만큼 잘 이뤄지지 않았기 때문이다. 우선은 부상이 발목을 잡았다. 2라운드 전북전에서 부상을 입어 약 한 달을 쉬어야 했다. 이후 돌아와 팀의 주전 풀백으로 건재함을 과시했지만, 어딘가 맞지 않는 옷을 입은 듯 했다. 빌드업 축구에 익숙해져 있던 탓에 대구의 '선수비 후역습' 스타일에 어색함을 느꼈기 때문이다. 스스로도 "그동안 해본 적이 없는 너무 힘든 축구였다"고 할 정도. 결국 '국가대표 부동의 왼쪽 풀백'이라는 명성이 제대로 살아나지 못했다. 그나마 시즌 후반기 들어서야 제대로 대구 스타일을 소화했다. 이제 대구에서 2년차를 맞은 홍철은 지난해의 시행착오를 인정하며, 적극적인 변화를 예고하고 있다. 최원권 감독이 추구하는 수비 기반의 역습 축구를 완전히 받아들이고, 자신의 최대 장점인 오버래핑과 '택배 크로스'를 통해 에드가나 세징야 등 팀의 주득점원에게 더 많은 득점 찬스를 제공하겠다는 각오를 내보이고 있다. 기량은 여전히 의심할 여지 없이 최고 수준이다. 다만, 올해도 '부상 이슈'가 관건이다.

2022시즌 기록

	MINUTES 출전시간(경기수)	GOALS 득점	ASSISTS 도움		WEEKLY BEST 11 주간베스트11
3	2,109(28)	0	1	0	1

강점	폭발적인 스피드와 오버래핑	특징	크로스가 예술이다
약점	부상에 취약함, 수비력	별명	노홍철

황재원

2002년 8월 16일 | 21세 | 대한민국 | 180cm | 73kg
경력 | 대구(22~)
K리그 통산기록 | 34경기 1골 3도움
대표팀 경력 | –

지난해 강등 위기 속에서도 대구가 발견한 '보물'이다. 입단하자마자 팀의 주전 수비수 자리를 꿰찼다. 팬들은 '신인 황재원'의 존재를 잘 몰랐지만, 이미 각 구단 관계자와 선수들 사이에서는 장래가 촉망받는 '될 성 부른 떡잎'이라며 많은 기대를 걸었다. 그 기대는 적중했다. 지난해 황재원은 신인임에도 팀내에서 두 번째로 많은 출전시간을 기록하며 맹활약을 펼쳤다. 특히 5월에는 1골 2도움을 기록하며 '5월의 영플레이어'로 뽑히기도 했다. 성실한 플레이와 왕성한 활동량이 장점인데, 시즌을 치르며 크로스 능력도 일취월장했다. 성장이 현재진행형이라 더 기대된다.

2022시즌 기록						강점	약점
5	0	2,906(34) MINUTES 출전시간(경기수)	1 GOALS 득점	3 ASSISTS 도움	1 WEEKLY BEST 11 주간베스트11	많은 활동량과 크로스 능력	완성되지 않은 체력

조진우

1999년 11월 17일 | 24세 | 대한민국 | 189cm | 81kg
경력 | 마쓰모토(18~19) ▷ 대구(20~)
K리그 통산기록 | 61경기 3골 1도움
대표팀 경력 | –

2020년 대구에 입단한 뒤 백업 수비수로 점점 출전기회를 늘려가며 기량을 발전시켜온 '노력형 선수'다. 특히 지난해에는 시즌 초반부터 팀의 주전급 수비수로 자리를 굳히며 리그 26경기에서 2골 1도움으로 '커리어 하이'급 기록을 세웠다. 하지만 이 기록은 올해 깨질 가능성이 크다. 팀내 최장신으로 수비의 기둥이었던 정태욱이 겨울 이적시장에서 전북으로 떠나면서 조진우에게 더 많은 임무가 부여될 것이기 때문이다. 대구 관계자들은 조진우가 정태욱의 공백을 훌륭히 메워줄 수 있다며 큰 기대를 걸고 있다. 골을 넣으면 '풍차X빅맨' 세리머니를 하는데 팬들로부터 꽤 인기가 좋다.

2022시즌 기록						강점	약점
4	0	2,181(26) MINUTES 출전시간(경기수)	2 GOALS 득점	1 ASSISTS 도움	3 WEEKLY BEST 11 주간베스트11	큰 키를 활용한 헤더	느린 스피드

홍정운

1994년 11월29일 | 29세 | 대한민국 | 187cm | 76kg
경력 | 대구(16~)
K리그 통산기록 | 130경기 8골 2도움
대표팀 경력 | –

대표적인 '대구 원클럽맨'이자 강철같은 의지를 지닌 수비라인의 지휘관. 수비가 전술의 근간이 되는 대구에 없어서는 안될 핵심 중의 핵심이다. 제공권이 뛰어나고, 침착함을 기반으로 한 상황 판단 능력도 훌륭하다. 올해도 변함없이 대구 스리백의 중심을 잡아줄 것으로 기대되고 있다. 하지만 불안요소도 있다. 2019년과 2020년에 연이어 좌우측 무릎 십자인대가 파열되는 큰 부상을 당한 적이 있다. 불굴의 의지로 다시 그라운드에 돌아와 기량을 회복했지만, 폼이 다소 떨어졌다는 평가가 있다. 부상 예방과 방지에 주력할 필요가 있다.

2022시즌 기록						강점	약점
5	0	2,162(25) MINUTES 출전시간(경기수)	2 GOALS 득점	0 ASSISTS 도움	2 WEEKLY BEST 11 주간베스트11	수비라인의 지휘자	부상에 취약한 무릎

이진용

2001년 5월 1일 | 22세 | 대한민국 | 180cm | 73kg
경력 | 대구(20~)
K리그 통산기록 | 62경기
대표팀 경력 | -

대구가 키워낸 정통 성골 유스출신 선수로 입단 전부터 많은 기대를 받았다. 입단 첫 해인 2020년에는 코로나19 여파로 인해 경기에 나서지 못했지만, 2021시즌부터는 꾸준히 수비 포지션에서 좋은 역량을 보여주고 있다. 특히 지난 시즌에는 필드 플레이어 중에 출전시간 4위를 기록할 정도로 팀내 없어서는 안 될 선수로 성장했다. 이진용의 가장 큰 장점은 역시 수비 전 포지션에 대한 소화 능력이다. 하지만 젊은 혈기가 앞서다 보니 경기 중에 불필요한 경고를 자주 받는 편이다. 2년 연속으로 경고를 10장이나 받았는데, 올해는 좀 더 성숙한 플레이가 요구된다.

2022시즌 기록						강점	약점
10	0	2,567(33) MINUTES 출전시간(경기수)	0 GOALS 득점	0 ASSISTS 도움	1 WEEKLY BEST 11 주간베스트11	수비 전분야 소화가능	경고 수집가

오승훈

1988년 6월 30일 | 35세 | 대한민국 | 192cm | 75kg
경력 | 도쿠시마(10~12)▷교토(13~14)▷대전(15)▷상무(16~17)▷울산(18~19)▷제주(19~21)▷대구(22~)
K리그 통산기록 | 189경기 250실점
대표팀 경력 | -

지난 시즌 대구에 오자마자 경쟁자인 최영은을 밀어내고 주전 골키퍼 자리를 꿰찼다. 많은 팀을 거친 베테랑 골키퍼로서 풍부한 경험치가 최대 장점. 큰 키 덕분에 공중볼 다툼을 잘하고, 발밑도 좋은 편이라는 평가를 받고 있다. 그러나 지난 시즌 경기들을 돌아보면, 선방을 이어가다가 갑작스럽게 대량 실점을 하는 경우가 종종 있었다. 특히 울산과 전북에 약점을 보이고 있다. 28라운드 울산전에서 4골, 31라운드 전북전에서는 무려 5골을 허용했다. 대구가 상위권으로 다시 올라가려면, 오승훈이 이 문제를 극복해야 한다.

2022시즌 기록						강점	약점
3	0	3,465(36) MINUTES 출전시간(경기수)	92 SAVE 선방	53 LOSS 실점	2 WEEKLY BEST 11 주간베스트11	노련미와 안정감	약한 멘탈

이용래

1986년 4월 17일 | 37세 | 대한민국 | 175cm | 71kg
경력 | 경남(09~10)▷수원(11~14)▷경찰(14~15)▷수원(15~17)▷치앙라이(18~20)▷대구(21~)
K리그 통산기록 | 266경기 19골 19도움
대표팀 경력 | 17경기

대구 팬들은 30대 후반의 나이에도 많은 경기를 소화하는 이용래를 보며 '조광래 사장에게 취업사기를 당했다'는 농담을 한다. 2020년 말 플레잉 코치로 계약했는데, 정작 코치로 나서기보다는 '완전 현역 선수'로서 지난 2년간 헌신적인 활약을 펼쳤다. 선발보다는 주로 교체 요원으로 뛰고 있는데, 경기장에 나오면 또 왕성한 활동력을 보여주며 후배들의 귀감이 되고 있다. 말 그대로 '짬에서 나오는 바이브'를 유감없이 보여주는 스타일. 관록을 앞세워 팀의 공수를 조율한다. 아무래도 나이가 적지 않기 때문에 활동량이 예전만 못할 수 있다.

2022시즌 기록						강점	약점
3	0	1,379(28) MINUTES 출전시간(경기수)	0 GOALS 득점	1 ASSISTS 도움	1 WEEKLY BEST 11 주간베스트11	후배들을 이끄는 노련미	체력과 스피드는 이제 하향세

이근호

1985년 4월 11일 | 38세 | 대한민국 | 176cm | 74kgkg
경력 | 인천(04~06)▷대구(07~08)▷주빌로 이와타(09~10)▷감바 오사카(10~11)▷울산(12~14)▷상무(13~14)▷엘 자이시(14~16)▷제주(16)▷강원(17~18)▷울산(18~20)▷대구(21~)
K리그 통산기록 | 358경기 78골 52도움
대표팀 경력 | 84경기 19골, 2008 올림픽, 2014 월드컵

대구의 '맏형'이자 2019년부터 한국프로축구선수협회를 이끌고 있는 '회장님'. 전성기 시절에는 폭발적인 스피드와 활동량을 앞세워 자신뿐만 아니라 동료들에게도 많은 찬스를 만들어주며 이근호만의 플레이 스타일을 확립한 K리그 레전드다. 수많은 팀을 거쳐 2021시즌부터 대구에서 후배들의 뒤를 받치는 조커 역할을 하고 있다. 전성기에 비하면 아무래도 체력이나 활동량이 많이 떨어졌다. 그러나 여전히 그가 그라운드에 나서면 상대는 위압감을 느끼게 된다. 이런 효과 덕분에 여전히 존재가치가 분명하다. 올해도 위기의 순간마다 큰 형님의 힘을 보여줄 듯 하다.

		2022시즌 기록				강점	약점
2	0	909(31) MINUTES 출전시간(경기수)	2 GOALS 득점	0 ASSISTS 도움	- WEEKLY BEST 11 주간베스트11	여전한 순간 스피드	커리어의 마감기

케이타

Keita Suzuki

1997년 12월 20일 | 26세 | 일본 | 172cm | 70kg
경력 | 이바르 로자제(16)▷베라네(17)▷포드리고차(18~21)▷대구(22~)
K리그 통산기록 | 27경기
대표팀 경력 | –

지난해 대구가 아시아쿼터로 영입한 일본인 선수다. 거친 유럽 무대에서 프로 경력을 쌓아서 작은 체구에도 불구하고 파이팅을 앞세워 몸싸움을 마다하지 않는다. 그러다 보니 지난해 경고를 7장이나 받았다. 주로 왼쪽 풀백으로 홍철의 백업 역할을 맡고 있는데, 볼관리 능력이 좋고 다양한 포지션을 소화할 수 있어 올해도 활용도가 많을 것으로 예상된다. 지난 19라운드 수원FC전에 홍철의 패스를 받아 넣은 골이 VAR로 취소돼 K리그 데뷔골이 무산되었는데, 추후 오심 판정으로 밝혀져 아쉬움을 남겼다. 올해는 데뷔 골을 기대해도 좋을 듯 하다.

		2022시즌 기록				강점	약점
7	0	1,407(27) MINUTES 출전시간(경기수)	0 GOALS 득점	0 ASSISTS 도움	- WEEKLY BEST 11 주간베스트11	활용도 좋은 멀티플레이어	지나친 저돌성

김강산

1998년 9월 15일 | 25세 | 대한민국 | 184cm | 77kg
경력 | 부천(20~22)▷대구(23~)
K리그 통산기록 | 76경기 1골 2도움
대표팀 경력 | +

핵심 센터백 정태욱을 잃은 대구가 그 빈자리를 메울 대안으로 찾은 젊은 수비수다. 2020년 부천에서 프로에 데뷔하자마자 주전자리를 꿰찬 김강산은 다부진 체격과 뛰어난 체력을 바탕으로 상대 선수를 철저하게 마크하며 건실한 수비 능력을 보여줬다. 부천에서 보여준 역량을 이어간다면 대구의 핵심 수비수로 활약할 수 있을 전망. 그러나 K리그1 무대가 처음이라 초반에 시행착오를 겪을 수도 있다. 전지훈련 기간에 세징야 등 팀의 고참들로부터 파이팅이 넘친다는 좋은 평가를 받고 있다. 본인도 주전 센터백 자리에 큰 의욕을 보이고 있어, 활약이 기대된다.

		2022시즌 기록				강점	약점
0	0	3,664(38) MINUTES 출전시간(경기수)	1 GOALS 득점	2 ASSISTS 도움	2 WEEKLY BEST 11 주간베스트11	일대일 수비능력과 승부욕	처음 경험하는 K리그1

■ K리그2 기록

세라토

Marcos Vinicius Serrato

1994년 2월 8일 | 29세 | 브라질 | 175cm | 75kg
경력 | 파라나 클루비(13~15)▷AA폰치 프레타(15~17)▷이누아투FC(18~20)
▷스포르투 클루브 두 헤시피(20~21)▷아바이 FC(2021~2022)▷크리시우마 EC(2022)
▷대구 FC (23~)
K리그 통산기록 | –
대표팀 경력 | –

이적 시장에서 비교적 조용한 움직임을 보였던 대구가 중원 자원으로 영입한 브라질 선수다. 체구가 크진 않지만, 단단한 스타일로 중원의 몸싸움에서 잘 밀리지 않는 스타일이라는 평가를 받고 있다. 대구 구단에 따르면 세라토는 뛰어난 왼발킥 능력을 가졌다. 이를 활용한 직접 프리킥은 언제든 상대의 골문을 위협할 수 있다. 뿐만 아니라 세트 피스 상황에서도 좋은 활용도를 지니고 있다. 경기 조율 능력과 패싱력은 덤. 흥미로운 점은 팀의 주장인 세징야와 과거 같은 팀에서 뛴 적이 있다는 것. 덕분에 K리그와 대구의 팀 컬러에 쉽게 적응할 수 있을 것으로 보인다.

2022시즌 기록						강점	약점
7	0	1,437(26) MINUTES 출전시간(경기수)	0 GOALS 득점	0 ASSISTS 도움	- WEEKLY BEST 11 주간베스트11	빼어난 왼발킥	K리그에 대한 낯설음

■ 브라질 리그 기록

바셀루스

Lucas Barcelos Damacena

1998년 7월 19일 | 25세 | 브라질 | 182cm | 82kg
경력 | 플루미넨시FC(19~21)▷CS알라고아누(22)▷대구(23~)
K리그 통산기록 | –
대표팀 경력 | –

브라질 선수들과의 궁합이 좋은 대구가 올 시즌 공격력 강화를 위해 영입한 젊은 공격수. 유스 시절에 가능성을 보이며 플루미넨시 FC에 입단했는데 1군의 벽이 생각보다 높았다. 2020년 임대 이적한 팀에서 고대하던 1군 데뷔와 데뷔골을 기록했지만, 여전히 원소속팀 플루미넨시의 1군에는 진입하지 못했다. 2022년 새로운 커리어를 위해 CS 알라고아누로 이적했으나 중반까지는 이렇다 할 활약을 펼치지 못하다 시즌 후반에 와서야 득점포가 터지기 시작했다. 이 감각이 대구에서도 이어진다면 올 시즌 큰 역할을 할 수 있을 전망. 세징야, 에드가 등 브라질 형님들이 잘 이끌어줘야 하고, 그도 K리그 적응에 노력해야 한다.

2022시즌 기록						강점	약점
4	0	1,653(26) MINUTES 출전시간(경기수)	6 GOALS 득점	1 ASSISTS 도움	- WEEKLY BEST 11 주간베스트11	연계플레이에 능한 멀티공격수	확실한 파괴력은 글쎄

■ 브라질 리그 기록

김영준

2000년 5월2일 | 23세 | 대한민국 | 184cm | 80kg
경력 | 포천(21~22)▷대구(23~)
K리그 통산기록 | –
대표팀 경력 | –

어린 나이임에도 꽤 우여곡절을 많이 겪었다. 수원삼성의 유스 풀인 매탄중–매탄고를 거치며 프로 유망주로 착실히 성장하던 중, 무릎 인대 파열 부상을 입는 바람에 수술을 받고 매탄고를 나와 고양FC U–18팀에 들어가게 된다. 하지만 끝내 프로지명에 실패하고, 상지대에 진학했다. 대학생활을 1년 만에 정리하고, 프로 입단 테스트에 수차례 지원했으나 모두 실패했다. 다시 훈련을 거쳐 2021년 K4리그 포천에 입단해 프로 선수가 됐다. 이때 K4리그 영플레이어상을 받으며 부활했고, 이듬해 K3리그 득점 4위를 차지한 뒤 대구에 입단하게 됐다. 성장가능성이 기대되는 공격수다.

2022시즌 기록						강점	약점
0	0	-(-) MINUTES 출전시간(경기수)	- GOALS 득점	- ASSISTS 도움	- WEEKLY BEST 11 주간베스트11	저돌적인 돌파력	몸을 사리지 않는 플레이로 인한 부상 위험성

안창민

2001년 6월 28일 | 22세 | 대한민국 | 189cm | 81kg
경력 | 대구(20~)
K리그 통산기록 | –
대표팀 경력 | –

아마추어 시절에는 전국 무대에서 이름을 날리던 공격수였다. 부평고 2학년 때 출전한 대통령금배에서 팀을 우승시키며 영플레이어상을 받았고, 3학년 때는 부산MBC 전국축구대회 득점왕을 차지하기도 했다. 덕분에 2020년 대구FC에 공격수로 입단했는데, 이렇다 할 활약을 펼치지 못하다가 지난해 대구 B팀에서 센터백으로 포지션 변경을 단행한다. 이것이 결과적으로는 좋은 선택이 됐다. 꾸준히 센터백 포지션을 소화하며 B팀의 주전 자리를 꿰찼고, 덕분에 U-23 대표팀에도 선발됐다. 올해 주전넘버인 3번을 받았다. 팀에서 그에게 거는 기대를 알 수 있는 대목이다.

2022시즌 기록						강점	약점
0	0	-(-) MINUTES 출전시간(경기수)	- GOALS 득점	- ASSISTS 도움	- WEEKLY BEST 11 주간베스트11	키의 장점을 활용한 제공권	수비수로 변신한 기간이 짧다

장성원

1997년 6월 17일 | 25세 | 대한민국 | 175cm | 70kg
경력 | 대구(18~)
K리그 통산기록 | 72경기 6도움
대표팀 경력 | –

2018년 대구에 입단한 이래 오른쪽 풀백으로 꾸준히 커리어를 쌓아오고 있다. 화려하진 않지만, 우직하고 성실한 플레이로 팬들에게도 상당히 인정받는 편이다. 지난해 8월 이후부터는 거의 매 경기 선발로 출전했다. 그만큼 최원권 감독이 신뢰하는 선수다. 올해도 역시 출전 기회를 많이 부여받을 가능성이 크다. 폭넓은 활동량과 저돌적인 플레이가 특징으로, 공격 가담 시 크로스 능력도 좋은 편이다. 단, 고질적인 어깨 부상을 조심해야 한다. 재발이 잘 되는 부위라 관리가 필요하다. 또한 상대의 빠른 측면 돌파에 다소 약한 점도 보완이 필요하다.

2022시즌 기록						강점	약점
3	0	1,065(21) MINUTES 출전시간(경기수)	0 GOALS 득점	2 ASSISTS 도움	- WEEKLY BEST 11 주간베스트11	터프한 우측풀백 오버래핑도 OK	떨어지는 스피드

최영은

1995년 9월 26일 | 28세 | 대한민국 | 189cm | 78kg
경력 | 대구(18~)
K리그 통산기록 | 59경기 74실점
대표팀 경력 | –

2018년 대구에 입단해 올해로 벌써 프로 6년차에 접어든 원클럽맨이다. 연차가 쌓이면서 실력이 오히려 뒷걸음치고 있어서 대구 팬들에게는 애증의 대상이 되어버린 캐릭터. 성균관대학교 시절 좋은 기량을 보여 입단 초기 차세대 주전으로 기대를 한 몸에 받았다. 하지만 너무 기복이 심하다는 약점을 끝내 극복하지 못하며 여러 차례 다가왔던 주전확보의 기회를 잡아내지 못했다. 특히 실수가 한 번 나오면 급격히 위축돼 다른 더 큰 실수를 반복한다는 멘탈적인 문제점이 있다. 올해도 오승훈 골키퍼의 백업이 유력한데, 대오각성하지 않으면 그 자리마저 놓칠 수 있다.

2022시즌 기록						강점	약점
1	0	118(2) MINUTES 출전시간(경기수)	6 SAVE 선방	2 LOSS 실점	- WEEKLY BEST 11 주간베스트11	가끔씩 나오는 엄청난 선방능력	지나친 기복과 낮은 자신감

전지적 작가 시점

이원만이 주목하는 대구의 원픽!

에드가

'부자는 망해도 3년은 간다'. 이 문장의 의미를 어디서 찾을 수 있을까. 다른 무엇보다 중요한 것이 바로 '기본 자산' 즉, 펜더멘탈이라는 뜻이 아닐까. 큰 타격을 받았더라도 기초 자산이 튼실하면 위기를 버텨낼 수 있는 저력이 있다는 뜻일 것이다. 이 원리를 대구FC의 에드가에게 적용해보면 어떨까. 에드가는 지난해 최악의 시즌을 보냈다. 시즌 초반 아킬레스건 파열 부상으로 한 시즌을 통째로 날려버렸다. 부상의 정도와 나이를 감안하면, 사실상 K리그 커리어가 끝났다고 봐도 무방한 상황. 하지만 에드가는 필사적으로 재활에 성공했고, 대구는 그런 에드가에게 다시 손을 내밀었다. 왜일까. 치밀하고 신중한 성격으로 지난해 강등 위기의 대구를 구해낸 최원권 감독이 에드가를 다시 부른 것은 그만큼 에드가의 기본 능력에 대한 굳건한 신뢰감이 형성돼 있기 때문이다. 동시에 팀의 주력 전술인 '선수비 후역습'을 최대한 잘 이해하고, 파괴력을 창출해낼 수 있는 선수라고 평가했기 때문이다. 건강한 몸 상태의 에드가는 분면 대구 '역습 축구'의 날카로운 칼이 되어줄 수 있다. 에드가의 팀 기여도가 올라갈수록 대구의 순위 또한 수직상승할 수 있다.

지금 대구에 이 선수가 있다면!

안영규

지난해 대구FC가 강등 위기를 모면하고 K리그1에 잔류할 수 있던 터닝 포인트는 무엇이었을까. 두말 할 것도 없이 위기 상황에서 팀의 지휘봉을 이어받은 최원권 감독이 시행한 '전술 변화'였다고 볼 수 있다. 알렉산드르 가마 감독이 추구했던 빌드업 축구를 버리고, 과거 영광을 안겨줬던 '선수비 후역습' 전술을 충실하게 이어가며 팀이 빠르게 안정화되면서 잔류에 성공했다. 이런 성공 요인 덕분에 올해 정식 감독이 된 최 감독은 당연히 팀의 주력 전술로 '선수비 후역습'을 공언했다. 후자를 수행해줄 선수들은 차고 넘친다. 주장이자 대구의 레전드인 세징야를 필두로, 에드가, 페냐, 세라토, 바셀루스 등 스피드와 개인기를 갖춘 '브라질 5인방'이 역습을 책임질 수 있다. 그러나 2% 아쉬운 점이라면 '선수비'를 확실하게 책임질 수비수가 부족하다. 특히 정태욱의 이탈은 치명적이다. 결국 겨울 이적시장의 포인트는 센터백 정태욱의 공백을 메우는 데 맞춰져 있었다. 만약 대구가 확실한 자금 동원력을 갖고 있었다면, 2022 K리그2 MVP 출신 수비수 안영규를 데려올 수도 있었을 것이다. 안영규는 정태욱의 대체자가 될 수 있는 선수다. 그림의 떡으로 만난다는 게 너무 아쉽다.

윌리안
오스마르
아이에쉬
일류첸코
팔로세비치
기성용
나상호
이한범
강성진
고요한
박수일
이태석
임상협
김주성
한승규
권완규
최철원
이시영
김경민
김진야
지동원
박동진
황의조
백종범

FC서울

두 번의 좌절은 없다, 업그레이드 익수볼을 기대해도 좋다!

FC 서울

2022년 하반기 큰 인기를 누린 드라마 '재벌집 막내아들'은 1980년대 근현대사를 브라운관에 옮겼다. FC서울은 MZ세대가 TV로 접했을 그 격동의 시기인 1983년 12월 22일, 통산 5번째 프로축구팀으로 창단했다. 올해로 40주년을 맞이한 서울은 지난 세월 연고지 이전(충청도→안양→서울), 구단명 변경(럭키금성 황소 축구단→LG치타스→안양 LG치타스→FC서울) 등 변혁의 파고를 넘어 한국 프로스포츠 사상 단일 경기 최다 관중 신기록과 6차례 K리그 우승 기록을 세운 명실상부 K리그 대표 클럽으로 자리매김했다. 서울이랜드가 창단하기 전까진 '유일한 수도구단'이었던 서울은 '아시아 최고의 클럽'을 목표로 뛰어난 성적, K리그를 선도하는 혁신적인 마케팅, 유망주 발굴 등 세 마리 토끼를 잡아야 한다는 사명감으로 40년간 쉼 없이 달렸다. 최근 수년간은 성적면에서 다소 아쉬웠다. 2016년 마지막으로 K리그를 제패한 서울은 2020년부터 세 시즌 연속 파이널 B그룹에 머무르며 체면을 구겼다. 안익수 감독은 선수들을 향해 "2022시즌을 반성하고, 마음가짐부터 달라지자"고 말했다. 서울은 일단 12월부터 시작된 '폭풍영입'으로 새 시즌에 대한 기대를 높였다.

구단 소개

정식 명칭	FC서울 프로 축구단
구단 창립	1983년 12월 22일
모기업	GS그룹
상징하는 색	레드 & 블랙
경기장(수용인원)	서울월드컵경기장 (66,700명)
마스코트	씨드, 서울이
레전드	윤상철, 이영진, 최용수, 정조국, 박주영, 데얀
서포터즈	수호신
온라인 독립 커뮤니티	서울라이트

우승

K리그	6회(1985, 1990, 2000, 2010, 2012, 2016)
FA컵	2회(1998, 2015)
AFC챔피언스리그(ACL)	–

최근 5시즌 성적

시즌	K리그	FA컵	ACL
2022시즌	9위	준우승	–
2021시즌	7위	32강	–
2020시즌	9위	8강	조별리그
2019시즌	3위	32강	–
2018시즌	11위	16강	–

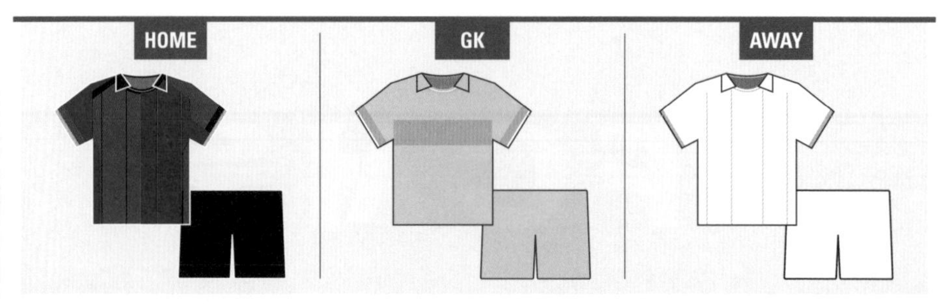

익수볼이 읽혔다고? 두고 보시라!
경기력에 결과까지 보여준다!

안익수

1965년 5월 6일 | 57세 | 대한민국

K리그 전적
170전 66승 47무 57패

현역시절 '노력파 수비수'로 명성을 떨치며 1994년 미국월드컵을 경험한 안익수 감독은 은퇴 후 부산, 성남, 한국 U-20 대표팀, 여자 축구대표팀, 선문대 등 다양한 레벨의 팀을 지휘하며 경험을 축적했다. 2010년 넬로 빙가다 감독의 수석코치로 서울의 리그 우승을 이끈 안 감독은 선문대 사령탑 시절 선진 축구를 연구하고 축구장에서 직접 실험한 소위 '익수볼'로 부임 직후 센세이션을 일으켰다. '익수볼'은 빌드업, 포지션 파괴, 잦은 스위칭을 키워드로 한다. 부산 시절 '질식수비'로 혹평을 받은 지도자가 세월이 흘러 팬들이 보기에 재미있고 직접 뛰는 선수들도 재미있어 하는 전술로 호평을 받았다. 2022시즌을 통해 '경기력은 좋지만 결과를 따내지 못한다'는 비판에 직면한 안 감독은 '익수볼'을 업그레이드하고자 밤을 새가며 카타르월드컵을 시청했다. 2023시즌에는 조금 더 에너지 넘치는 축구를 예고하고 있다.

선수 경력

성남	포항

지도자 경력

성남 코치	대교 캥거루스 감독	여자 대표팀 감독	서울 수석코치	부산 감독	성남 감독	U-20 대표팀 감독	선문대 감독	서울 감독(21~)

주요 경력

1994년 미국월드컵	2008 여자 아시안컵	대한축구협회 기술위원

선호 포메이션	4-1-4-1	3가지 특징	카타르월드컵도 '열공' 공부하는 현역 최고령 지도자	전술-전략 깨알 디테일	여전한 기술지역 카리스마

STAFF

수석코치	코치	GK코치	분석코치	피지컬코치	B팀코치	선수트레이너	전력분석관	통역	장비
김진규	김영철 조성래	전상욱	황은찬	정훈기	김명곤	박성율 서성태 강대성 김하진	이용제	이석진 이환	이천길

2022 REVIEW

다이나믹 포인트로 보는 서울의 2022시즌 활약도

기대가 크면 실망도 큰 법. 서울의 2022시즌이 딱 그랬다. 대구와의 개막전에서 승리한 서울은 빈공, 오심, 수비 실책, 부상 등 악재가 겹치며 치고 올라가지 못했다. 2021시즌 도중 안익수 감독 부임 후 화려한 플레이스타일로 경기당 평균 승점 2점을 기록했던 서울은 2022시즌 1.21점(38경기 46점)에 그쳤고, 순위는 7위에서 9위로 2계단 떨어졌다. 여름에 황인범, 일류첸코를 영입하며 반등에 성공했지만, 최종전에 가서야 잔류를 확정지었다. 6년만에 FA컵 결승전에 올랐으나, 전북에 패하며 아쉽게 준우승에 머물렀다.

2022시즌 다이나믹 포인트 상위 20명

■ 포인트 점수

포지션 평점

FW
MF
DF
GK

출전시간 TOP 3

1위	기성용	3,061분
2위	윤종규	3,031분
3위	조영욱	2,968분

■ 골키퍼 제외

득점 TOP 3

1위	나상호	8골
2위	일류첸코	7골
3위	조영욱	6골

도움 TOP 3

1위	조영욱	7도움
2위	나상호, 이상민, 강성진	4도움
3위	팔로세비치, 고요한	2도움

주목할 기록

100	'5슛 5골' 나상호의 페널티 성공률
8643	U-22 자원 출전시간 전체 1위

성적 그래프

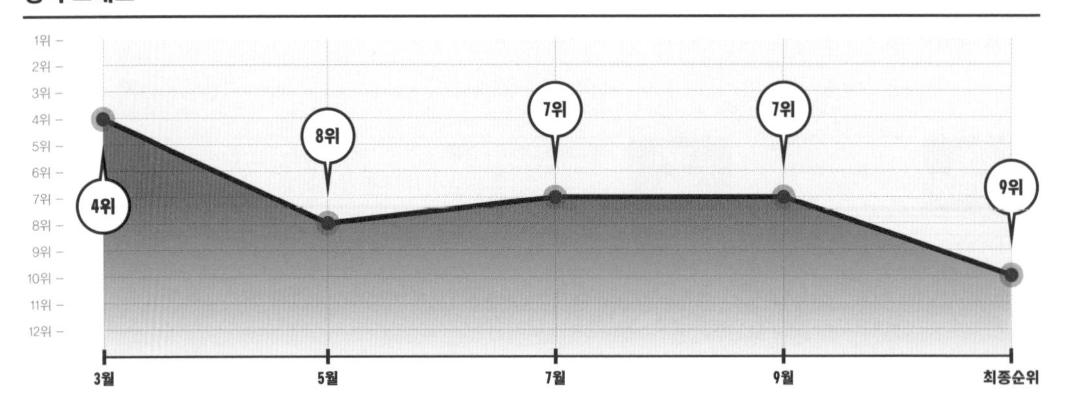

2023 시즌 스쿼드 운용 & 이적 시장 인앤아웃

3시즌 연속 파이널A 진출 실패에 자존심이 상할 대로 상했다. FA컵 준우승도 성난 팬심을 달래기엔 부족했다. 2023시즌의 키워드는 첫째도 성적, 둘째도 성적이다. 서울은 지난 시즌을 돌아본 뒤 '유순하다', '쉽게 무너진다'는 세간의 평가를 벗어 던지기 위한 작업에 돌입했다. 높은 라인, 스위칭, 빌드업과 같은 키워드로 대표되는 익수볼에 '집요함'과 '터프함'을 입히는 작업이다. 올라갈 타이밍에 미끄러진 것이 전술, 경기 컨셉, 선수의 수준 보다는 마인드의 문제였다는 진단에서 비롯했다. 윌리안, 권완규 영입은 그래서 상징적이다. 폭풍 영입에 따른 스쿼드의 비대화에 대한 우려가 커지는 시점에 현역 국가대표 스트라이커인 황의조를 영입한 건 파격적이란 평가다. 변화 폭이 큰 스쿼드에서 얼만큼 큰 효과를 뽑아낼지는 안익수 감독과 코치진이 풀어야 할 숙제다.

주장의 각오

일류첸코

"독일에서 주장을 해본 적은 있지만, 다른 나라에서는 처음이다. 오스마르가 2016년 주장일 때 서울이 우승했듯이, 내가 주장이 된 올 시즌도 좋은 결과가 나왔으면 한다."

2023 예상 베스트 11

이적시장 평가

입대 및 이적으로 팀을 떠난 핵심 조영욱, 윤종규, 이상민, 양한빈 등의 빈 자리를 빠르고 효율적으로 메웠다. '날개' 임상협, 김경민, 아이에쉬, 박수일, 이시영 등의 동시 영입으로 약점으로 지적된 측면에 스피드와 에너지를 더했다. '크랙' 유형인 윌리안과 베테랑 공격수 황의조는 공격의 속도와 파괴력을 높여줄 자원이다. 포항, 성남에서 활약한 베테랑 센터백 권완규와 K리그2 최고 레벨 골키퍼 최철원이 뒷문을 책임진다.

저자 6인 순위 예측

• 김 성 원 •

6위_감독의 지나친 욕심이 화를 부를 수도 있다. 50명에 가까운 선수들을 어떻게 운영할지 걱정. 스쿼드의 힘은 원래 나쁘지 않았다.

• 이 원 만 •

8위_영입 시장에서 상당히 적극적으로 움직였다. 하지만 좋은 선수들만 있다고 성적이 나오는 건 아니다. 융화가 숙제.

• 김 진 회 •

4위_확실한 외부영입으로 전력 향상. 특히 A대표 공격수 황의조 단기 영입으로 공격력 극대화 장점.

• 윤 진 만 •

5위_2022시즌 소심한 '하남자'에 가까웠던 서울, 2023시즌 거친 '야생마'들을 대거 영입하며 '상남자'로 거듭날 조짐.

• 박 찬 준 •

4위_데려온 선수들의 퀄리티는 확실히 높다. 올해 드디어 기대해볼 만한 '서울의 봄'.

• 김 가 을 •

9위_국내외 선수 라인업만 보면 ACL 진출권 스쿼드. 겉으로 보이는 강력함을 그라운드 위에서 보여줄 수 있을지는 의문.

기성용

1989년 1월 24일 | 34세 | 대한민국 | 186cm | 75kg

경력

서울(06~09)
▷셀틱(10~12)
▷스완지시티(12~13)
▷선덜랜드(13~14)
▷스완지시티(14~18)
▷뉴캐슬(18~20)
▷마요르카(20)
▷서울(20~)

K리그 통산기록

155경기 11골 14도움

대표팀 경력

110경기 10골
2007 U-20 월드컵
2008 · 2012 올림픽
2010 · 2014 · 2018 월드컵

우리나라가 2022년 카타르월드컵에서 16강에 오르기 전 마지막으로 16강을 밟았던 2010년 남아공 대회에서 한국의 중원을 지킨 선수는 21살의 젊은 미드필더 기성용이었다. 기성용은 그로부터 대표팀에서 은퇴하기까지 근 10년 가까이 '대체불가' 최고의 중앙 미드필더로 명성을 떨쳤다. 셀틱, 스완지시티, 선덜랜드, 뉴캐슬 유나이티드 등에서 활약한 기성용은 2020년 여름 유럽 커리어를 마치고 지금의 기성용을 있게 한 '친정' 서울로 복귀하며 레전드의 귀환을 알렸다. 기성용은 범접할 수 없는 경험과 남다른 실력을 토대로 눈이 오나 비가 오나 서울의 중원을 한결같이 지켰다. 2021시즌 잦은 부상으로 고생했던 기성용은 지난 2022시즌 이렇다 할 부상없이 프로 데뷔 후 가장 많은 출전시간을 기록했다. 경고수 또한 가장 많았는데, 그만큼 팀을 살리기 위해 부단히 애썼다. 축구대표팀과 서울에서 주장을 달아 '기캡'(기성용 캡틴)으로 불리었던 기성용은 팀이 들쭉날쭉한 경기력으로 하위권 추락 위기에 직면하자 시즌이 한창인 여름 스스로 완장을 벗었다. 국가대표 공격수 나상호에게 주장을 맡기고 '평사원'으로 돌아와 남은 시즌 열정을 불태우며 팀의 잔류를 이끌었다. 34세 베테랑은 올시즌도 오롯이 서울을 위해 달린다.

2022시즌 기록					
7	3,061(35) MINUTES 출전시간(경기수)	0 GOALS 득점	1 ASSISTS 도움	0	2 WEEKLY BEST 11 주간베스트11

강점	볼 컨트롤, 경기 템포 조절, 날카로운 패스, '넘사' 경력	특징	한국을 대표하는 축구 마스터, FC서울에 대한 남다른 애정
약점	느린 발, 공중볼, 수비력	별명	기라드, 에이전트K

나상호

1996년 8월 12일 | 27세 | 대한민국 | 173cm | 70kg

경력

광주(17~18)
▷FC도쿄(19~20)
▷성남(20)
▷서울(21~)

K리그 통산기록

134경기 42골 11도움

대표팀 경력

26경기 2골
2022 월드컵

나상호는 2022시즌 20개의 공격포인트를 목표로 세웠다. 실제 공격포인트는 12개(8골, 4도움)로, 목표에 8개 모자랐다. 서울 입단 첫해인 2021시즌의 공격포인트(15개)보다 부족한, 실망 가득한 한 해였다. 많은 이유가 있었다. 시즌 초 수원 삼성과의 슈퍼매치에서 부상을 당한 뒤 복귀를 서두른 게 화근이었다. 정상 컨디션이 아닌 상태에서 특유의 날카로움을 잃었다. 여름엔 부주장에서 주장으로 승격하면서 책임감까지 더해졌다. 공격보다 수비에 더 많은 에너지를 쏟았다. 사상 첫 '겨울월드컵'을 앞둔 시점에 11경기 연속 무득점한 공격수의 불안감은 커질 수밖에 없을 터. 하지만 돌아올 것 같지 않던 '폼'(경기력)은 10월에 때맞춰 돌아왔다. 10월 초 대구와의 FA컵 준결승전에서 연장 종료 직전 '극장골'을 넣으며 서울에 6년 만의 결승 진출을 선물했다. 기세를 몰아 수원FC와의 정규리그 최종전에서 잔류를 확정하는 골을 터뜨렸다. 월드컵 최종명단에도 승선해 우루과이와 조별리그 첫 경기에서 맹활약하며 한국의 16강 진출에 일조했다. 나상호는 첫 월드컵에서 슛을 때리지 못한 한을 2023시즌 리그에서 풀겠단 각오다. 상대팀 수비수들은 각오하시라.

2022시즌 기록

	2,597(32) MINUTES 출전시간(경기수)	8 GOALS 득점	4 ASSISTS 도움		4 WEEKLY BEST 11 주간베스트11
5				0	

강점	미친 돌파, 투쟁심, '맞꿰' 슈팅 능력	특징	영웅 본능(2022년 FA컵 준결승 극장골), 축구에 진심, 96즈 멤버
약점	시즌 기복, 투박한 볼터치	별명	나짱

일류첸코 Stanislav Iljutcenko

1990년 8월 13일 | 33세 | 독일 | 187cm | 82kg

경력

라이네른(11~13)
▷오스나브뤼크(13~15)
▷뒤스부르크(15~19)
▷포항(19~20)
▷전북(21~)
▷서울(22~)

K리그 통산기록

111경기 52골 13도움

대표팀 경력

–

일류첸코는 여름 전력 보강의 필요성을 손수 입증했다. 2022시즌 전반기 전북 소속으로 충분한 출전 시간을 얻지 못해 변화가 필요했고, 득점에 어려움을 겪던 서울은 전방에서 상대 수비수와 싸워주면서 득점을 책임질 확실한 9번 공격수가 필요했다. 서로의 니즈가 맞아떨어진 이적이었다. 일류첸코는 서울 데뷔전인 대구전에서 후반 추가시간 5분 천금같은 역전 결승골을 터뜨리며 서울팬들에게 '일류첸코'라는 이름을 확실하게 각인시켰다. 전북에서 2골(17경기)에 그친 일류첸코는 서울에서 울산전 선제골, 성남전 멀티골 포함 7골(16경기)을 몰아치며 건재를 과시했다. 독일 리그에서 활약한 일류첸코는 2019년 포항에 입단하며 K리그와 인연을 맺었다. 포항에서 28골(44경기)을 넣은 일류첸코는 2021시즌을 앞두고 거액의 이적료에 디펜딩챔피언 전북 유니폼을 입었다. 2021년 전북에서 15골을 폭발하며 K리그1 우승을 이끌었다. 일류첸코는 9월 수원전을 통해 K리그 50호골(103경기)을 작성했다. K리그 역사상 주니오(78경기), 무고사(100경기) 다음으로 빨랐다. 온몸을 무기 삼았다. 오른발로 26골, 왼발로 12골, 헤더로 14골을 각각 낚았다. 익수볼 깜짝 주장으로 선임된 올 시즌 생애 첫 득점왕 등극까지 노린다.

2022시즌 기록					
6	2,111(33) MINUTES 출전시간(경기수)	9 GOALS 득점	1 ASSISTS 도움	0	2 WEEKLY BEST 11 주간베스트11

강점	포스트플레이, 위치·상황 가리지 않는 킬러 본능	특징	실력 일류 프로정신도 일류, 극장골 제조기
약점	이따금 등장하는 다혈질 성격	별명	일류(一流)공격수

이한범

2002년 6월 17일 | 21세 | 대한민국 | 188cm | 72kg

경력

서울(21~)

K리그 통산기록

33경기 1골 1도움

대표팀 경력

2019 U-17 월드컵

FC서울은 2023시즌을 앞두고 보인고 출신 3명 조영광, 김현덕, 김윤겸을 자유 선발로 영입했다. '오산고 보유팀'인 서울이 비유스팀에서 한꺼번에 유망주를 선발하는 건 이례적이다. 약관의 나이로 서울의 핵심 수비수로 자리매김한 이한범 영향이라고밖에 볼 수 없다. 이한범은 이들의 보인고 선배로, 2년 전인 2021년 서울이 치열한 스카우트 경쟁 끝에 영입한 특급 유망주다. 이한범은 188cm의 장신으로 공중볼 장악 능력과 빠른 발, 안정적인 볼터치를 두루 갖춘 다재다능한 능력을 토대로 빠르게 팀내 입지를 넓혔다. 2021시즌 프로 적응 과정을 거친 뒤 10경기에 나섰고, 2022시즌엔 두 배 이상인 23경기에 나섰다. 22세 이하 출전 의무 규정에 적용되는 나이이긴 했으나, 구단 내부적으론 '22세 규정을 떼고도 선발로 뛸 자원'이라는 높은 평가를 받았다. 이한범의 시즌 평균 평점은 팀내에서 5번째로 높은 6.82점이었다. 계속된 부상으로 더 많은 경기에 나서지 못한 건 아쉬운 대목. 8월 성남전에서 큰 부상을 당하며 시즌 아웃됐다. 이한범이 선발 출전한 경기에서 팀 평균 실점이 0.95골, 교체로 뛰거나 결장한 경기에서 평균 실점이 1.56골이라는 점은 이한범의 가치를 설명해준다.

2022시즌 기록					
2	1,906(23) MINUTES 출전시간(경기수)	1 GOALS 득점	1 ASSISTS 도움	0	- WEEKLY BEST 11 주간베스트11

강점	우월한 신체사이즈, 공간 커버, 침착한 볼터치	특징	서울의 꽃미남 계승자, 팔방미인, 보인고 대장
약점	부상 리스크	별명	한기범, 한범디아스

강성진

2003년 3월 26일 | 20세 | 대한민국 | 180cm | 75kg

경력

서울(21~)

K리그 통산기록

48경기 2골 6도움

대표팀 경력

2경기 2골

미국의 거대 스포츠매체 '디 애슬레틱'은 2026년 북중미월드컵을 앞두고 전세계 유망주 7명을 선정했다. 2022년 카타르월드컵 직후부터 이들이 다음 월드컵을 향해 가는 성장기를 조명한다. 이 7인의 유망주에 강성진이 한국 선수로는 유일하게 뽑혔다. 강성진의 여정을 돌아보면, 충분히 수긍이 간다. 서울의 유스팀인 오산중, 오산고 출신인 강성진은 2021년 구단 최초로 준프로계약을 맺으며 '아침엔 수업을 듣고 오후엔 프로 훈련을 하는' 일과를 소화했다. 강성진은 2022시즌 안익수 감독의 전폭적인 신뢰 속 34경기를 뛰어 팀내에서 두 번째로 많은 어시스트(4개)를 기록했다. 첫 시즌 '프로형'들과의 피지컬 경합에서 쉽게 밀려났던 강성진은 거친 몸싸움을 마다하지 않는 '상남자'로 변신했다. 2022년 여름에는 성인대표팀에 발탁돼 동아시안컵에 나서 데뷔전 데뷔골을 폭발했다. 올 시즌 서울의 비상을 책임질 강성진은 A대표팀, U-23대표팀, U-20대표팀까지, 최대 4개팀에서 활약할 것으로 보인다.

2022시즌 기록

	출전시간(경기수)	득점	도움		주간베스트11
1	1821(34) MINUTES	1 GOALS	4 ASSISTS	0	- WEEKLY BEST 11

강점	날카로운 왼발 킥, 영리한 움직임	특징	서울 최초 준프로계약, 벤투 감독에게 "리틀 쏘니" 어필
약점	잦은 실수, 체력	별명	오산고 살라 (모하메드 살라가 롤모델)

고요한

1988년 3월 10일 | 35세 | 대한민국 | 170cm | 65kg
경력 | 서울(04~)
K리그 통산기록 | 360경기 34골 30도움
대표팀 경력 | 21경기, 2018 월드컵

서울 역사에 길이 남을 '원클럽맨', '리빙 레전드'다. 2006년, 18살의 나이로 서울에서 프로 데뷔하여 지난해까지 서울에서만 17년 연속으로 뛰었다. 서울의 리그 3회 우승과 FA컵, 리그컵 우승 현장을 함께한 '살아있는 역사'다. 서울 역대 K리그 최다 출전(360경기), 구단 최다 공격포인트 7위(64개), 구단 최다 경고(62개) 등 다양한 기록을 보유했다. 2018~2020년 3년 연속 서울 주장을 역임한 고요한은 팀을 지탱하는 든든한 베테랑으로 마지막 불꽃을 태우고 있다. 지난 시즌엔 아킬레스건 파열로 장기 부상을 당하며 아쉬움을 남겼다.

2022시즌 기록						강점	약점
1	0	589(7) MINUTES 출전시간(경기수)	0 GOALS 득점	2 ASSISTS 도움	- WEEKLY BEST 11 주간베스트11	유틸리티 능력 나이를 잊은 활동량	부상 후유증 다혈질

박수일

1996년 2월 22일 | 27세 | 대한민국 | 178cm | 68kg
경력 | 대전(18~19)▷성남(20~)▷서울(23~)
K리그 통산기록 | 133경기 9골 17도움
대표팀 경력 | –

"FC서울로 오기 위한 빌드업 아니었을까요." 서울 입단 첫 훈련에 나선 박수일이 웃으며 밝힌 입단 소감이다. 박수일은 2022년 여름 이적시장에서 제주 이적이 협상 직전 불발됐고, 성남은 2부로 강등됐다. 시즌을 끝마치고는 김천 상무 입대가 좌절됐다. 자꾸만 꼬이는 상황에서 서울 오퍼가 도착했다. 서울은 양 측면과 수비 · 공격에서 모두 뛸 수 있는 '날개'가 필요했고, 박수일은 특유의 오른발 '원더골'을 제조할 수 있는 새로운 둥지가 필요했다. 안동고 선배인 김진규 수석코치가 있어 활약을 기대해도 좋을 것 같다.

2022시즌 기록						강점	약점
4	0	2,574(34) MINUTES 출전시간(경기수)	5 GOALS 득점	1 ASSISTS 도움	4 WEEKLY BEST 11 주간베스트11	측면 공격과 수비 가능 원더골 제조기	세밀한 플레이

윌리안

Willyan Da Silva Barbosa

1991년 5월 28일 | 29세 | 브라질 | 170cm | 69kg
경력 | 베이라마르(13~14)▷나시오날(14~17)▷비토리아 데 세투발(17~18)▷파네톨리코스(18~19)▷광주(19~20)▷경남(21~22)▷대전(22)▷서울(23~)
K리그 통산기록 | 96경기 37골 12도움
대표팀 경력 | –

전형적인 브라질 출신의 '크랙'이다. 한 마디로 경기에 차이를 만드는 선수라는 뜻이다. 2019년 광주에 입단하여 K리그에 데뷔한 후 1부와 2부에서 모두 능력을 입증했다. 이탈리아 토리노, 포르투갈 나시오날, 그리스 파네톨리코스 등 다양한 유럽 리그에서 뛴 덕에 유럽의 터프함과 브라질의 유연함을 고루 장착했다는 평이다. '툭, 툭 치고 쾅' 윌리안식 패턴 플레이에 2부 수비진들은 속수무책으로 당하기 일쑤였다. 2년만에 1부로 돌아온 윌리안은 '익수볼'의 공격 조립자 역할에 충실하겠다는 각오다.

2022시즌 기록						강점	약점
4	0	2,089(27) MINUTES 출전시간(경기수)	13 GOALS 득점	5 ASSISTS 도움	10 WEEKLY BEST 11 주간베스트11	빠른 돌파 기회 창출 중거리슛	꺾이지 않는 고집 수비 기여도

■K리그2 기록

이태석

2002년 7월 28일 | 21세 | 대한민국 | 174cm | 61kg
경력 | 서울(21~)
K리그 통산기록 | 46경기 2도움
대표팀 경력 | 2019 U-17 월드컵

이한범, 강성진 등과 함께 서울 소속의 '사기캐'의 대표격이다. 22세이하 규정에 적용되는 나이에 주전급 실력을 장착했다. 어릴 적 공격수로 뛰다 고려대 시절 팀 사정으로 레프트백을 맡았던 것이 인연이 되어 부친 이을용과 같은 포지션에서 뛰게 되었다. 프로 데뷔 1년차에 잠재력을 뽐낸 이태석은 2년차였던 2022시즌 2% 부족한 모습을 보였다. 친동생 이승준과 같은 프로팀에서 뛰게 된 올 시즌, '이을용 아들'이 아닌 '이태석'을 전국에 알리는 전환점이 되길 바란다.

2022시즌 기록						강점	약점
3	0	1,544(27) MINUTES 출전시간(경기수)	0 GOALS 득점	0 ASSISTS 도움	- WEEKLY BEST 11 주간베스트11	왼발 크로스 철저한 자기관리	스피드 잦은 실수

오스마르 Ibanez Barba Osmar

1988년 6월 5일 | 35세 | 스페인 | 192cm | 83kg
경력 | 라싱산탄데르B(07~10)▷살라망카B(07~08)▷라싱산탄데르(09~12)▷부리람 유나이티드(12~13)▷서울(14~18)▷세레소 오사카(18)▷서울(18~)
K리그 통산기록 | 247경기 20골 12도움
대표팀 경력 | -

2014년, 태국에 머물던 스페인 출신 미드필더가 10년 가까이 상암벌을 누빌 거라고 생각한 이가 몇이나 될까. 오스마르는 그 낯선 길을 묵묵히 걸었다. 탄탄한 체구에 스페인식 기술을 장착한 오스마르는 2015시즌 외국인 필드 플레이어 최초 K리그 전 경기 풀타임 출장, 2016시즌 구단 최초 외국인 주장을 역임했다. 2022시즌 24경기 포함 서울 유니폼을 입고 K리그에서만 247경기를 뛰었다. 2023시즌 20경기 이상 출전할 경우, 아디(264경기), 데얀(267경기)을 넘어 구단 최다 출전 외국인 선수로 등극한다.

2022시즌 기록						강점	약점
5	0	2,138(24) MINUTES 출전시간(경기수)	1 GOALS 득점	0 ASSISTS 도움	6 WEEKLY BEST 11 주간베스트11	인터셉트, 패스 마스터 축구 지능	느린 발

임상협

1988년 7월 8일 | 35세 | 대한민국 | 180cm | 73kg
경력 | 전북(09~10)▷부산(11~14)▷상무(15~16)▷부산(16~17)▷수원(18~19)▷제주(19)▷수원(20)▷포항(21~22)▷서울(23~)
K리그 통산기록 | 368경기 82골 27도움
대표팀 경력 | 1경기

전주, 부산, 수원, 포항 찍고 서울. K리그의 '골미남(골 넣는 꽃미남)' 임상협은 2009년 전북에서 프로데뷔한 임상협은 군팀을 제외하면 하나같이 기업구단만 누비고 있다. 20대를 온전히 부산에 쏟아부었고, 30대 이후 저니맨의 이미지를 얻었다. 서울의 슈퍼매치 라이벌 수원에서 힘겨운 시간을 보낸 임상협은 2021년 포항에서 김기동 감독을 만나 '완벽 부활'했다. 지난 2시즌 K리그에서 72경기에 출전 19골 6도움을 올린 활약을 토대로 익수볼에 합류했다. 올 시즌 '88라인'을 기대하시라~!

2022시즌 기록						강점	약점
6	0	2,798(36) MINUTES 출전시간(경기수)	8 GOALS 득점	2 ASSISTS 도움	3 WEEKLY BEST 11 주간베스트11	K리그의 벤자민 버튼 공간 돌파	김기동 감독과 작별

김주성

2000년 12월 12일 | 23세 | 대한민국 | 186cm | 76kg
경력 | 서울(19~20)▷김천(21~22)▷서울(22~)
K리그 통산기록 | 43경기
대표팀 경력 | 1경기, 2019 U-20 월드컵

서울 유스팀이 배출한 '작품' 중 한 명이다. 2019년 서울에서 프로데뷔해 수원의 오현규 케이스처럼 22살이란 어린 나이에 군 문제를 해결했다. 지난해 후반기에 제대해 익수볼을 짧게 경험했다. 올 시즌은 김주성의 향후 커리어를 좌우할 중요한 시즌이다. 김주성은 지난 4년간 1부와 2부를 통틀어 리그 43경기 출전에 그쳤다. 지난해 김천에서 7경기 출전이 전부였다. 젊은 유망주의 필수 성장 요소인 경기 경험이 절대적으로 부족하다. 김주성이 한 시즌을 주전으로 뛰기 위해선 이한범 권완규 등과의 경쟁에서 살아남아야 한다.

2022시즌 기록						강점	약점
4	0	987(12) MINUTES 출전시간(경기수)	0 GOALS 득점	0 ASSISTS 도움	1 WEEKLY BEST 11 주간베스트11	남다른 피지컬 희귀한 왼발 센터백	안정감 22세 미적용

팔로세비치 Aleksandar Palocevic

1993년 8월 22일 | 30세 | 세르비아 | 180cm | 70kg
경력 | OFK베오그라드(11)▷신제리치 베오그라드(11~12)▷FK보주도바츠(12)▷OFK베오그라드(13~15)▷FK보이보디나(15~17)▷FC아로카(17~18)▷CD나시오날(18~19)▷포항(19~20)▷서울(21~)
K리그 통산기록 | 110경기 34골 16도움
대표팀 경력 | 1경기

2022년 팔로세비치는 실망스러웠다. 포항 시절이던 2020년, 14골 6도움(22경기)을 기록한 팔로세비치는 2021년 10골 4도움(34경기), 2022년 5골 2도움(38경기)으로 공격 포인트가 2년새 1/3 수준으로 추락했다. 특유의 왼발 감아차기와 번뜩이는 플레이가 잘 나오지 않았다. 공을 건네받기 위해 중앙선 부근까지 내려오면서 공격 숫자가 부족한 현상을 빚기도 했다. 포항 동료였던 일류첸코와 시너지 효과도 기대만큼 크지 않았다. 한승규가 부상에서 돌아오고 윌리안이 영입된 만큼 이를 더 악물어야 한다. 서울은 오스마르의 왼발뿐 아니라 팔로세비치의 왼발 역시 필요하다.

2022시즌 기록						강점	약점
3	0	2747(38) MINUTES 출전시간(경기수)	5 GOALS 득점	2 ASSISTS 도움	3 WEEKLY BEST 11 주간베스트11	축구 센스 볼 운반	유리 멘탈 솔로 플레이

황의조

1992년 8월 28일 | 30세 | 대한민국 | 183cm | 73kg
경력 | 성남(13~17)▷감바 오사카(17~19)▷지롱댕 보르도(19~22)▷노팅엄 포레스트(22~)▷올림피아코스(22~23)▷서울(23~)
K리그 통산기록 | 140경기 35골 8도움
대표팀 경력 | 53경기 16골, 2019 아시안컵, 2020 올림픽, 2022 월드컵

생각지도 못했던 깜짝 영입이다. 현역 국가대표 간판 스트라이커의 영입은 팬들의 기대치를 한층 더 끌어올리기에 충분하다. 황의조는 성남 유스 출신으로 2013년부터 2017년까지 성남 1군에서 활약한 바 있어 K리그가 낯설지도 않다. 유럽 5대리그(프랑스 리그앙)에서 2시즌 연속 두자릿수 득점을 올리고 23세이하 대표팀과 성인 대표팀에서 34골(81경기)을 몰아친, 따로 설명이 필요없는 골잡이다. 그의 주무기는 반박자 빠른 슈팅이다. 시원시원한 슈팅 능력은 서울 공격에 청량감을 더할 전망이다. 올시즌 임대로 떠난 올림피아코스에서 주력으로 뛰지 못해 폼이 떨어진 점은 우려 포인트.

2022시즌 기록						강점	약점
0	0	142(5) MINUTES 출전시간(경기수)	0 GOALS 득점	1 ASSISTS 도움	- WEEKLY BEST 11 주간베스트11	번뜩이는 슈팅 풍부한 경험	최근 떨어진 폼

■그리스 리그 기록

권완규

1991년 11월 20일 | 32세 | 대한민국 | 183cm | 76kg
경력 | 경남(14)▷인천(15~16)▷포항(17~18)▷상무(18~19)▷포항(20~21)▷성남(22)▷서울(23~)
K리그 통산기록 | 233경기 10골 6도움
대표팀 경력 | –

측면수비수로 프로에 진출, 중앙수비수로 포지션 변경에 성공한 케이스다. 경남에서 출발해 인천을 거쳐 2017년 포항 스틸야드에 입성했다. 센터백 치고는 작은 신장이라는 단점을 극복했기에 가능한 일이다. 부족한 높이를 스피드와 거친 맨투맨 마크로 보완했다. 2019년 상주(현 김천)에서 최고의 퍼포먼스를 펼친 권완규는 2021시즌 K리그1 베스트일레븐 센터백 후보에 오르며 축구 인생 정점을 찍었다. 2022년 성남에선 팀 강등과 더불어 아쉬움 가득한 1년을 보낸 권완규. 올 시즌 상암에서 건재를 증명하고자 한다. 그는 과연 '익수볼의 벽'이 될 수 있을까.

2022시즌 기록					WEEKLY BEST 11	강점	약점
7	0	2,203(25) MINUTES 출전시간(경기수)	2 GOALS 득점	1 ASSISTS 도움	1 WEEKLY BEST 11 주간베스트11	안정감 위치 선정 측면수비 소화	높이 최근 경기감각

최철원

1994년 7월 23일 | 29세 | 대한민국 | 194cm | 87kg
경력 | 부천(16~19)▷상무(20~21)▷부천(21~22)▷서울(23~)
K리그 통산기록 | 124경기 153실점
대표팀 경력 | –

FA로 서울을 떠난 주전 골키퍼 양한빈의 대체자로 영입됐다. 서울은 최철원을 품기 위해 유망주 박호민에 현금까지 얹어 부천에 전달했다. 그만큼 공을 들였다. 군 시절을 제외하면 줄곧 부천에서 뛴 최철원은 지난 시즌 38경기에서 39실점을 기록했다. 안양 정민기(현 전북) 다음으로 선방 횟수(105개)가 많았다. 서울 훈련장에서 최철원은 "내가 여기에 있다니 아직도 믿기지 않는다. 최고의 모습을 보여주기 위해 열심히 노력할 것"이라고 말했다. 동기부여가 확실한 모습이었다. 그렇다고 NO.1이 보장된 건 아니다. 황성민, 서주환, 그리고 부상에서 회복한 유망주 백종범이 기회를 노린다.

2022시즌 기록					WEEKLY BEST 11	강점	약점
1	0	3,667(38) MINUTES 출전시간(경기수)	105 SAVE 선방	39 LOSS 실점	7 WEEKLY BEST 11 주간베스트11	공중볼 운동신경	1부 경험 無

■K리그2 기록

아이에쉬 Hosam Aiesh

1995년 4월 14일 | 28세 | 시리아 | 175cm | 68kg
경력 | BK 헤켄(13~14)▷바르베리 BoIS(14)▷외스테르순드 FK(15~19)▷바르베리 BoIS(16)▷IFK 예테보리(19~22)▷서울(23~)
K리그 통산기록 | –
대표팀 경력 | 스웨덴 국가대표 1경기, 시리아 국가대표 2경기

서울 구단 40년 역사상 첫 시리아 선수다. 스웨덴에서 태어나고 성장하여 2019년 스웨덴 국가대표로 A매치에 출전했다. 2019년부터 2022년까지 스웨덴 1부리그 역사상 두 번째로 트로피가 많은 예테보리에서 주력으로 활약했다. 아이에쉬는 2022년 초 부모의 나라인 시리아 국적을 택해 대한민국을 상대로 데뷔전을 치렀다. 주로 오른쪽 측면에 위치해 쉴새없이 공수를 오가는 스타일로, 돌파를 통한 크로스와 적극적인 수비 가담이 돋보인다. 아시아 무대는 처음이라 얼마나 빠르게 적응할지가 관건이다. 단 2경기 출전에 그친 벤 할로란의 전철을 밟아선 안 된다.

2022시즌 기록					WEEKLY BEST 11	강점	약점
5	0	1,671(26) MINUTES 출전시간(경기수)	2 GOALS 득점	2 ASSISTS 도움	- WEEKLY BEST 11 주간베스트11	저돌성 크로스 수비 가담	아시아 리그는 처음이라

■스웨덴 리그 기록

이시영

1997년 4월 21일 | 25세 | 대한민국 | 172cm | 70kg
경력 | 성남(18)▷광주(19)▷서울이랜드(20)▷성남(21~22)▷서울(23~)
K리그 통산기록 | 81경기 8도움
대표팀 경력 | 2018 아시안게임

성남 유스 출신인 이시영은 광주, 서울이랜드 임대를 다녀와 지난 2년간 성남에서 한층 성숙한 플레이를 펼쳤다. 팀이 강등된 와중에 측면에서 가장 성실한 모습을 보였다. 이를 토대로 입대한 윤종규 공백을 메워야 하는 서울의 '픽'을 받았다. 크로스 능력을 장착한 이시영은 2022시즌, 성남에서 두 번째로 많은 키패스 22개를 기록했다. 윤종규(15개)보다 많았다. 서울이 기대하는 부분이다. 단, 익수볼에 적응하기 위해선 단순히 오른쪽 사이드라인만 오르내리는데 그치지 않고 중앙으로 파고드는 스킬도 익혀야 한다. 그래야 아시안게임 동료 김진야와 맞대결에서 우위를 점할 수 있다.

2022시즌 기록						강점	약점
3	0	2,251(30) MINUTES 출전시간(경기수)	0 GOALS 득점	2 ASSISTS 도움	- WEEKLY BEST 11 주간베스트11	성실함 크로스	체구 세밀함

김진야

1998년 6월 30일 | 25세 | 대한민국 | 174cm | 66kg
경력 | 인천(17~19)▷서울(20~)
K리그 통산기록 | 118경기 14골 13도움
대표팀 경력 | 2015 U-17 월드컵, 2018 아시안게임, 2020 올림픽

지난 시즌 서울의 주장단에서 유일하게 남은 부주장이다. 무한한 책임감으로 올해도 서울의 측면을 책임진다. 김진야는 지난 시즌 전체적으로 생기가 부족했던 서울에 생기를 불어넣은 몇 안되는 자원이었다. 선발이든 교체든, 왼쪽이든 오른쪽이든, 주어진 임무를 충실히 소화했다. 그 과정에서 몇 차례 실수를 범하기도 했지만, 김진야의 에너지와 클리어링이 없었다면 큰일날 뻔한 경기도 많았다. 프로 데뷔 이래 가장 많은 경기(34)에 나서긴 했지만, 아쉬운 점도 있었다. 투박함은 개선이 필요하고, 상대 진영에서 크로스든 패스든 확실하게 매듭을 지을 줄 알아야 한다.

2022시즌 기록						강점	약점
0	0	2,303(34) MINUTES 출전시간(경기수)	1 GOALS 득점	1 ASSISTS 도움	1 WEEKLY BEST 11 주간베스트11	에너자이저 유틸리티	확실한 마무리가 필요해

김경민

1997년 1월 22일 | 26세 | 대한민국 | 185cm | 78kg
경력 | 전남(18~19)▷안양(20)▷전남(21)▷김천(21~22)▷서울(23~)
K리그 통산기록 | 98경기 14골 3도움
대표팀 경력 | -

최근 수년간 김천 상무에서 한차례 업그레이드해 사회로 나온 선수들이 수두룩하다. 강상우(현 베이징 궈안)와 조규성(현 전북)이 대표 케이스다. '선임 조규성'과 함께 생활한 김경민은 2022시즌을 통해 껍질을 벗고 나왔다. 몸에 근육이 붙으며 돌파가 더 매서워졌고, 약점으로 지적받은 골 결정력까지 한층 높아진 모습이었다. 지난시즌 커리어 하이인 7골을 터뜨렸는데, 특히 8월 서울과 홈경기에서 터뜨린 감각적인 왼발 득점은 서울팬들에게 인상을 심어주기에 충분했다. 김경민은 서울에서 전방 공격수부터 윙어까지, 선발과 조커로 다양하게 활용될 전망이다.

2022시즌 기록						강점	약점
2	0	1,072(24) MINUTES 출전시간(경기수)	7 GOALS 득점	2 ASSISTS 도움	1 WEEKLY BEST 11 주간베스트11	탄탄한 체구 돌파	연계플레이

전지적 작가 시점

윤진만이 주목하는 서울의 원픽!

윌리안

'흐름을 지배하는 자, 결과를 좌우한다.' 축구계에서 일컫는 '크랙'을 두고 하는 말이다. 2023시즌 서울에서 이러한 크랙에 가장 가까운 선수는 '이적생' 윌리안이다. 윌리안은 빠른 발과 민첩한 움직임, 찬스를 생성하는 능력과 직접 마무리 짓는 능력을 두루 갖췄다. 이런 다재다능함을 바탕으로 경기에서 차이를 만드는 '게임체인저'로서 기능했다. 2019년 광주에 입단해 지난 4년간 K리그1 · 2 96경기에서 37골 12도움, 49포인트를 기록했다. 2경기당 1포인트씩 꼬박 적립했다. '익수볼'에 그토록 필요했던 생산성이다. 서울은 2022시즌 정규리그에서 최소득점 2위에 머물렀다. 나상호, 조영욱, 팔로세비치, 한승규 등이 부상, 부진 등의 이유로 하나같이 기대를 밑돌았다. 윌리안은 성적을 내야 하는 서울이 빠른 승부수라고 할 수 있다. 윌리안은 광주 시절 펠리페, 경남 시절 티아고와 같은 장신 공격수 주변에서 훨훨 날았다. 서울엔 일류첸코가 있다. 일류첸코와 윌리안, '윌-류첸코'의 빅앤스몰 조합이라면 기대를 걸어봐도 좋을 것이다. 단, 윌리안은 경남과 대전에서 감독들과 그다지 잘 지내지 못한, 까다로운 유형의 선수란 점은 참고해야 한다.

지금 서울에 이 선수가 있다면!

박승욱

서울은 이번 겨울 대대적인 투자를 감행해 스쿼드의 뎁스를 넓혔다. 구단은 있는 돈 없는 돈, 심지어 영혼까지 끌어모았다고 말하겠지만, 조금이라도 더 끌어모을 영혼이 있다면, 그 영혼은 수비 쪽 유틸리티 플레이어를 위해 할애할 필요가 있다. 포항의 박승욱은 어떨까. 박승욱은 1997년생, 26세의 나이에 184cm라는 이상적인 체구를 지녔다. 수비형 미드필더, 센터백, 측면 수비수, 어디에 세워도 주전급의 기량을 뽐내 다재다능하게 활용할 수 있다. 빈자리 걱정을 단번에 지울 수 있다. 서울은 지난시즌 오스마르, 이한범의 연이은 부상으로 수비쪽에 심각한 전력 누수를 경험했다. 기성용 고요한 오스마르가 삼십 대 중반에 들어선 상황에서 세대교체 효과도 기대할 수 있다. 플러스 알파로, 꽃미남이 즐비한 서울의 미남 기준에도 부합한다. 물론, 포항이 내셔널리그 어렵게 발굴해낸 '보석'을 K리그1의 라이벌 팀에 쉽게 내줄리 만무하다.

물리치
바사니
아코스티
불투이스
안병준
류승우
전진우
김경중
한석종
고승범
김보경
염기훈
최성근
정승원
이종성
강태원
명준재
유제호
이기제
허동호
민상기
장호익
손호준
김태환
양형모

수원삼성블루윙즈

더 이상의 눈물은 없다, '명가 재건'을 향한 도전!

수원 삼성

2022년은 '전통의 명문 구단' 수원 삼성이 자존심을 제대로 구긴 한 해였다. 수원은 1995년 창단 뒤 K리그를 넘어 아시아를 대표하는 클럽으로 승승장구했다. 국가대표 선수들로 가득한 화려한 라인업을 앞세워 펄펄 날았다. 특히 FC서울과의 '슈퍼매치'는 FIFA도 인정한 라이벌 매치로 팬들을 설레게 했다. 하지만 수원은 어느 순간부터 중하위권을 허덕이는 팀으로 추락했다. 그 속도는 2010년대 들어 더욱 빨라지고 있다. 최근 5시즌 성적이 말해준다. 수원은 무려 세 차례나 파이널B 무대로 내려앉았다. 특히 2022년에는 10위에 머물며 창단 첫 승강 플레이오프를 겪는 아픔을 맛봤다. 외국인 선수 영입에서도 재미를 보지 못했다. 더 이상은 추락할 곳도 없다. 수원이 명가의 자존심을 되찾기 위해서는 제로에서 다시 시작해야 한다. 수원은 민상기, 전진우 등 구단의 정체성을 가득 입은 '매탄소년단'을 중심으로 분위기 반전에 나선다. 여기에 새 얼굴들로 파워를 불어 넣는다. 현역 시절 수원의 캡틴으로 팀을 이끌었던 이병근 감독이 "푸른 유니폼은 최고가 되기 위해 노력하는 이들의 것"이라고 말한 이유다. 과거의 화려했던 명성을 재현하기 위해서는 흐릿해진 '수원 다움'을 되찾아야 할 때다.

구단 소개

정식 명칭	수원 삼성 블루윙즈 축구단
구단 창립	1995년 12월 25일
모기업	제일기획
상징하는 새	블루 & 레드 & 화이트
경기장(수용인원)	수원월드컵경기장 (43,168명)
마스코트	아길레온 패밀리
레전드	서정원, 박건하, 이운재, 고종수, 김진우, 나드손
서포터즈	프렌테 트리콜로
온라인 독립 커뮤니티	수블미

우승

K리그	4회(1998, 1999, 2004, 2008)
FA컵	5회(2002, 2009, 2010, 2016, 2019)
AFC챔피언스리그(ACL)	–

최근 5시즌 성적

시즌	K리그	FA컵	ACL
2022시즌	10위	8강	–
2021시즌	6위	8강	–
2020시즌	8위	8강	8강
2019시즌	8위	우승	–
2018시즌	6위	4강	–

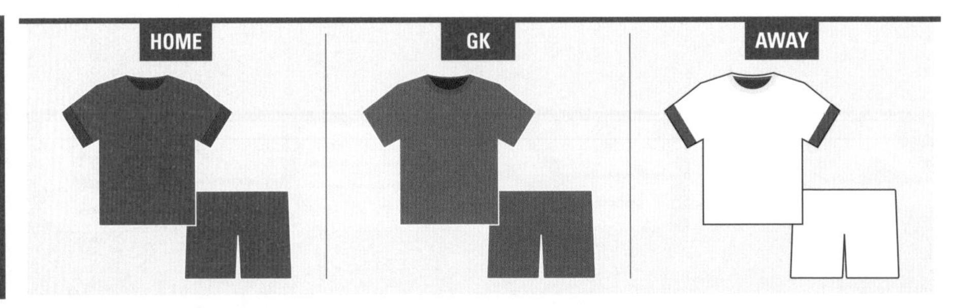

자존심 구긴 리얼 블루,
'특명' 명가의 명성을 되찾아라!

이병근

1973년 4월 28일 | 50세 | 대한민국

K리그 전적
103전 37승 30무 36패

지난해 4월, 이병근 감독은 리그 11위까지 떨어진 위기의 '친정팀'을 살리기 위해 수원의 지휘봉을 잡았다. 그는 수원의 창단 멤버로 무려 16차례나 크고 작은 우승컵을 거머쥐었다. 2013년부터 2018년까지는 수원 코치를 역임했다. 현역 시절 팀의 주장으로도 활약했던 '리얼블루' 이 감독은 수원의 부활을 꿈꿨다. 현실은 녹록하지 않았다. 수원은 10위까지 추락, 승강 플레이오프 끝에 가까스로 살아남았다. 두 번의 눈물은 없다. 이 감독은 부드러우면서도 꼼꼼한 성격을 앞세워 선수들에게 '수원다움'을 외친다. 경기 전후는 물론, 플레이 내내 손에 쥐고 있는 메모장. '병근쌤' 이 감독의 전술과 전략이 2023년에는 어떻게 맞아 떨어질지 관심이 모아진다.

선수 경력

수원삼성	대구FC

지도자 경력

경남FC 코치	대구FC 코치 & 감독대행	대구FC 감독	수원 감독(22~)

주요 경력

1998년 방콕아시안게임 국가대표

선호 포메이션	4-4-2	3가지 특징	수원 캡틴 출신 '리얼블루'	메모하는 '병근쌤'	가까스로 살아남은 리턴 첫 시즌, 두 번 눈물 없다

STAFF

수석코치	코치	GK코치	피지컬코치	선수 트레이너	전력분석관	스카우터	통역	플레잉코치
최성용	오장은 양상민	김대환	주닝요	김광태 한승희 허지섭	송기호 백송화	주승진 이종민	알뚤 (Arthur Jun)	염기훈

2022 REVIEW

다이나믹 포인트로 보는 수원의 2022시즌 활약도

더 이상 추락할 곳도 없다. 지옥에서 극적으로 살아남았다. 수원은 2022년 창단 후 처음으로 승강 플레이오프 나락까지 경험했다. 시즌 내내 빈공에 허덕였다. 골을 넣어줄 외국인 선수들은 침묵했다. 그로닝은 리그에서 14경기만 소화하고 돌아갔다. 마나부와 사리치도 기대에 미치지 못했다. 최전방에서 밀린 수원은 수비에서도 무너졌다. 공수 균형이 완전히 깨졌다. K리그 '괴물 공격수'로 급성장해 유럽에 진출한 오현규(13골)와 '도움왕' 이기제(14도움)의 하드캐리가 없었다면 최악의 상황을 맞을 뻔했다. 공격수 안병준은 여름 영입의 중요성을 몸소 증명했다.

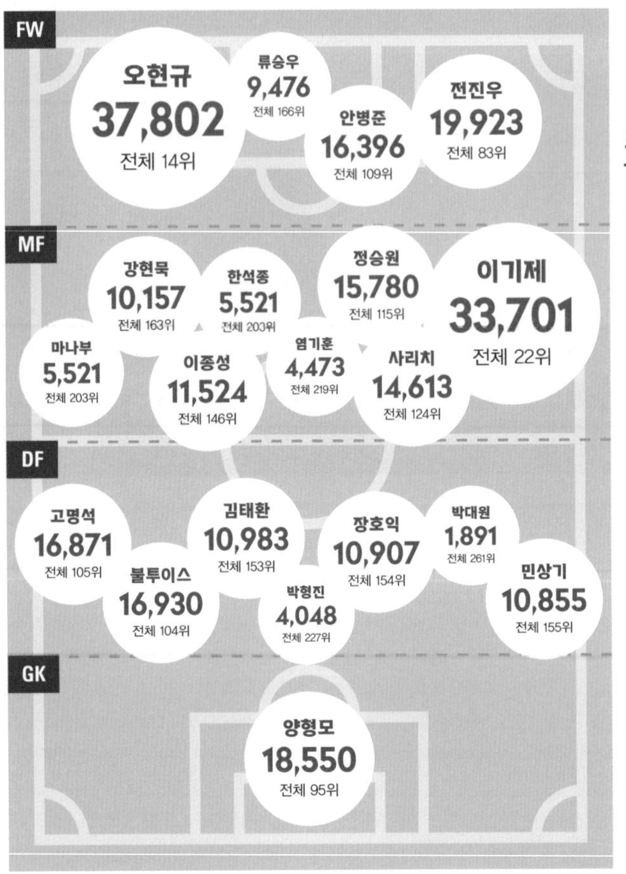

2022시즌 다이나믹 포인트 상위 20명 ■ 포인트 점수

포지션 평점

FW

MF

DF

GK

출전시간 TOP 3

1위	불투이스	3,137분
2위	이기제	3,079분
3위	정승원	2,475분

■골키퍼 제외

득점 TOP 3

1위	오현규	13골
2위	안병준	7골
3위	전진우	6골

도움 TOP 3

1위	이기제	14도움
2위	강현묵	4도움
3위	오현규, 전진우, 마나부	3도움

주목할 기록

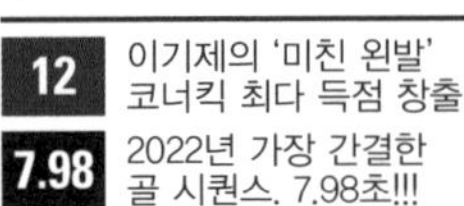

12 이기제의 '미친 왼발' 코너킥 최다 득점 창출

7.98 2022년 가장 간결한 골 시퀀스. 7.98초!!!

성적 그래프

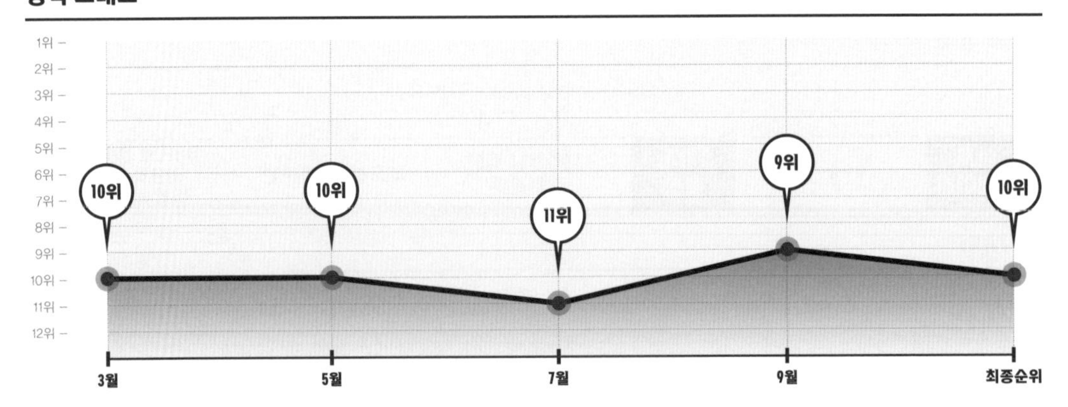

2023 시즌 스쿼드 운용 & 이적 시장 인앤아웃

핵심은 공격이다. 수원은 2022년 K리그 38경기에서 44득점 49실점을 기록했다. 12개 구단 중 수원보다 더 적은 골을 기록한 팀은 FC서울(43골), 성남FC(37골)에 불과하다. 수원의 무딘 공격력의 원인 중 하나는 외국인 선수 문제다. 그로닝 등 새 외국인 선수가 기대에 미치지 못한 채 짐을 쌌다. 중원에서 공격을 풀어내야 할 플레이메이커가 부족했던 것도 사실이다. 새 시즌을 앞두고 '핵심' 오현규가 떠났으나, 수원은 뮬리치, 아코스티, 바사니, 김경중 등 공격진을 보강했다. '중원의 핵심' 이기제와 재계약하는 데도 성공했다. '패스마스터' 김보경도 데려왔다. 이 퍼즐을 어떻게 맞춰 가느냐가 승패의 열쇠가 됐다. 이와 별개로 중요한 것이 하나 더 있다. 지난 몇 년 동안 이어진 '패배의식'을 어떻게 떨쳐내느냐다. 이 감독이 취임식에서 가장 먼저 했던 말. "자신감이 부족하다"는 얘기는 허투로 넘길 일이 아니다.

주장의 각오

이기제

"최고의 축구 인생을 만들어준 수원이라는 팀에서 주장까지 맡게 되어 어깨가 무겁다. 책임감 있는 리더십으로 올 한 해 선수들과 소통하며 경기장에서 좋은 모습을 보여드리겠다. 팀이 잘 단합할 수 있도록 만들어야 한다. 무엇보다 그라운드에서 하나 된 모습을 보여야 한다."

2023 예상 베스트 11

이적시장 평가

초반 분위기는 최악이었다. 새로 영입하는 선수보다 계약만료, 임대복귀 등으로 삼성을 떠나는 선수가 훨씬 더 많았다. 핵심자원 오현규도 스코틀랜드의 셀틱으로 이적했다. 다급해진 수원은 선수 보강에 나섰다. 힘을 쓴 부분은 단연 외국인 선수다. K리그2에서 검증된 외국인 선수 아코스티를 품에 안았다. 브라질 출신 멀티플레이어 바사니, 중원의 지배자 김보경 등을 품에 안으며 반전을 모색한다. 또한 장신 스트라이커 뮬리치도 추가로 영입했다. 하지만 과거의 명성을 되찾기 위해서는선 더 많은 투자가 필요한 것이 사실이다. 특히 수비라인 보강이 부족한 것은 새 시즌 시작에 있어 빨간불이다.

저자 6인 순위 예측

• 김 성 원 •

11위_유일하게 추운 국내서 동계훈련, '전통의 명문' 맞나 눈을 의심할 정도. 오현규도 가고, 이러다가 차원이 전혀 다른 위기 올 수도.

• 이 원 만 •

9위_오현규가 셀틱으로 떠난 빈자리가 너무 크다. 그 이적료로 딱히 좋은 선수를 영입하지도 못했다. 시련이 계속될 듯.

• 김 진 회 •

12위_유일한 위안이었던 오현규 이적 치명타. 뮬리치 영입에도 공격력 부재. 최대 위기다.

• 윤 진 만 •

8위_시즌 중간 곳곳에서 오현규를 외치고 싶을 것. 김보경-고승범이 짊어진 짐이 너무도 커 보여.

• 박 찬 준 •

10위_오현규 부재가 문제가 아니라, 그냥 전체적으로 힘이 떨어졌다. 김보경의 부활과 적응이 키포인트.

• 김 가 을 •

11위_무너진 명가, 자존심 회복을 노리지만 비시즌 준비부터 상황이 좋지 않다. 오현규가 많이 그리울 것.

이기제

1991년 7월 9일 | 32세 | 대한민국 | 175cm | 72kg

경력

시미즈 S펄스(12~14)
▷뉴캐슬 제츠(15)
▷울산(16~17)
▷수원(18)
▷김포시민(19~20)
▷수원(20~)

K리그 통산기록

141경기 8골 26도움

대표팀 경력

2경기

서른 넘어 축구에 '제대로' 눈을 떴다. 군생활을 마치고 2020년 수원에 돌아온 뒤 팀의 핵심으로 자리잡았다. 소속팀에서의 꾸준한 활약을 바탕으로 2021년 '늦깎이'로 A대표팀에 합류했다. 그의 나이 만 29세 319일의 일이었다. 2022년은 더욱 폭발적이었다. 이기제는 리그에서 무려 14개의 어시스트를 배달해 도움왕에 올랐다. 스포츠 탈장으로 1년 내내 고통을 받으면서 아픔을 딛고 만들어낸 값진 결과였다. 하지만 이기제는 웃을 수 없었다. 팀은 추락을 거듭하며 승강 플레이오프까지 떨어졌기 때문이다. 수원은 벼랑 끝에서 가까스로 살아남았다. 이기제는 2023년을 앞두고 이를 악물었다. 그는 "지난해에는 정신력과 책임감에서 부족함이 있었다. 팬들에게 실망을 안겨드렸다. 올해는 지난해보다 더 많은 공격 포인트를 쌓고 싶다. 팀이 상위권에 머물고 아시아챔피언스리그에도 나가는 것이 목표"라고 다짐했다. 이기제는 새 시즌을 앞두고 수원과 재계약했다. 2023시즌은 주장 완장을 달고 팀을 이끈다. 그는 더 큰 책임감과 목표를 갖고 2023년 그라운드를 누빈다.

2022시즌 기록

	출전시간(경기수)	득점	도움		주간베스트11
3	3,079(35) MINUTES	1 GOALS	14 ASSISTS	0	4 WEEKLY BEST 11

강점	강철 체력, 날카로운 왼발 킥	특징	2023년 수원의 캡틴, 과묵하지만 그라운드에서는 펄펄
약점	왼발보다 다소 떨어지는 오른발	별명	이기제라드

바사니 Rodrigo Bassani

1997년 10월 17일 | 26세 | 브라질 | 177cm | 79kg

경력

이투아노(15~19)
▷루셀라레(19)
▷자카테펙(20)
▷아틀레티코 모렐리아(20)
▷우니앙 수자노(20~22)
▷수원(23~)

K리그 통산기록

–

대표팀 경력

–

수원 승패의 열쇠를 쥐고 있다고 해도 과언이 아니다. 새 외국인 선수 바사니 얘기다. 수원은 2023시즌을 앞두고 바사니를 임대 영입했다. 2018~2019시즌 활약한 바그닝요 이후 첫 브라질 출신 선수다. 바사니는 왼발잡이 미드필더로 저돌적인 공격 경합과 드리블, 슛 능력을 보유하고 있다는 평가다. 특히 2선에서 상대 문전으로 쇄도하며 기회를 창출하는 움직임이 강점으로 꼽힌다. 이기제 김보경 염기훈 등과 함께 '왼발 라인'을 형성할 것으로 보인다. 수원 입장에서 바사니 영입은 승부수를 던진 셈이다. 수원은 최근 몇 년 동안 '외국인 공격수 잔혹사'를 경험했다. 그로닝(2022년 14경기), 니콜라오(2021년 17경기 1골), 크르피치(2020년 13경기 2골 1도움) 등의 선수가 줄줄이 짐을 쌌다. 바사니의 활약이 그 어느 때보다 간절한 상황이다. 또한, 수원은 시즌을 앞두고 '주포' 오현규를 잃은 만큼 바사니의 공격 포인트가 매우 중요하다. K리그 데뷔를 앞둔 바사니는 1차 동계전지훈련부터 합류해 호흡을 맞췄다. 미드필더 전 포지션을 볼 수 있는 만큼 공격 옵션 다각화에도 도움이 될 것으로 보인다.

■ 브라질 리그 기록

2022시즌 기록					
2	1,415(21) MINUTES 출전시간(경기수)	2 GOALS 득점	0 ASSISTS 도움	0	- WEEKLY BEST 11 주간베스트11

강점	왼발 쓰는 미드필더, 공격 포지션 전반 소화 가능	특징	멕시코, 벨기에 등 다양한 리그 경험
약점	K리그는 처음	별명	발사

김보경

1989년 10월 6일 | 34세 | 대한민국 | 176cm | 72kg

경력

세레소 오사카(10)
▷오이타 트리니타(10)
▷세레소 오사카(11~12)
▷카디프시티(12~15)
▷위건(15)
▷마쓰모토 야마가(15)
▷가시와 레이솔(17~19)
▷울산(19)
▷전북(20~22)
▷수원(23~)

K리그 통산기록

161경기 30골 33도움

대표팀 경력

38경기 4골
2010 · 2014 월드컵

'패스 마스터' 김보경은 올 시즌 수원의 야심작이다. 수원의 '허리 힘'을 강화하기 위해 겨울이적시장에서 김보경을 영입했다. 이병근 감독이 "주도적인 축구를 할 때 김보경이 엉킨 실타래를 풀어줄 선수라고 생각해 과감하게 영입했다. 김보경이 플레잉코치인 염기훈과 함께, 또는 그 역할을 이어받아 우리 축구에 핵심적인 역할을 할 수 있지 않을까 생각한다"고 기대감을 드러낸 이유다. 김보경은 대한민국을 대표하는 축구 스타다. 태극마크를 달고 월드컵, 올림픽 등 굵직한 무대를 경험했고 프리미어리그에도 진출했다. 2019년에는 리그 MVP를 거머쥐기도 했다. 하지만 2022년은 명성에 맞지 않았다. 리그 25경기에서 1,601분을 뛰는 데 그쳤다. 선발 9회, 교체 16회였다. 김보경은 2023년 수원으로 이적해 새 도전에 나선다. 그는 팀과 함께 명예 회복에 나선다. 그는 "수원 팬들도, 동료들도 내게 기대하는 부분이 크다는 것을 안다. 기대하시는 것을 다 보여드려야 한다고 생각한다. 매 시즌 목표는 7골 이상을 넣는 것이다. 팀의 목표는 상위 스플릿, 아시아챔피언스리그(AC) 진출이다. 그게 내 목표이기도 하다"고 목소리에 힘을 줬다.

2022시즌 기록

3	1,601(25) MINUTES 출전시간(경기수)	2 GOALS 득점	3 ASSISTS 도움	0	2 WEEKLY BEST 11 주간베스트11

강점	컴퓨터 패스, 해결사 본능	특징	수원의 소식을 전해줄 새 리포터
약점	떨어진 경기 감각과 경기 체력	별명	KBK, 패스마스터

불투이스 Davy Bulthuis

1990년 6월 28일 | 33세 | 네덜란드 | 192cm | 78kg

경력

위트레흐트(10~14)
▷뉘른베르크(14~17)
▷가발라(17)
▷헤렌벤(18)
▷울산(19~21)
▷수원(22~)

K리그 통산기록

109경기 4골 1도움

대표팀 경력

–

2023년 불투이스의 어깨가 더욱 무거워졌다. 수원은 새 시즌을 앞두고 공격과 미드필더 스쿼드를 강화했다. 외부에서 선수를 영입해 변화를 줬다. 하지만 수비진은 변화가 거의 없다. 불투이스의 역할이 더욱 중요해진 이유다. 불투이스는 지난해 리그 35경기에서 3,137분을 뛰었다. 수원 선수 중 가장 많은 시간을 소화했다. K리그1 전체로 따져봐도 최상위권이다. 2022년 불투이스보다 많은 경기를 소화한 선수는 울산의 김영권(3,287분), 수원FC의 박민규(3,160분) 단 두 명에 불과하다. 그만큼 불투이스는 기복 없는 플레이, 단단한 수비력으로 팀의 뒷문을 지켰다. 2023년에는 또 하나의 역할이 부여될 것으로 보인다. 수원은 새 시즌 외국인 선수 라인업을 확 바꿨다. 새 외국인 선수들은 수원이 낯설다. K리그1 무대가 어색한 선수도 있다. 'K리그 경력직' 아코스티는 그동안 K리그2 무대만 경험했다. 바사니는 이번에 처음으로 K리그에 도전장을 내밀었다. 불투이스는 팀 내 외국인 선수 '최고 선임자'다. 그의 수비 리더십은 물론, 그라운드 밖 역할도 매우 중요해졌다.

2022시즌 기록

	3,137(35) MINUTES 출전시간(경기수)	0 GOALS 득점	0 ASSISTS 도움		2 WEEKLY BEST 11 주간베스트11
6				0	

강점	그라운드 위 카리스마	특징	올 시즌 수원 외국인 선수 중 최고 선임자
약점	체력적으로 관리가 필요한 나이	별명	푸른 방패

뮬리치 Fejsal Mulic

1994년 10월 3일 | 29세 | 세르비아 | 203cm | 105kg

경력

노비 파자르(12)
▷1860뮌헨(14~16)
▷로얄 엑셀 무스크롱(16~17)
▷하포엘 에이커(17~18)
▷하포엘 텔 아비브(18~19)
▷브네이 예후다(19)
▷NS무라(19~20)
▷벨레주 모스타르(20~21)
▷성남(21~22)
▷수원(23~)

K리그 통산기록

69경기 22골 1도움

대표팀 경력

–

'최장신 공격수' 뮬리치가 수원의 유니폼을 입었다. 새 시즌 수원의 '마지막 퍼즐'이다. 수원은 지난해 빈공에 허덕였다. 공격 라인 강화에 힘썼다. 그러나 오현규가 떠나면서 오히려 빈 자리가 더 커졌다. 수원은 대체자를 찾기 위해 바쁘게 움직였다. 결과를 바로 내야 하는 만큼 K리그 경험자를 선호했다. 수원의 선택은 뮬리치였다. 그는 K리그에서 득점력을 인정 받았다. 2021년 성남FC 소속으로 K리그에 데뷔한 뮬리치는 첫 시즌부터 13골을 폭발했다. 지난해 33경기에서 9골 1도움을 기록했다. 큰 키는 물론, 발밑기술도 좋다는 평가다. 또한, 밖에서 중앙으로 달려 들어가는 스피드도 좋다. 정교한 킥 능력도 보유한 만큼 직접 프리킥 득점도 가능하다. 다만, 뮬리치 활용법은 고민을 해야한다. 2월에야 팀에 합류한 만큼 그의 장점을 극대화 할 방법을 빠르게 찾아야 한다. 뮬리치는 "팬들의 기대에 부응하겠다는 생각뿐이다. 우려를 기대로 바꿔보겠다. 수원에는 걸출한 미드필더들이 있다. 동료들과 함께 한다면 슈팅 뿐 아니라 내가 가진 강점을 더욱 잘 보여줄 수 있을 것으로 기대한다"고 말했다.

2022시즌 기록					
3	2,007(33) MINUTES 출전시간(경기수)	9 GOALS 득점	1 ASSISTS 도움	0	2 WEEKLY BEST 11 주간베스트11

강점	압도적 피지컬, 편견을 깨는 화려한 발밑기술	특징	오현규 빈자리를 채우기 위해 힘들게 영입한 K리그 경력직
약점	헤더 능력이 기대만큼 파괴력 있지는 않음	별명	뮬황 (뮬리치 황제)

안병준

1990년 5월 22일 | 33세 | 대한민국 | 183cm | 75kg
경력 | 가와사키 프론탈레(13~16)▷로아소 구마모토(17~18)▷수원FC(19~20)▷부산(21~22)▷수원(22~)
K리그 통산기록 | 111경기 64골 8도움
대표팀 경력 | 북한 국가대표 11경기

꿈에 그리던 K리그1 무대였다. 안병준은 2019년 수원FC의 유니폼을 입고 한국 무대에 도전했다. 이후 줄곧 K리그2 무대를 밟았다. 수원FC, 부산에서 공격력을 입증했다. 2020년(26경기 21골), 2021년(34경기 23골) 연달아 20골 이상 폭발했다. '공격 본능'을 인정 받은 안병준은 2022년 여름 이적 시장을 통해 꿈을 이뤘다. 수원의 유니폼을 입고 K리그1 무대를 밟았다. 지난해 리그 18경기에서 7골을 넣었다. 적극적인 팀 플레이가 강점이다. 지난해에는 오현규, 올해는 새 외국인 공격수들과 함께 수원 공격을 이끌어야 한다.

2022시즌 기록						강점	약점
5	0	2,128(32) MINUTES 출전시간(경기수)	11 GOALS 득점	0 ASSISTS 도움	1 WEEKLY BEST 11 주간베스트11	강력한 슈팅 적극적인 수비 가담	다소 떨어지는 스피드

전진우

1999년 9월 9일 | 24세 | 대한민국 | 181cm | 74kg
경력 | 수원(18~19)▷상무(20~21)▷수원(21~)
K리그 통산기록 | 69경기 8골 5도움
대표팀 경력 | –

연령별 대표팀을 두루 거친 엘리트다. 대한민국 축구가 기대하는 '99라인'의 한 축이다. 그러나 연이은 부상 탓에 한동안 재능을 발휘하지 못했다. 이를 악물었다. 전세진에서 전진우로 개명했다. 오직 축구만 보고 결정한 것이었다. 카드는 적중했다. 전진우는 지난해 25경기에서 6골-3도움을 기록했다. 큰 부상 없이 한 시즌을 치렀다. 이제는 현재의 긍정 분위기를 이어가는 것이 관건이다. 전진우는 근육과 체중을 늘려 68kg에서 74㎏으로 피지컬을 강화했다. 그는 "더 잘하고 싶은 마음이 생겼다. 많이 경험하고 많이 느꼈다"고 다짐했다.

2022시즌 기록						강점	약점
3	0	1,774(25) MINUTES 출전시간(경기수)	6 GOALS 득점	3 ASSISTS 도움	5 WEEKLY BEST 11 주간베스트11	순간적으로 번뜩이는 움직임	훨씬 더 강해져야 할 체력

아코스티 Maxwell Boadu Acosty

1991년 9월 10일 | 32세 | 이탈리아 | 178cm | 76kg
경력 | AC레지아나(08~09)▷ACF피오렌티나(09~11)▷SS유베 스타비아(12~13)▷AC키에보베로나(13~14)▷카르피FC 1909(13~14)▷모데나FC(14~15)▷라티나 칼초(15~16)▷FC크로토네(16~17)▷HNK 리예카(17~20)▷안양(20~22)▷수원(23~)
K리그 통산기록 | 70경기 20골 12도움
대표팀 경력 | –

아코스티는 K리그에서 검증된 공격수다. 2020년 안양 유니폼을 입고 K리그에 데뷔했다. 첫 시즌 19경기만 뛰고도 7골을 넣었다. 그는 2021년(16경기 5골 1도움), 2022년(33경기 7골 11도움) 더 강력한 모습을 보였다. 최전방부터 측면까지 공격 진영 전반을 소화하는 멀티 플레이어다. 빠른 발에서 뿜어져 나오는 폭발적 드리블이 압도적이다. 자신이 직접 해결하는 것은 물론이고 동료들의 플레이까지 살핀다는 점에서 긍정적이다. 다만, 아코스티는 그동안 K리그2 무대만 뛰었다. K리그1은 또 다르다. 적응이 관건이다.

2022시즌 기록						강점	약점
6	0	2,567(33) MINUTES 출전시간(경기수)	7 GOALS 득점	11 ASSISTS 도움	6 WEEKLY BEST 11 주간베스트11	단단한 피지컬을 앞세운 문전 쇄도	어서와, K리그1 무대는 처음이지?

■K리그2 기록

류승우

1993년 12월 17일 | 30세 | 대한민국 | 174cm | 68kg
경력 | 제주(13~14)▷바이어 04 레버쿠젠(13~14)▷아인트라흐트 브라운슈바이크(14~15)▷DSC 아르미니아 빌레펠트(16)▷페렌츠바로시TC(16~17)▷제주(17~18)▷상무(19~20)▷제주(20~21)▷수원(22~)
K리그 통산기록 | 93경기 7골 4도움
대표팀 경력 | 2013 U-20 월드컵, 2016 올림픽

류승우는 '역대급' 재능으로 불렸다. 20세에 독일 레버쿠젠에 합류했다. 2016년 리우올림픽에서는 피지를 상대로 3골을 넣었다. 한국 남자 축구 사상 국제축구연맹 주관 세계대회 본선 첫 해트트릭이었다. 그만큼 기본기, 순발력, 기술 등 좋은 점을 많이 가지고 있다. 하지만 K리그에서는 기대 만큼의 모습을 보이지 못했다. 반가운 점은 류승우는 지난해 이병근 감독 체제에서 많은 시간을 부여받았다. 부활의 신호탄을 쏜 만큼 움직임뿐만 아니라 공격에서 마무리까지 해줘야 한다.

2022시즌 기록						강점	약점
2	0	2,512(26) MINUTES 출전시간(경기수)	2 GOALS 득점	0 ASSISTS 도움	- WEEKLY BEST 11 주간베스트11	날쌘 움직임	파워 부족

서동한

2001년 3월 23일 | 21세 | 대한민국 | 172cm | 66kg
경력 | 수원(23~)
K리그 통산기록 | -
대표팀 경력 | -

프로 데뷔도 전부터 뜨거운 관심을 받고 있다. 서동한은 '수원 레전드' 서정원 전 감독(현 청두 룽청 감독)의 아들이다. 매탄고 졸업 후 고려대에 진학했던 서동한은 아버지의 뒤를 이어 '푸른색 유니폼'을 입게 됐다. 아버지와 같은 윙어로 돌파 능력과 영리한 경기 운영이 강점으로 꼽힌다. 약점으로 꼽힌 피지컬 강화를 위해 꾸준히 노력했다. 서동원은 올 시즌 수원의 22세 이하(U-22) 핵심 자원이다. 아버지의 영광, 프로의 높은 벽을 이겨내야 한다.

2022시즌 기록						강점	약점
0	0	- (-) MINUTES 출전시간(경기수)	- GOALS 득점	- ASSISTS 도움	- WEEKLY BEST 11 주간베스트11	돌파 능력 경기 운영 능력	아버지의 이름이 주는 거대한 무게감

최성근

1991년 7월 28일 | 32세 | 대한민국 | 183cm | 73kg
경력 | 반포레 고후(12~13)▷사간 도스(14~16)▷FC기후(16)▷수원(17~)
K리그 통산기록 | 102경기 2골 2도움
대표팀 경력 | -

최성근에게 2022년은 어둠의 시간이었다. 그는 지난해 3월 5일 열린 성남FC와의 대결에서 부상을 입었다. 경기 시작 불과 8분 만에 일어난 일이었다. 상대와의 경합 과정에서 쓰러졌다. 그라운드에 쓰러진 최성근은 들것에 실려 물러났다. 최성근은 그렇게 '시즌 아웃'됐다. 그는 지난해 리그 단 4경기 출전에 그쳤다. 최성근은 힘겨운 재활을 마치고 돌아왔다. 동계전지훈련부터 구슬땀을 흘렸다. 중원의 '언성 히어로' 최성근은 부상의 아픔을 딛고 2023년 비상을 꿈꾼다. 다만, 이종성, 한석종 등과의 경쟁은 피할 수 없는 상황이다.

2022시즌 기록						강점	약점
1	0	291(4) MINUTES 출전시간(경기수)	0 GOALS 득점	0 ASSISTS 도움	- WEEKLY BEST 11 주간베스트11	강력한 1대1 능력	부상으로 잃어버린 경기력

정승원

1997년 2월 27일 | 26세 | 대한민국 | 173cm | 68kg
경력 | 대구(17~21)▷수원(22~)
K리그 통산기록 | 150경기 8골 15도움
대표팀 경력 | –

정승원은 그 누구보다 간절하게 2023시즌을 준비하고 있다. 동계전지훈련 때부터 식단 관리까지 하며 몸 상태를 조절하고 있다. 정승원은 지난해 수원의 유니폼을 입었다. 10번을 달았다. 그만큼 기대가 컸다. 정승원은 미드필더와 윙백을 오가며 그라운드를 누볐다. 하지만 완전하지 않은 근육 상태였던 탓에 어려움을 겪었다. 그라운드 안팎에선 각종 루머가 퍼져나갔다. 정승원은 "지난해 너무 힘들었다. 올해는 더 잘해야 한다. 개인적인 목표는 포인트를 많이 하는 것이다. 파이널A에도 오르고, 아시아챔피언스리그에도 나가고 싶다"고 새 시즌 포부를 밝혔다.

2022시즌 기록						강점	약점
5	0	2,475(29) MINUTES 출전시간(경기수)	0 GOALS 득점	1 ASSISTS 도움	- WEEKLY BEST 11 주간베스트11	적극적인 움직임 멀티플레이어	포지션 오가며 생기는 흔들림

이종성

1992년 8월 5일 | 31세 | 대한민국 | 187cm | 72kg
경력 | 수원(11)▷상무(12)▷수원(14)▷대구(15)▷수원(16~20)▷성남(21~22)▷수원(22~)
K리그 통산기록 | 178경기 8골 5도움
대표팀 경력 | –

이종성은 지난해 후반기 수원 중원의 파이터였다. 성남FC에서 임대를 마치고 돌아와 팀의 중심을 잡았다. 강력한 1대1 능력, 빌드업 능력을 앞세워 허리에서 윤활유 역할을 했다. '부상병동' 수원의 중원에 큰 힘이 됐다. 또한, 이종성은 공격에서도 두 골을 보태며 알토란 역할을 톡톡히 했다. 수비형 미드필더지만 스리백의 오른쪽 자원으로도 뛸 수 있는 만큼 활용 폭은 더 넓어질 것으로 보인다. 다만, 잦은 경고는 주의해야 한다.

2022시즌 기록						강점	약점
11	1	1,995(25) MINUTES 출전시간(경기수)	2 GOALS 득점	0 ASSISTS 도움	1 WEEKLY BEST 11 주간베스트11	전투력 대인 마크 능력	잦은 경고로 인한 '카드 트러블'

염기훈

1983년 3월 30일 | 40세 | 대한민국 | 182cm | 80kg
경력 | 전북(06~07)▷울산(07~09)▷수원(10~11)▷경찰(12~13)▷수원(14~)
K리그 통산기록 | 442경기 77골 110도움
대표팀 경력 | 57경기 5골, 2010 월드컵

2006년 프로에 데뷔한 염기훈은 당초 2022시즌을 끝으로 현역 은퇴를 예고했으나, 이후 계획을 변경했다. 그는 1년 더 그라운드를 누빈다. 이병근 감독의 간곡한 부탁이 있었다. 수원은 지난해 승강 플레이오프까지 추락했다. 명가 재건을 위해선 중심을 잡아줄 '베테랑'이 필요하다는 결론이 나왔다. 40세가 된 염기훈은 올 시즌 플레잉 코치로 선수단과 코칭스태프 사이를 잇는다. 선수로는 다시 한 번 '80-80(골-도움)' 클럽 가입에 도전한다. 딱 세 골만 더 넣으면 된다. 염기훈은 "더 잘 준비해서 목표를 이루고 멋지게 은퇴하고 싶다"고 말했다.

2022시즌 기록						강점	약점
2	0	605(19) MINUTES 출전시간(경기수)	0 GOALS 득점	0 ASSISTS 도움	- WEEKLY BEST 11 주간베스트11	날카로운 왼발 킥과 패스	눈에 띄게 줄어든 활동량

한석종

1992년 7월 19일 | 31세 | 대한민국 | 186cm | 80kg
경력 | 강원(14~16)▷인천(17~18)▷상무(19~20)▷수원(20~)
K리그 통산기록 | 234경기 11골 8도움
대표팀 경력 | –

한석종은 3선에서 두 가지 역할을 동시에 수행한다. 빌드업 과정에서는 전방위로 패스를 뿌려 동료들의 공격을 돕는다. 수비 시에는 왕성한 활동량으로 상대의 공격 루트를 차단한다. 한석종은 안정적인 움직임으로 중원의 균형을 잡는다. 그러나 한석종은 최근 몇 년 사이 크고 작은 부상으로 아쉬움을 남겼다. 특히 지난해에는 리그 20경기에서 1,234분을 뛰는 데 그쳤다. 2023년 경쟁은 더욱 뜨겁다. 물오른 기량을 선보이는 이종성을 비롯, 고승범도 복귀했다. 기복을 줄이고 안정감을 되찾는 것이 필수다.

2022시즌 기록						강점	약점
2	0	1,234(20) MINUTES 출전시간(경기수)	0 GOALS 득점	0 ASSISTS 도움	- WEEKLY BEST 11 주간베스트11	중앙에서 좌우로 쭉쭉 빼주는 패스	컨디션에 따른 기복

민상기

1991년 8월 27일 | 32세 | 대한민국 | 184cm | 77kg
경력 | 수원(10~17)▷경찰(17~18)▷수원(19~)
K리그 통산기록 | 210경기 4골 1도움
대표팀 경력 | –

민상기는 수원의 원클럽맨이다. 2010년 프로 데뷔 후 경찰청 군복무 시기를 제외하고는 줄곧 수원에서 뛰었다. 특히 민상기는 수원 유스팀인 매탄고 1기 출신으로 팬들의 남다른 응원을 받았다. 그는 지난해 수원의 주장을 맡았다. 매탄고 출신 첫 번째 캡틴이었다. 하지만 상황은 좋지 않았다. 부상 등 악재가 겹치며 경쟁에서 밀렸다. 팀은 승강 플레이오프까지 추락했다. 민상기는 2023시즌을 앞두고 수원과 2년 재계약했다. 그는 "수원의 역사의 한 조각이 되고 싶다"고 다짐했다. 부상 없이 한 시즌을 제대로 치르는 게 미션이 됐다.

2022시즌 기록						강점	약점
0	0	1,803(24) MINUTES 출전시간(경기수)	0 GOALS 득점	0 ASSISTS 도움	1 WEEKLY BEST 11 주간베스트11	수비 리딩 능력	잦은 부상

고명석

1995년 9월 27일 | 28세 | 대한민국 | 189cm | 80kg
경력 | 부천(17)▷대전(18)▷수원(19)▷상무(20~21)▷수원(21~)
K리그 통산기록 | 123경기 6골
대표팀 경력 | –

고명석은 2022년 롤러코스터를 탔다. 시즌 초 부상, 페널티킥 허용 등으로 힘든 시간을 보냈다. 하지만 경기를 치르며 감각을 끌어 올렸다. 장신을 이용한 헤딩골도 넣었다. 파이널 라운드에서는 수원 수비의 '빛'으로 활약을 펼쳤다. 상대 에이스 선수들을 꽁꽁 묶으며 존재감을 보여줬다. 그는 지난해 K리그1 무대 입성 후 최고의 활약을 펼쳤다. 장신에 스피드까지 있어 이병근 감독이 추구하는 축구에 잘 맞는다는 평가다. 다만, 섬세함이 부족한 부분은 아쉬움으로 꼽힌다. 부족한 점을 채워 넣어야 한다.

2022시즌 기록						강점	약점
1	0	1,661(23) MINUTES 출전시간(경기수)	3 GOALS 득점	0 ASSISTS 도움	5 WEEKLY BEST 11 주간베스트11	큰 키 빠른 발 헤딩볼 경합	다소 투박한 플레이 스타일

고승범

1994년 4월 24일 | 29세 | 대한민국 | 173cm | 70kg
경력 | 수원(16~17)▷대구(18)▷수원(19~21)▷상무(21~22)▷수원(23~)
K리그 통산기록 | 137경기 9골 13도움
대표팀 경력 | 3경기

고승범은 지난해 김천 상무에서 부상으로 힘든 시간을 보냈다. 리그 23경기에서 2도움을 기록하는 데 그쳤다. 반전이 필요한 상황, 고승범은 복무를 마치고 수원으로 돌아왔다. 고승범은 2016년 수원의 유니폼을 입고 데뷔한 뒤 많은 '스토리'를 쌓았다. 그는 한때 측면 수비수와 중앙 미드필더를 모두 소화하는 살림꾼으로 박수를 받았다. 부상으로 힘든 시기를 보내기도 했다. 고승범은 이를 악물고 일어섰다. 왕성한 활동량, 절묘한 프리킥을 앞세워 수원의 중원을 책임졌다. 고승범은 수원 중원의 핵심이자 부주장으로 2023년 빛을 향해 걸어간다.

2022시즌 기록						강점	약점
1	0	1,895(23) MINUTES 출전시간(경기수)	2 GOALS 득점	0 ASSISTS 도움	- WEEKLY BEST 11 주간베스트11	미친 활동량 정교한 프리킥	다소 불안정한 왼발슛

김태환

2000년 3월 25일 | 23세 | 대한민국 | 179cm | 73kg
경력 | 수원(19~)
K리그 통산기록 | 85경기 2골 8도움
대표팀 경력 | –

김태환은 풀백과 윙백 모두 소화 가능한 자원이다. 수비수지만 공격 면에서도 강점을 보인다. 그에게 2023년은 '도전의 시간'이 될 것이다. 수원 유스 출신 김태환은 '매탄소년단'의 일원으로 맹활약을 펼쳤다. 22세 이하(U-22) 자원이라는 점도 매력적이었다. 하지만 이제 더 이상 U-22 규정 대상이 아니다. 더욱이 김태환은 지난해 기대만큼의 활약을 펼치지 못했다. 2021년(36경기 1골 5도움)과 비교된다. 새 시즌 본인은 물론, 팀의 명예회복을 위해 달려야 한다.

2022시즌 기록						강점	약점
2	0	2,346(31) MINUTES 출전시간(경기수)	0 GOALS 득점	2 ASSISTS 도움	- WEEKLY BEST 11 주간베스트11	후방에서부터 끌고 올라가는 공격력	22세 이하 규정 종료 더 치열해진 경쟁

양형모

1991년 7월 16일 | 32세 | 대한민국 | 185cm | 84kg
경력 | 수원(14)▷용인시청(15)▷수원(16~17)▷경찰(18~19)▷수원(19~)
K리그 통산기록 | 112경기 145실점
대표팀 경력 | –

스토리가 길다. 양형모는 데뷔 초 정성룡, 노동건 등에 밀려 기회를 잡지 못했다. 용인시청 임대, 경찰청 복무 등으로 변화를 꾀했다. 그는 2020시즌에야 비로소 수원에서 제대로 된 커리어를 쌓기 시작했다. 2022년 드디어 잠재력을 폭발했다. 리그 35경기를 소화했다. 커리어 하이 기록이었다. 2023시즌은 더욱 중요하다. 그동안 선의의 경쟁을 펼쳤던 노동건이 팀을 떠났다. 양형모는 수원의 '제1 골키퍼'로 시즌을 준비하고 있다. 그동안 약점으로 지적됐던 기복을 줄여야 한다. 그래야 수원이 산다.

2022시즌 기록						강점	약점
1	0	3,351(35) MINUTES 출전시간(경기수)	98 SAVE 선방	45 LOSS 실점	3 WEEKLY BEST 11 주간베스트11	동물적인 반사신경	혼자 책임져야 하는 시즌에 대한 부담감

전지적 작가 시점

김가을이 주목하는 수원삼성의 원픽!

바사니

'전통의 명가' 수원 삼성에 고민이 있다. 외국인 선수 '잔혹사'다. 수원은 최근 외국인 공격수 부진 문제로 어려움을 겪었다. 지난해 야심차게 영입한 그로닝은 리그 14경기에서 단 하나의 공격포인트도 기록하지 못했다. 일찌감치 짐을 쌌다. 2019년 이후 3년 만에 돌아온 사리치도, 후반기 영입한 마나부도 아쉬움을 남겼다. 수원은 지난해 창단 처음으로 승강 플레이오프를 치르는 아픔을 경험했다.

새 시즌 반전을 꿈꾼다. 수원은 2023년 공격력 강화를 위해 브라질 출신 미드필더 바사니(26)를 임대 영입했다. 그는 2015년 이투아누(브라질)에서 프로 데뷔해 154경기에서 34골 2도움을 기록했다. 멕시코, 벨기에 리그도 거친 경험이 있다.

기대감이 높다. 수원은 '바사니는 왼발잡이 미드필더로 저돌적인 공격 경합과 드리블, 슛 능력을 보유하고 있다. 특히 2선에서 상대 문전으로 쇄도하며 기회를 창출하는 움직임이 강점'이라고 했다. 바사니는 또 다른 외국인 선수 아코스티와 수원 자존심 회복, 더 나아가 외국인 선수 잔혹사 끊어내기에 도전한다.

지금 수원삼성에 이 선수가 있다면!

오현규

수원 삼성의 '소년가장'이 떠났다. 지난해 정규리그 36경기에서 13골, 팀 내 최다 득점자였던 오현규가 새 도전에 나섰다. 그는 2023시즌을 앞두고 '스코틀랜드 명문' 셀틱의 유니폼으로 갈아입었다.

수원 입장에선 아쉬울 수밖에 없다. 오현규는 수원이 믿고 키운 재능이다. 매탄고 재학 중이던 2019년 준프로 계약을 했다. 2020~2021시즌 군 생활까지 기다렸다. 오현규는 믿음에 보답했다. 그는 2022년 펄펄 날았다. 특히 FC안양과의 승강 플레이오프 2차전에서는 천금 결승골로 수원의 K리그1 잔류를 이끌었다. 수원은 2023년 오현규 활용도를 높일 계획이었다. 하지만 오현규는 유럽 무대로 훨훨 날아갔다.

이제 남은 것은 오현규의 유산, 이적료 300만 유로다. 수원은 오현규 빈자리 찾기에 적극적으로 나섰다. 하지만 새 선수의 활약 여부와 별개로 오현규의 빈자리는 큰 아쉬움일 수밖에 없다. 이병근 감독이 "감독 입장에선 잡고 싶었다. 허락하는데 어려움이 있었던 건 사실이다. 하지만 꿈을 꺾고 싶지는 않았다. 열어주고 싶었다"고 말한 이유다.

아론
티모
산드로
아사니
토마스
두현석
이희균
엄지성
허율
이건희
하승운
주영재
정호연
박한빈
최준혁
신창무
정지훈
이민기
안영규
이으뜸
이순민
이상기
양창훈
김경민
이준

광주FC

역대 3번째 승격, 이정효표 '도장깨기' 개봉박두

광주 FC

'빛고을' 광주는 2010년 12월 창단된 시민구단이다. 넘어지면 '오뚜기'처럼 일어난다. 2013년 처음으로 K리그2로 강등됐지만, 2014년 K리그2 2위로 첫 승격을 이뤄냈다. 이후 3년간 K리그1에 잔류했던 광주는 2018년 다시 K리그2로 강등의 아픔을 맛았다. 그래도 굴하지 않았다. 2019년 K리그2 우승으로 다시 다이렉트 승격을 달성했다. 광주의 강등 잔혹사는 2021년에 다시 벌어졌다. 그러나 2022년 또다시 기적을 썼다. 광주의 새 지휘봉을 잡은 이정효 감독의 훌륭한 지도력을 통해 조기 승격을 확정짓고 화려하게 비상했다. 홈 구장도 한국 실정에 맞게 변했다. 창단 이후 2020년까지 4만석이 넘는 광주월드컵경기장을 사용했지만, 2020년부터는 1만7명 수용 가능한 광주축구전용구장을 안방으로 사용하고 있다. 그동안 광주는 K리그 대표적인 '셀링 클럽'이었다. 임선영, 김호남, 김은선, 김수범, 박기동, 이승기 등 창단 멤버들 다수가 기업 팀으로 이적했다. 또 나상호, 김민혁, 엄원상도 광주에서 성장해 기업구단으로 둥지를 옮겨 핵심 멤버가 됐다. 2023시즌 광주는 기업구단들을 위협하는 전력을 갖췄다. 더 이상 강등과 승격을 오갔던 과거의 광주가 아니다. '이정효호'는 또 다른 기적을 기대하고 있다.

구단 소개

정식 명칭	광주시민프로축구단
구단 창립	2010년 12월 16일
모기업	시민구단
상징하는 색	옐로우 & 레드
경기장(수용인원)	광주축구전용구장 (10,007명)
마스코트	보니, 화니
레전드	김호남, 이승기, 이종민, 정조국, 나상호
서포터즈	빛고을
온라인 독립 커뮤니티	옐로우 블러드

우승

K리그	2회(2019, 2022) *2부리그 기록
FA컵	–
AFC챔피언스리그(ACL)	–

최근 5시즌 성적

시즌	K리그	FA컵	ACL
2022시즌	1위(2부)	16강	–
2021시즌	12위	3라운드	–
2020시즌	6위	16강	–
2019시즌	1위(2부)	16강	–
2018시즌	5위(2부)	3라운드	–

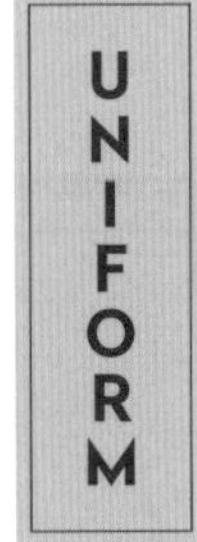

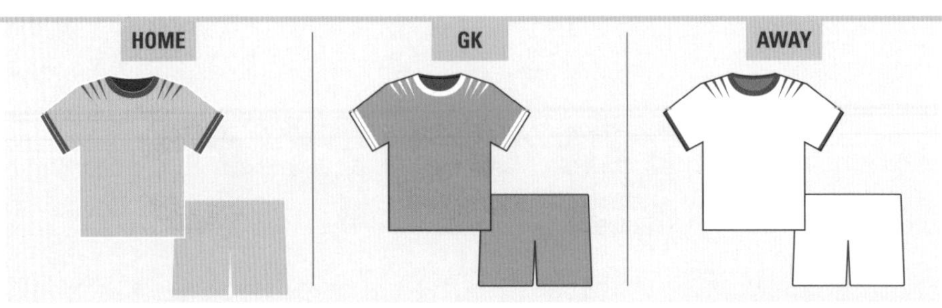

"선수를 가꾸는 마음으로"
'준비된 지도자' 이정효의 도전

이정효

1975년 7월 23일 | 47세 | 대한민국

K리그 전적
40전 25승 11무 4패

현역 시절 '슈퍼스타' 안정환과 함께 대우 로얄즈에서 미남으로 꼽혔던 이정효 감독은 축구계에서 수석코치로 정평이 났던 지도자다. 아주대, 성남, 제주 등 수석코치만 세 차례 역임했다. 오랜 기간 감독들을 보좌하면서 자신만의 지도법을 축적했다. 그리고 구단 사무국의 '사고초려' 끝에 광주 지휘봉을 잡았고 그 지도력을 2022년 발휘했다. 강등 1년 만에 K리그1 승격을 이뤄냈다. 완벽에 가까운 신구조화 속에 강력한 압박과 공격축구를 선수들에게 이식하면서 2부리그에서 압도적인 경기력을 뽐냈다. 현대축구 트렌드를 자신의 축구에 덧입히면서 김기동 포항 감독, 김도균 수원FC 감독과 함께 K리그에서 '핫'한 지도자로 평가받는다. 뛰어난 지략도 이 감독의 최대 장점이다. 2023시즌에는 잔류가 목표가 아니라, 그 이상의 더 높은 곳을 바라보고 있다.

선수 경력

부산 대우로얄즈	부산 아이파크

지도자 경력

아주대 수석코치	아주대 감독	전남 드래곤즈 코치	광주 코치	성남 수석코치	제주 수석코치	광주 감독(22~)

주요 경력

2022년 K리그2 우승

선호 포메이션	3-4-3	3가지 특징	압박과 공격축구 지향	전술, 전략 풍부	온화한 성품으로 선수단 관리

STAFF

수석코치	분석코치	코치	GK코치	피지컬코치	스카우터	주치의	선수 트레이너	전력분석관	통역
이정규	박원교	조용태	신정환	김경도	정철호	이준영	이규성 김민식 고한슬	이태식	최현석

2022 REVIEW

다이나믹 포인트로 보는 광주의 2022시즌 활약도

광주는 역대 K리그2 최단기간 우승과 최다승, 최다승점 등 숱한 기록을 썼을 정도로 지난 시즌 꽃길을 걸었다. 공수 밸런스가 완벽에 가까웠다. 공격에선 윙포워드 헤이스가 57,245점으로 다이나믹포인트 전체 1위를 기록했다. 주장이자 센터백 안영규는 12위에 랭크됐다. 매 경기 '선방쇼'를 펼친 골키퍼 김경민도 13위에 올랐고, 박한빈, 엄지성, 이으뜸, 허율이 30위 안에 이름을 올렸다. 핵심 센터백 아론은 60위를 마크했다. 후반기 영입돼 우승에 방점을 찍은 산드로는 69위를 기록했다. 팀적으로도 개인적으로도 2부 리그에서 최고의 한 해를 보낸 광주였다.

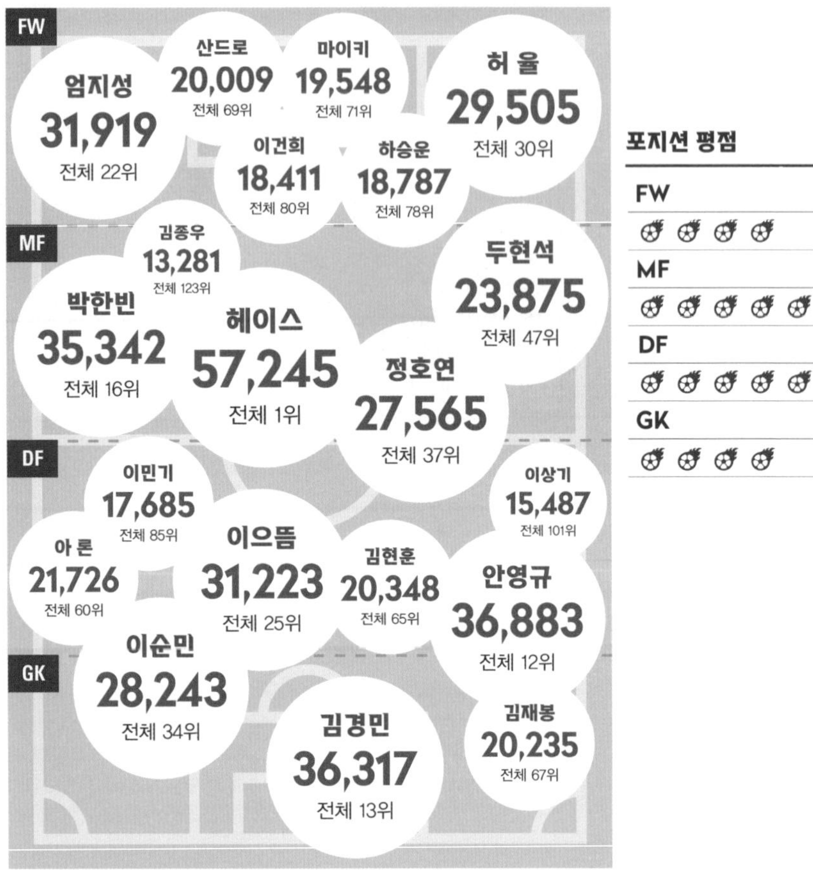

2022시즌 다이나믹 포인트 상위 20명 (K리그2 기록) ■ 포인트 점수

포지션 평점

FW
MF
DF
GK

출전시간 TOP 3

1위	헤이스	3,023분
2위	안영규	3,201분
3위	박한빈	3,104분

■ 골키퍼 제외

득점 TOP 3

1위	헤이스	12골
2위	엄지성	9골
3위	산드로	7골

도움 TOP 3

1위	이으뜸	9도움
2위	박한빈	6도움
3위	산드로, 정호연, 하승운, 허율, 헤이스	4도움

주목할 기록

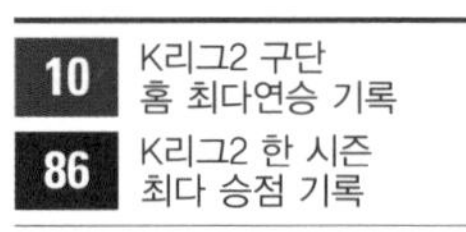

10	K리그2 구단 홈 최다연승 기록
86	K리그2 한 시즌 최다 승점 기록

성적 그래프

■ K리그2 기록

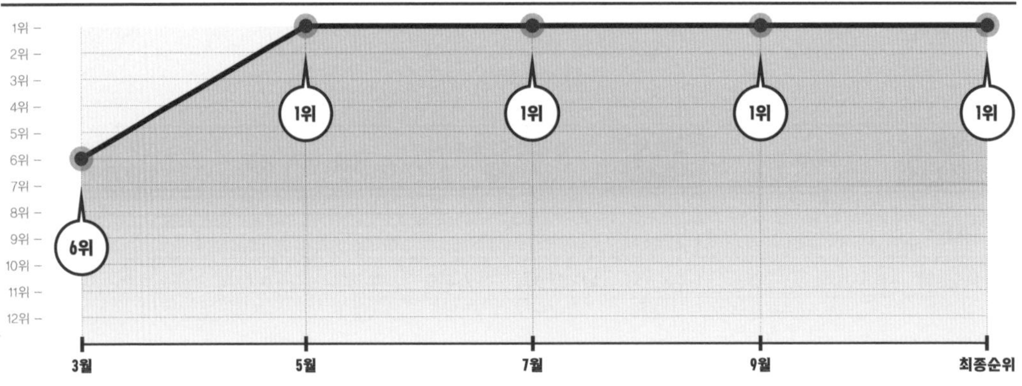

2023 시즌 스쿼드 운용 & 이적 시장 인앤아웃

IN

신창무_강원
이건희_서울이랜드
토마스_사페코엔시
티모_룅뷔
아사니_키스바르다
이강현_인천
오후성_대구
김경재 김동국_제주
주영재_임대복귀
김태준 정지훈_신인

ⓒ 주장 U-22 자원

OUT

김종우_포항
헤이스_제주
조성권_임대
이한샘 김현훈
이찬동 문상윤
박준강 장동찬
정종훈 양창훈
마이키_계약해지

2023시즌 광주의 전력은 2022시즌보다 확실히 더 강해졌다. 팀 내 최다득점자 헤이스와 김종우가 각각 제주와 포항으로 둥지를 옮겼지만, 기존 산드로와 아론에다 토마스, 아사니, 티모까지 영입했다. 5+1로 늘어난 외국인 쿼터를 충분히 활용해 전력을 향상시켰다. 여기에 핵심 국내 선수들을 잔류시키면서 이강현, 김경재 등 알짜를 추가 영입하며 기업구단들과 맞설 수 있는 전력을 구축했다. 이정효 감독의 공격축구가 1부 리그에서도 통하려면 지난 시즌보다 더 빨라져야 한다. K리그1은 2부리그와는 다른 무대다. 빠른 템포에 적응해야 한다. 역대 세 차례 강등 속에서 배운 건 역시 실점을 줄여야 한다는 것. 아론과 티모, K리그2 베스트 11 수비수 안영규로 구성될 스리백이 시즌 끝까지 탄탄함을 유지할 수 있느냐가 상위 스플릿을 넘어 창단 첫 아시아챔피언스리그 진출까지 바라볼 수 있는 열쇠가 될 것으로 보인다.

주장의 각오

안영규

"지난해 광주는 K리그2 최강자였지만, 올해는 K리그1 도전자 입장이다. 그야말로 '도장 깨기'에 나서는 시즌이다. 1부 잔류는 당연한 목표다. 그동안 상위 스플릿(1~6위) 진출이 팀의 최고 성적이었는데, 아시아챔피언스리그 진출, 그 이상도 이뤄보고 싶다."

2023 예상 베스트 11

이적시장 평가

국내 선수 영입은 전력에 커다란 플러스 요소는 아니었고, 외국인 선수 영입에 초점을 맞춘 이적시장이었다. 헤이스와 김종우의 이탈은 광주에게 큰 변수가 아니었다. 알바니아 출신 윙어 아사니를 비롯해 섀도 스트라이커 토마스와 센터백 티모를 영입해 공수를 강화했다. 무엇보다 이정효 감독이 선호하는 '멀티 능력'을 갖춘 선수들을 뽑으면서 수많은 변수에 대비한 모습이다. 2023시즌 '외인 파워'를 기대하는 광주다.

저자 6인 순위 예측

• 김 성 원 •

10위_수비 전술에 특화된 사령탑. 버티고 지켜내면 상대가 오히려 초조해질 수도 있다. 시작이 반, 시즌 초반 방향이 한 해 좌우할 듯.

• 이 원 만 •

10위_K리그2 우승의 힘이 K리그1에서 어느 정도나 통할 수 있을 것인가. 계속 시험과 도전을 받게 될 것이다.

• 김 진 회 •

6위_이정효 감독의 색깔 있는 축구가 K리그1에서도 통할 듯. 전반적으로 외국인 영입이 잘 이뤄졌다는 평가.

• 윤 진 만 •

10위_2022시즌 K리그2를 정복한 이정효식 축구가 K리그1에서 먹히면 대박, 한계를 드러내면 쪽박. 예측이 가장 어려운 팀.

• 박 찬 준 •

12위_'이정효+젊은 피' 앞세운 다크호스이지만, 객관적 전력상 가장 떨어지는 팀임은 분명한 '팩트'.

• 김 가 을 •

10위_'모' 아니면 '도'가 될 가능성 농후. 다소 약한 국내 선수 라인업을 외국인 선수 대박으로 채운다면 로또.

엄지성

2002년 5월 9일 | 21세 | 대한민국 | 174cm | 64kg

경력

광주(21~)

K리그 통산기록

65경기 13골 2도움

대표팀 경력

1경기 1골

엄지성은 2021년부터 광주의 공격을 이끌고 있는 윙어 겸 공격형 미드필더다. 장점 중 창의적인 플레이가 특히 돋보인다. 공수 연결고리 역할을 하면서 전방에 있는 선수들에게 킬패스를 찔러준다. 무엇보다 멘탈이 훌륭하다. 2002년생답지 않게 플레이가 여유롭다. 하프라인까지 내려와 빌드업에 관여하는 등 활동범위도 넓은 편이다. 엄지성의 침착함은 광주가 K리그2 강등 1년 만에 2023시즌 K리그1으로 승격할 수 있는 원동력이 됐다고 해도 과언이 아니다. 2021시즌보다 2022시즌 출전 경기수가 줄었는데 오히려 공격포인트는 늘었다. 슈팅을 많이 시도하려고 노력했던 것이 결과로 이어졌다. 양발을 잘 사용하기 때문에 위치를 가리지 않고 슈팅이 가능하다. '엄지성존'이 생길 정도다. 아쉬운 건 지난해 8월말 입은 발목 부상. 가장 '핫'할 때 전력에서 이탈해 많은 경기를 뛰지 못했다. 그래도 K리그에서 가장 성장세가 가파른 선수 중 한 명이다. 지난해 1월에는 A대표팀 튀르키예 안탈리아 전지훈련 명단에 포함되기도 했고, 아이슬란드전에서 교체투입으로 A매치 데뷔전을 치르기도 했다. 엄지성은 "올 시즌 재미있을 것 같다. 피지컬적인 부분이나 공격 지역에서 보여줄 수 있는 장점들을 더 보완시키려고 하겠다"며 각오를 다졌다.

■ K리그2 기록

2022시즌 기록					
1	2,067(28) MINUTES 출전시간(경기수)	9 GOALS 득점	1 ASSISTS 도움	0	5 WEEKLY BEST 11 주간베스트11

강점	창조적 플레이, 슈퍼킥	특징	엄지성존, 강한 멘탈
약점	빈약한 피지컬, 수비력	별명	엄지척

산드로 Cordovil De Lima Sandro Cesar

1990년 10월 28일 | 33세 | 브라질 | 186cm | 82kg

경력

ASEEV(11)
▷고이아투바(12)
▷그레미우 아나폴리스(12)
▷인디펜디엔치(12~13)
▷아나폴리스(13~20)
▷히우 아브(13~14)
▷아카데미쿠 드 비제우(14~15)
▷샤베스(15~16)
▷아카데미쿠 드 비제우(16~18)
▷이스토릴 프라이아(18~19)
▷질 비센트(19~20)
▷텐진 테다(20~21)
▷겐츨레르비를리이(21~22)
▷광주(22~)

K리그 통산기록

19경기 7골 4도움

대표팀 경력

–

산드로는 지난 시즌 광주가 강등 한 시즌 만에 K리그1 조기 승격을 이룰 수 있게 마지막 방점을 찍어준 브라질 출신 스트라이커다. 후반기 영입돼 마이키의 떨어지는 득점력을 메워줬다. 아시아 무대 적응은 빨랐다. 2020~2021년 중국 텐진 테다에서 뛴 덕분이다. 당시 중국 슈퍼리그에서 10경기 1골에 그쳤지만, K리그에선 달랐다. 19경기에서 7골-4도움을 기록했다. K리그 데뷔전이었던 지난해 7월 2일 김포전 포함 13경기에서 2골밖에 넣지 못했지만, 지난해 9월 11일 전남전 첫 멀티골을 시작으로 3경기 연속골, 3경기 4골을 터뜨리며 2023시즌을 더 기대케 했다. 186cm, 82kg의 건장한 신체조건으로 최전방 몸 싸움에 능한 산드로는 외국인 선수답지 않게 남다른 투지와 패기를 보여주고 있다. 이런 책임감 덕분에 구단 최초로 외인 선수가 2023시즌 부주장을 맡았다. 이정효 감독은 "산드로가 젊은 선수들을 잘 챙긴다. 또 외국인 선수가 늘었기 때문에 산드로에게 부주장 역할을 맡겼다"고 밝혔다. 또 왕성한 활동량을 바탕으로 전방 압박과 수비가담에도 적극적이다. 이정효 감독이 추구하는 '토탈 사커'에 최적화된 공격수로 평가받고 있다.

■K리그2 기록

2022시즌 기록					
4	1,357(19) MINUTES 출전시간(경기수)	7 GOALS 득점	4 ASSISTS 도움	0	3 WEEKLY BEST 11 주간베스트11

강점	강력한 신체조건, 연계 플레이	특징	왕성한 활동량, 전방 압박
약점	K리그1 경험 부족	별명	킹드로

안영규

1989년 12월 4일 | 34세 | 대한민국 | 185cm | 79kg

경력

수원삼성(12~13)
▷기라반츠 기타큐슈(13)
▷대전(14)
▷광주(15~18)
▷경찰(16~17)
▷성남(19~21)
▷광주(22~)

K리그 통산기록

231경기 5골 5도움

대표팀 경력

–

광주 유스 출신인 중앙 수비수 안영규는 '인간승리'의 롤모델이다. 2012년 K리그 드래프트를 통해 수원삼성에 1순위로 지명돼 프로에 데뷔했다. 그러나 1군에서 제대로 자리잡지 못해 주로 2군에서 활동했다. 이후 '저니맨'이었다. 2013년 J2리그 기라반츠 기타큐슈로 1년간 임대됐다. 2014년에는 대전 유니폼을 입었다. FC서울로 이적한 이웅희의 대체자였다. 2015년부터는 광주에 둥지를 틀었다. 안영규는 대전과의 홈 개막전에서 선제골을 터뜨리며 친정 팀에 제대로 비수를 꽂았다. 이후 군복무를 마친 뒤 2017시즌말 복귀했지만, 광주의 강등을 막지 못했다. 2019년 성남으로 이적한 안영규는 지난해 다시 광주로 돌아와 광주의 승격을 도왔다. 기량과 인성 면에서 '캡틴'의 자질을 갖추고 있다. 패스 능력이 뛰어나 빌드업을 중시하는 감독들에게 강한 신뢰를 얻었다. 제공권 장악도 곧잘 한다. 스피드가 느린 것이 단점이지만, 예측 수비로 상대 공격을 잘 차단한다. 무엇보다 2018시즌 광주의 주장을 맡아 헌신적인 플레이를 펼쳤던 안영규는 4년 만에 광주로 돌아온 뒤에도 주장 완장을 찼다. 2023시즌에도 어김없이 주장으로 팀을 이끌게 됐다.

■ K리그2 기록

2022시즌 기록					
6	3,201(36) MINUTES 출전시간(경기수)	1 GOALS 득점	1 ASSISTS 도움	0	8 WEEKLY BEST 11 주간베스트11

강점	대인마크, 제공권 장악	특징	광주의 남자, 인간승리
약점	몸 싸움, 스피드	별명	캡틴안

이순민

1994년 5월 22일 | 29세 | 대한민국 | 178cm | 73kg

경력

광주(17~18)
▷포천시민축구단(18~20)
▷광주(20~)

K리그 통산기록

62경기 3골 1도움

대표팀 경력

–

‘원클럽맨’ 이순민은 2017시즌부터 광주 유니폼을 입고 있다. 멀티 능력이 뛰어나다. 영남대 시절 측면 수비수였던 이순민은 프로에서 미드필더로 활약하고 있다. 광주 중원의 핵심 미드필더로 성장한 건 2021년부터다. 김호영 전 감독이 이순민을 후반기부터 주전 미드필더로 기용했다. 제대로 날개를 편 건 2022시즌이었다. 이정효 감독 체제에서 주전 수비형 미드필더로 맹활약했다. 그야말로 ‘진공청소기’였다. 왕성한 활동량을 바탕으로 넓은 커버 범위를 자랑한다. 특히 강력한 압박을 펼쳐 상대 플레이 메이커의 창조적 플레이를 저지한다. 흡사 2002년 한일월드컵 당시 김남일을 연상케 한다. 소위 다 쓸어버린다. 안정감은 K리그2에서 최고였다. 주간 베스트 11에 5회나 뽑혔고, K리그2 베스트 11 미드필더로 선정될 정도. 특히 후방 빌드업의 연결고리 역할을 했다. 처져있던 상대를 끌어올려 공간을 만든 뒤 측면으로 패스를 연계해 ‘이정효표 빌드업’의 중추가 됐다. 또 수비형 미드필더의 또 하나의 장점인 방향 전환 패스도 이순민의 발부터 시작됐다. 여기에 발목 힘이 좋아 기회가 나면 강한 중거리 슛으로 상대 골문을 위협한다. 2023시즌에는 부주장까지 맡아 더 강한 책임감도 부여됐다.

■K리그2 기록

2022시즌 기록					
8	2,609(32) MINUTES 출전시간(경기수)	2 GOALS 득점	0 ASSISTS 도움	0	5 WEEKLY BEST 11 주간베스트11

강점	중원 장악력, 안정적 볼배급	특징	진공청소기, 빌드업 중추
약점	전진패스 부족	별명	MC위로

박한빈

1997년 9월 21일 | 26세 | 대한민국 | 183cm | 80kg

경력

대구(16~20)
▷슬로반 리베레츠(20)
▷대구(20~21)
▷광주(22~)

K리그 통산기록

124경기 7골 7도움

대표팀 경력

–

박한빈은 2016년 신갈고를 졸업한 뒤 대구 유니폼을 입고 프로에 데뷔했다. 당시에는 즉시전력감보다 미래 자원으로 평가받았다. 멀티 능력도 갖췄다. 포백일 때는 수비형 미드필더, 스리백일 때는 변형 센터백으로 20세 이하 대표팀에도 이름을 올리기도 했다. 서서히 1군 출전수를 늘려가던 박한빈은 2018시즌 초반 주전 미드필더로 중용됐지만, 5월 중순부터 교체멤버로 전환됐다. 대구에서 제대로 잠재력을 터뜨리지 못한 박한빈은 2020시즌 체코 슬로반 리베레츠에서 임대돼 뛰었다. 그래서 별명이 '체코박'이다. 박한빈의 포텐이 터뜨린 건 지난 시즌이었다. 6년간 정든 대구를 떠나 광주로 둥지를 옮겼다. 그야말로 이정효 감독의 페르소나였다. 이순민과 함께 강력한 중원 장악력을 과시했다. 수비형 미드필더로서 출중한 볼 차단 능력을 뽐냈다. 무엇보다 고교 시절에는 리그 득점왕을 차지할 정도로 득점력도 갖추고 있다. 지난 시즌 공격포인트 9개(3골 6도움)를 기록했다. 공격수 못지 않은 포인트를 팀에 배달했다. 결국 K리그 대상 베스트 11 미드필더로 뽑히면서 광주의 다이렉트 승격에 큰 공헌을 인정받았다. 박한빈은 롤모델로 야야 투레와 기성용을 꼽은 바 있다.

■ K리그2 기록

2022시즌 기록						
7	3,104(38) MINUTES 출전시간(경기수)	3 GOALS 득점	6 ASSISTS 도움	0	7 WEEKLY BEST 11 주간베스트11

강점	공격수 못지 않은 공격력, 멀티 능력	특징	마당쇠 역할, 기복없는 플레이
약점	거친 플레이, 카드캡터	별명	체코박

김경민

1991년 11월 1일 | 32세 | 대한민국 | 190cm | 78kg
경력 | 제주(14~16)▷부산(17)▷제주(18~19)▷포천시민축구단(19~20)▷서울이랜드(21)▷광주(22~)
K리그 통산기록 | 76경기 7골 15도움
대표팀 경력 | –

김경민은 2014년 제주 유니폼을 입고 K리그에 데뷔했다. 제주와 부산에서 좀처럼 주전 골키퍼로 중용받지 못했다. 190cm의 탄탄한 체격조건을 갖췄고, 순발력과 예측력이 뛰어나 경기에 나설 때마다 '슈퍼 세이브'를 자주 연출했지만, 백업 골키퍼에 머물러야 했다. 축구인생의 꽃이 핀 건 2021년 서울이랜드 이적 이후다. 드디어 주전 수문장의 기회를 얻었다. 그해 34경기를 뛰었다. 정점을 찍은 건 2022시즌이었다. 김경민은 선방율 56.56%(유효슈팅 122개 중 69세이브)를 기록하며 팀 승격을 이끌어 K리그 대상 K리그2 베스트 11 골키퍼 부문 수상자로 등극했다.

2022시즌 기록					WEEKLY BEST 11 주간베스트11	강점	약점
2	0	3,295(34) MINUTES 출전시간(경기수)	69 SAVE 선방	28 LOSS 실점	-	순발력 상황 예측 능력	에이징 커브 거친 수비

■K리그2 기록

이민기

1993년 5월 19일 | 30세 | 대한민국 | 175cm | 61kg
경력 | 광주(16~17)▷상무(18~19)▷광주(20~)
K리그 통산기록 | 136경기 3골 6도움
대표팀 경력 | –

이민기는 '원클럽맨'이다. 2016년 자유계약으로 광주 유니폼을 입은 뒤 2017년 주전 레프트백으로 중용됐다. 2018년 군입대했고, 상무에서 돌아온 뒤 2021년부터 다시 주전으로 기용되고 있다. 공격력이 뛰어난 측면 수비수는 아니다. 그래도 2022시즌에는 귀중한 골을 만들어냈다. 9월 11일 전남 원정에서 1-1로 맞선 전반 40분 골을 터뜨리며 팀의 3 대 2 승리를 이끌었다. 양발 모두 사용이 가능하고, 축구지능과 발재간이 뛰어나다는 평가다. 가장 큰 장점은 왕성한 활동량이다. 활동 범위가 넓어 왼쪽 측면을 함께 담당하던 엄지성의 수비 부담을 줄여주고 있다.

2022시즌 기록					WEEKLY BEST 11 주간베스트11	강점	약점
4	0	1,613(26) MINUTES 출전시간(경기수)	1 GOALS 득점	1 ASSISTS 도움	2	뛰어난 축구지능 왕성한 활동량	공중볼 피지컬

■K리그2 기록

이으뜸

1989년 9월 2일 | 34세 | 대한민국 | 177cm | 73kg
경력 | FC안양(13~14)▷광주(15~16)▷경찰(17~18)▷광주(19~)
K리그 통산기록 | 214경기 8골 34도움
대표팀 경력 | –

공격수였던 이으뜸은 용인대 시절 이장관 감독의 추천으로 레프트백으로 전환해 정상급 좌측 윙백으로 성장했다. 그의 장점은 정확도 높은 왼발 킥이다. 장거리 프리킥은 물론 페널티 박스 근처에서 맞은 세트피스 상황에서도 골을 잘 터뜨리며 왼발 스페셜리스트로 불리고 있다. 2022시즌 2골 9도움이 이으뜸의 공격력을 대변하는 수치다. 플레이 성향은 왼쪽 측면보다 중앙으로 파고드는 스타일이다. 신장이 크진 않지만, 탄탄한 체격 덕분에 몸싸움에서 밀리지 않는 편이다. 다만 공중볼 경합에선 다소 어려움을 겪는 모습을 보이고, 온더볼 상황에서의 기술이 부족해 보인다. 그래도 근성 있는 수비로 안정감 있는 플레이를 펼친다.

2022시즌 기록					WEEKLY BEST 11 주간베스트11	강점	약점
3	0	2,099(30) MINUTES 출전시간(경기수)	2 GOALS 득점	9 ASSISTS 도움	5	정확도 높은 왼발 킥 강한 몸 싸움	공중볼 싸움 온더볼 기술

■K리그2 기록

두현석

1995년 12월 21일 | 28세 | 대한민국 | 169cm | 65kg
경력 | 광주(18~)
K리그 통산기록 | 104경기 11골 9도움
대표팀 경력 | –

연세대를 졸업한 두현석은 2018년 광주 유니폼을 입고 K리그에 데뷔했다. 169cm의 작은 신장과 체구임에도 빠른 스피드를 앞세운 플레이로 두씨 성과 스타일이 비슷한 세르히오 아게로의 이름을 합성해 '두게로'라는 별명을 보유했다. 직선형 윙어다. 측면에서 공을 잡으면 저돌적으로 돌파를 즐긴다. 과감한 크로스도 장점이다. 2022시즌 4골 2도움을 기록한 두현석은 오프더볼 움직임이 출중하다는 평가를 받는다. 압박을 당하는 상황에서 탈압박 능력이 떨어지기 때문에 상황을 미리 예측하고 자신있는 스피드로 공간을 활용할 수 있는 움직임으로 공을 잡는다. 무엇보다 포백과 스리백일 때도 윙어와 윙백으로 자연스럽게 전환하는 능력을 갖췄다.

2022시즌 기록						강점	약점
5	0	2,414(36) MINUTES 출전시간(경기수)	4 GOALS 득점	2 ASSISTS 도움	4 WEEKLY BEST 11 주간베스트11	빠른 스피드 오프더 볼 움직임	공중볼 경합 탈압박 능력

■K리그2 기록

허율

2001년 4월 12일 | 22세 | 대한민국 | 192cm | 82kg
경력 | 광주(21~)
K리그 통산기록 | 51경기 8골 5도움
대표팀 경력 | –

허율은 한국 축구가 주목해야 할 차세대 타깃형 스트라이커다. 192cm의 큰 키를 보유하고 있으면서도 빠르다. 100m를 12초대에 주파하는 스피드도 갖췄다. 여기에 발밑도 좋다는 평가다. 2021시즌 광주 유니폼을 입고 K리그에 데뷔한 허율의 성장은 현재진행형이다. 2022시즌 득점수가 3배(6골), 도움도 4배(4개)가 늘었다. 아직 기량이 무르익는 과정이라 선발 대신 후반 교체멤버로 활용되고 있다. 그럼에도 자신이 그라운드에서 뛰는 시간만큼은 공중볼 장악부터 페널티 박스 안에서의 적극적인 몸싸움을 마다하지 않는다. 페널티킥도 곧잘 얻어낸다. 다만 박스 안에서의 정교한 터치와 공격 연계 능력을 향상시켜야 하는 숙제를 안고 있다.

2022시즌 기록						강점	약점
4	0	1,384(33) MINUTES 출전시간(경기수)	6 GOALS 득점	4 ASSISTS 도움	4 WEEKLY BEST 11 주간베스트11	제공권 장악 성장형 스탯	퍼스트 터치 투박한 연계

■K리그2 기록

이상기

1996년 5월 7일 | 27세 | 대한민국 | 179cm | 78kg
경력 | 포항(17~19) ▶ 상무(20~21) ▶ 포항(21) ▶ 대구(21) ▶ 광주(22~)
K리그 통산기록 | 114경기 5골 5도움
대표팀 경력 | –

이상기는 포항 유스 시절 황희찬과 함께 포항제철고 공격을 이끄는 윙어였다. 2017년 포항 유니폼을 입고 프로에 데뷔한 그는 2018시즌 우측 윙백으로 기용됐다. 이후 윙어와 윙백의 멀티 능력을 보여주던 이상기는 2022년 광주로 이적해 이정효 감독이 추구하는 포백의 우측 풀백으로 중용됐다. 전술적 이해도가 남달리 높다는 평가다. 스피드가 빠른 두현석과 우측 라인을 책임졌다. 오프더볼 움직임이 좋은 이상기는 2023시즌 K리그1에서 수준 높은 윙어와 윙포워드를 상대하려면 수비 상황에서 판단 능력을 더 키워야 한다. 태클과 몸싸움도 더 적극적으로 임해야 한다.

2022시즌 기록						강점	약점
1	0	1,628(28) MINUTES 출전시간(경기수)	1 GOALS 득점	1 ASSISTS 도움	- WEEKLY BEST 11 주간베스트11	높은 전술 이해도 오프 더 볼 움직임	공격 상황 판단 능력

■K리그2 기록

정호연

2000년 9월 28일 | 23세 | 대한민국 | 179cm | 68kg
경력 | 광주(22~)
K리그 통산기록 | 36경기 1골 4도움
대표팀 경력 | –

정호연은 2022시즌 광주가 발굴해낸 최고의 신인 중 한 명이다. 이미 광주 유스 금호고 시절부터 리더십이 뛰어나 주장 완장을 찼고, 2018년 전국고교축구선수권에서 최우수상을 수상한 바 있다. 이후 단국대를 거쳐 2022시즌을 앞두고 콜업돼 프로 경력을 쌓기 시작했다. 시즌 전부터 주목해야 할 선수로 언급됐던 정호연은 중앙 미드필더로서 볼 소유력이 남달랐다. 또 투지 넘치는 플레이로 팀에 활력소 역할을 했다. 공수 연결고리 역할도 잘 수행하면서 신인임에도 주전으로 36경기를 뛰었다. 광주 승격의 일등공신 중 한 명이다. 프로 데뷔 골은 지난해 7월 11일 서울이랜드전에서 터뜨렸다.

2022시즌 기록						강점	약점
10	0	2,709(36) MINUTES 출전시간(경기수)	1 GOALS 득점	4 ASSISTS 도움	5 WEEKLY BEST 11 주간베스트11	볼 소유력 날카로운 킬패스	1부 리그 경험 부족

■ K리그2 기록

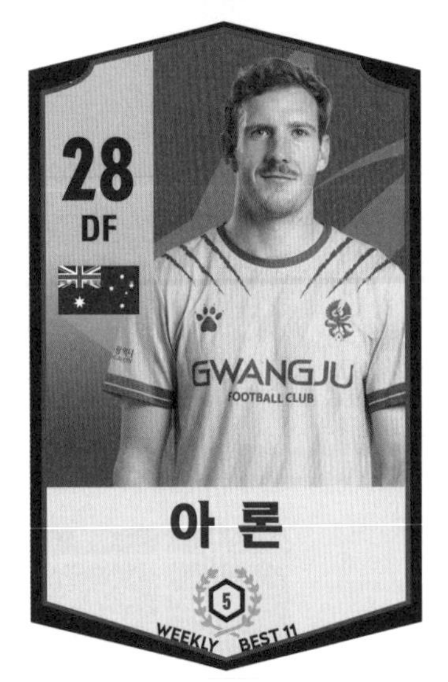

아론

Aaron Robert Calver

1996년 1월 12일 | 27세 | 호주 | 186cm | 76kg
경력 | 시드니(12~19) ▷ 웨스턴 유나이티드(19~21) ▷ 퍼스 글로리(21~22) ▷ 광주(22~)
K리그 통산기록 | 25경기 3골 1도움
대표팀 경력 | –

아론은 2022시즌 뎁스가 얇은 중앙 수비진을 보강하기 위해 아시아 쿼터로 영입된 선수다. 그는 이정효 감독이 좋아하는 조건을 다 갖춘 선수다. 첫째, 멀티 능력이다. 주 포지션은 센터백이지만, 좌우측 풀백과 윙백 소화도 가능하다. 특히 빌드업 능력이 탁월하다. 후방에서 빌드업이 안정적으로 공급되는 건 아론의 역할이 컸다. 미드필드 압박이 심할 때는 오버래핑으로 공격을 지원하기도. 또 수비 리딩과 공중볼 경합도 수준급이고 볼처리도 안정적으로 진행한다. 다만 K리그1 경험이 없다는 것이 아쉽다. 스피드가 빠른 편이 아니라 1부리그의 빠른 경기 템포에 적응력을 키워야 한다.

2022시즌 기록						강점	약점
3	0	1,541(25) MINUTES 출전시간(경기수)	3 GOALS 득점	1 ASSISTS 도움	5 WEEKLY BEST 11 주간베스트11	수비 전포지션 소화 빌드업 능력	느린 스피드 K리그1 경험無

■ K리그2 기록

하승운

1998년 5월 4일 | 33세 | 대한민국 | 188cm | 80kg
경력 | 포항(19) ▷ 전남(20) ▷ 안양(21) ▷ 광주(22~)
K리그 통산기록 | 82경기 4골 5도움
대표팀 경력 | –

광주 출신인 하승운은 12년 만에 고향으로 돌아와 날개를 폈다. 2019년 포항에서 프로에 데뷔해 전남(2020년), 안양(2021년)에서 임대생활을 마치고 2022년 광주로 둥지를 옮겼다. 출전시간은 길지 않았지만, 반주전으로 30경기를 뛰었다. 반대편 전환 능력이 좋은 하승운은 빠른 돌파와 과감한 돌파 능력도 호평을 받았다. K리그에선 2골 4도움으로 자신의 커리어 하이를 찍었나. FA컵 경기까지 더하면 33경기 4골-4도움. 다만 공수 연계 플레이 과정에서 잦은 패스미스를 줄여야 하는 숙제도 안고 있다. 2023시즌에도 완전한 주전 윙어로 뛰긴 힘든 상황. 교체출전에도 강한 임팩트가 필요하다.

2022시즌 기록						강점	약점
3	0	1,185(30) MINUTES 출전시간(경기수)	2 GOALS 득점	4 ASSISTS 도움	2 WEEKLY BEST 11 주간베스트11	빠른 드리블 반대편 전환	잦은 패스미스

■ K리그2 기록

김재봉

1996년 9월 6일 | 27세 | 대한민국 | 188cm | 78kg
경력 | 성남(18~19)▷제주(20~21)▷안산(21~22)▷광주(22~)
K리그 통산기록 | 49경기
대표팀 경력 | –

김재봉은 성남, 제주, 안산을 거쳐 2022년 광주에 안착해 꽃을 피웠다. 안영규, 아론과 함께 주전 센터백으로 활용되면서 팀 승격을 일군 '언성 히어로' 중 한 명이다. 기본적으로 수비를 잘한다. 188cm의 큰 신장을 보유해 제공권 장악력이 좋다. 발밑 기술도 떨어지는 편이 아니다. 스피드도 나쁘지 않기 때문에 빠른 선수들의 공간 침투를 잘 막아내는 스타일이다. 스리백의 중앙 수비를 맡을 수 있다는 점에서 이정효 감독에게 든든한 자원이다. 후방 빌드업 능력과 롱킥은 점점 발전하고 있고, 특히 페널티 박스 안에서의 수비력은 안정감이 넘친다.

2022시즌 기록						강점	약점
6	0	2,145(29) MINUTES 출전시간(경기수)	0 GOALS 득점	0 ASSISTS 도움	1 WEEKLY BEST 11 주간베스트11	제공권 장악 박스 안 수비안정	수비라인 조절 능력

■ K리그2 기록

신창무

1992년 9월 17일 | 31세 | 대한민국 | 170cm | 70kg
경력 | 대구(14~17)▷상무(18~19)▷대구(19~20)▷강원(21~22)
▷강원 B(22)▷광주(23~)
K리그 통산기록 | 163경기 7골 5도움
대표팀 경력 | –

신창무는 2023시즌 광주에 영입된 공격수다. 2014년 대구 유니폼을 입고 프로에 데뷔해 제대로 원없이 뛰어본 건 2016년이다. 이후 항상 백업 공격수의 역할로 벤치를 달구는 시간이 길어졌다. 지난 시즌에도 강원 1군에서 7경기밖에 소화하지 못하고, 대부분의 시간을 강원 B(2군)에서 보내야 했다. 다만 확실한 장점을 가지고 있다. 왼발 킥력이다. 아마추어 시절에는 세트피스 전담 키커로 활약하기도. 신장이 작지만 나름 세컨드 볼을 잘 따내면서 유기적인 움직임으로 킬패스를 자주 만들어낸다. 2023시즌 하승운, 주영재와의 경쟁을 통해 주전으로 거듭나야 한다.

2022시즌 기록						강점	약점
0	0	147(7) MINUTES 출전시간(경기수)	0 GOALS 득점	0 ASSISTS 도움	- WEEKLY BEST 11 주간베스트11	왼발 킥력 스피드 돌파	부정확한 크로스 경기 감각

티모

Timo Letschert

1993년 5월 25일 | 30세 | 네덜란드 | 188cm | 84kg
경력 | 흐로닝언(13~14)▷로다(14~15)▷위트레흐트(14~16)▷사수올로(16~19)
▷위트레흐트(18~19)▷함부르크(19~20)▷알크마르(20~22)▷륑비(22)▷광주(23~)
K리그 통산기록 | –
대표팀 경력 | –

티모 레츠셰흐트는 2023시즌 수비력 강화를 위해 영입한 네덜란드 출신 센터백이다. '하이 프로필'이 화제다. 2014년~2016년 활약한 위트레흐트에서 현 맨유 감독인 에릭 텐 하흐의 지도를 받았다. 188cm, 84kg의 체격조건을 갖춰 피지컬 싸움은 걱정없다. 역시 공중볼 장악에서 장점을 보인다. 무엇보다 일대일 대인방어 능력에서 호평을 받고 있다. 스리백을 사용하는 이정효 감독에게 큰 힘이 될 자원이다. 알크마르 시절에는 공격수로도 활약했는데 공격을 자제하는 대신 안정적인 수비력에다 정확한 킥력으로 빌드업의 중심이 돼야 한다. "광주가 K리그1에서 꾸준하게 버틸 수 있는 팀이 될 수 있도록 최선을 다하겠다"는 것이 티모의 포부다.

2022시즌 기록						강점	약점
2	0	357(5) MINUTES 출전시간(경기수)	0 GOALS 득점	0 ASSISTS 도움	- WEEKLY BEST 11 주간베스트11	공중볼 장악 대인방어	박스 안 위험한 태클

■ 덴마크 리그 기록

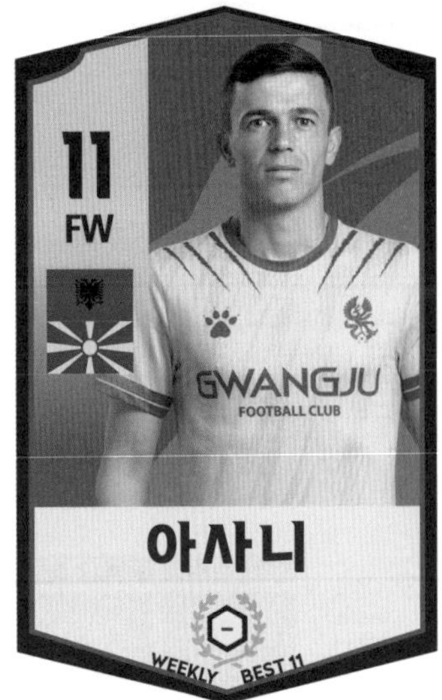

아사니

Jasir Asani

1995년 5월 19일 | 28세 | 알바니아 · 북마케도니아 | 175cm | 68kg
경력 | FK 바르다르(13~17)▷KF 슈쿠피(17)▷FK 포베다(17)
▷FK 파르티자니 티라나(17~21)▷AIK 포트볼(20)▷키스바르다(21~22)▷광주(23~)
K리그 통산기록 | –
대표팀 경력 | –

알바니아 출신 윙어 아사니는 2023시즌을 위해 장착한 공격 옵션이다. 왼발잡이인 아사니는 보유한 장점이 많다. 우선 왼발 킥력이 좋다. 전담 키커로 활용 가능하다. 여기에 공간 침투 능력도 탁월하다. 킬 패스만 잘 들어간다면 빠른 스피드를 통한 침투로 많은 득점도 기대해볼만 하다. 출중한 개인기로 탈압박 능력도 갖추고 있고, 무엇보다 상대가 밀집된 좁은 페널티 박스 안에서 동료와 2 대 1 패스를 통한 움직임이 수준급이다. 엄지성, 신인 정지훈과 함께 우측 측면에서 시너지 효과를 낼 수 있을 듯하다. 유일한 약점으로 꼽히는 제공권 부재는 아사니가 크게 스트레스 받지 않아도 될 능력이다.

2022시즌 기록						강점	약점
1	0	915(15) MINUTES 출전시간(경기수)	0 GOALS 득점	4 ASSISTS 도움	- WEEKLY BEST 11 주간베스트11	빠른 스피드 공간 침투	제공권 위협 부재

■ 헝가리 리그 기록

토마스

Thomás Jaguaribe Bedinelli

1993년 2월 4일 | 30세 | 브라질 · 이탈리아 | 180cm | 76kg
경력 | CR 플라멩구(11~16)▷CAN 시에나(13~14)▷AA 폰치 프레타(14~15)▷시애틀 사운더스(15)
▷조인빌리(16)▷산타크루스(17)▷스포르트 헤시피(17~18)▷론드리나(18) ▷아폴론 스미르니스(18~21)
▷아트로미토스(21~22)▷샤페코엔시(22)▷광주(23~)
K리그 통산기록 | –
대표팀 경력 | –

브라질과 이탈리아 이중국적자인 토마스는 2023시즌을 위해 영입한 공격수다. 180cm, 76kg의 탄탄한 신체조건을 지닌 토마스는 동료를 활용한 연계 플레이와 공간 침투, 침착한 마무리가 장점인 스트라이커다. 또 왕성한 활동량을 바탕으로 전방 압박에 능하며 좌우 측면과 공격형 미드필더까지 소화할 수 있다. 2011년 브라질 플라멩구에서 프로 생활을 시작한 토마스는 데뷔 시즌 팀의 주 리그 우승에 기여하며 주목을 받았다. 이후 이탈리아 시에나, 미국 시애틀 사운더스 등 해외 리그를 경험한 뒤 브라질과 그리스 1부 리그 등에서 뛰었다. 토마스는 "광주는 열정과 조직력이 강점이라고 느꼈다. 나와 잘 맞는다"고 팀 합류 소감을 전했다.

2022시즌 기록						강점	약점
1	0	890(15) MINUTES 출전시간(경기수)	2 GOALS 득점	2 ASSISTS 도움	- WEEKLY BEST 11 주간베스트11	공간 침투 침착한 마무리	아시아 축구 적응

■ 브라질 리그 기록

최준혁

1994년 9월 5일 | 29세 | 대한민국 | 187cm | 88kg
경력 | 강원(18)▷광주(18~20)▷상무(21~22)▷광주(22~)
K리그 통산기록 | 64경기 1골 4도움
대표팀 경력 | –

최준혁은 대학 시절 안정적인 경기조율 능력으로 스카우트들의 눈을 사로잡았다. 2018년 자유계약으로 강원 유니폼을 입고 프로에 데뷔하는 듯 보였지만, 전반기를 부상으로 한 경기도 뛰지 못했다. 2018년 후반기 광주로 임대돼 프로에 데뷔한 최준혁은 2019년 광주로 완전이적해 팀의 K리그2 우승과 K리그1 승격을 견인했다. 하지만 부상은 최준혁을 항상 괴롭혔다. 2021년 상무에 군입대한 뒤 지난해 8월 30일 부상으로 조기전역했다. 최준혁이 2022시즌 뛴 경기는 1경기, 고작 21분에 불과하다. 2023시즌에도 이순민, 박한빈을 뛰어넘어야 하는 힘든 주전경쟁이 최대 과제다.

2022시즌 기록						강점	약점
0	0	21(1) MINUTES 출전시간(경기수)	0 GOALS 득점	0 ASSISTS 도움	- WEEKLY BEST 11 주간베스트11	안정적인 경기조율 적극적 몸싸움	유리몸 경기 감각

전지적 작가 시점

김진회가 주목하는 광주의 원픽!

엄지성

'테크니션' 엄지성은 가파르게 성장하는 선수다. 2021시즌 K리그2에서 프로에 데뷔, 37경기 4골 1도움을 기록했다. 2022시즌에는 부상으로 출전수가 28경기밖에 되지 않았지만, 공격포인트(9골 1도움)는 훨씬 늘었다. 대부분의 축구 관계자들은 이제 궁금증을 풀 수 있게 됐다. 엄지성이 K리그1에서도 통할 기량인지 말이다. 분명 1부리그에서도 통할 인재다. 기술에다 스피드까지 갖췄다. 게다가 욕심까지 넘친다. 광주 출신 선배 엄원상(울산)에게 선전포고를 날리기도 했다. "배울 건 배우되 경기장 안에선 선후배 없이 지지 않으려고 노력할 것이다." 엄지성은 올 겨울 미국 메이저리그사커(MLS)에서 러브콜을 받았을 정도다. K리그보다 조건이 좋았지만, 광주가 원하던 이적료가 나오지 않아 이적이 무산됐다. 그래도 해외에서 이적 제안을 받을 정도로 지난 2년간 강렬한 임팩트를 남겼다. 올해에는 1부리거로 더 진한 향기를 남길 듯하다.

지금 광주에 이 선수가 있다면!

유강현

광주의 2022시즌 득점은 고르게 분포돼 있다. 그러나 K리그2 40경기에서 총 68골을 터뜨리며 팀 최다득점 부문에서 대전(70골)에 밀렸다. 승격의 꿈은 이뤘지만, K리그1에선 더 높은 골 결정력이 요구되기 마련. 그러기 위해선 섀도 스트라이커 자리에 골 잘 넣는 토종 공격수가 필요해보인다. 물론 이건희와 허율이 버티고 있지만, 둘은 '정통 9번' 스타일. 때문에 지난 시즌 충남아산 소속으로 19골을 터뜨리며 K리그2 득점왕에 오른 유강현을 영입했어야 했다. 유강현은 지난 시즌 페널티 박스 안에서 무서운 집중력을 발휘할 줄 아는 스트라이커라는 것을 제대로 보여줬다. 외인이 없는 팀에서 스스로 외인이 돼야 했던 열악한 상황을 극복하고, 승부를 결정짓는 골을 넣을 줄 아는 그야말로 '골잡이'였다. 유강현은 대전 유니폼을 입었지만, 광주에 왔으면 더 많은 득점 기회를 잡을 수 있었을 것이다. 최전방에서 산드로의 포스트 플레이로 시선이 분산되고, 측면에서 엄지성과 아사니 하승운의 크로스에 '킬러 본능'을 발휘할 수 있었을 듯하다.

마사
안톤
티아고
레안드로
공민현
전병관
신상은
노건우
이선유
유강현
주세종
이진현
김영욱
이현식
김인균
서영재
김민덕
민준영
임덕근
조유민
이종현
배서준
오재석
이창근
정산

대전하나시티즌

'8년 만의 승격' 대전, 영입 아닌 성적으로 지축 흔든다!

대전 하나 시티즌

대전 축구의 역사는 2019년, 이전과 이후로 나뉜다. 이전까지는 암울한 역사였다. 1997년 대전 지역 기업 컨소시엄 형태로 창단된 대전시티즌은 2006년 시민구단으로 전환됐다. 배고픈 시민구단의 대명사였다. 한때 뜨거운 축구열기와 기대 이상의 성적표로 '축구 특별시'라는 영광스러운 호칭을 얻은 적도 있지만, 웃을 때 보다는 울 때가 더 많았다. 특히 정치적 외풍이 심해 안팎에서 흔들릴 때가 많았다. 2019년, 뜻하지 않은 변화가 찾아왔다. 매각 작업에 나선 대전시티즌을 하나금융그룹이 인수한 것이다. K리그 역사상 세 번째로 등장한 금융기업 구단, 대전하나시티즌은 단숨에 '공룡'으로 탈바꿈했다. K리그1 못지않은 과감한 투자로 무장한 대전하나는 승격을 목표로 스타급 선수들을 불러 모았지만 뜻을 이루지 못했다. 오히려 감독들의 무덤으로 전락했다. 마침내 지난 시즌 그 한을 풀었다. 2021년 강원에 대역전패를 당하며 다 잡았던 승격을 놓친 대전은 2022년 플레이오프에서 김천 상무를 완파하며 오매불망 그리던 K리그1 입성에 성공했다. 승격팀이지만, 승격팀 같지 않은 클래스를 가진 대전하나의 등장에 기존 K리그1 팀들이 긴장하고 있다.

구단 소개

정식 명칭	대전 하나 시티즌 축구단
구단 창립	1997년 3월 12일
모기업	하나금융그룹
상징하는 색	퍼플
경기장(수용인원)	대전월드컵경기장 (40,903명)
마스코트	대전이, 자주, 사랑이
레전드	김은중, 이관우, 최은성, 공오균, 김영근, 강정훈
서포터즈	대전러버스
온라인 독립 커뮤니티	대전러버스

우승

K리그	1회(2014) *2부리그 기록
FA컵	1회(2001)
AFC챔피언스리그(ACL)	–

최근 5시즌 성적

시즌	K리그	FA컵	ACL
2022시즌	2위(2부)	2라운드	–
2021시즌	2위(2부)	3라운드	–
2020시즌	4위(2부)	16강	–
2019시즌	9위(2부)	3라운드	–
2018시즌	4위(2부)	3라운드	–

마침내 K리그1에 입성한

'후지산을 무너뜨린 남자'

이민성

1973년 6월 23일 | 50세 | 대한민국

K리그 전적
82전 42승 19무 21패

이민성 감독에게 '승격'은 도전이자 과제였다. 기업구단으로 재탄생한 대전을 무조건 승격으로 이끌어야 한다는 현실은 부담, 그 이상이었다. 준비된 지도자였던 이 감독에게도 쉽지 않은 일이었다. 현역 시절 그 유명한 '도쿄대첩' 승리를 이뤄낸 명수비수 출신이었던 이 감독은 풍부한 코치 경험을 자랑한다. 2010년 지도자로 변신해 10년을 꼬박 코치로 활동했다. 이장수, 김학범 등과 함께 하며, 제대로 지도자 수업을 받았다. 2021년 대전에 부임한 이 감독은 첫 해 충격적인 역전패로 승격 문턱에서 좌절했다. 1년 뒤 절치부심한 이 감독은 데자뷔 같았던 또 한 번의 승강 PO에서 트라우마를 극복했다. 2년차에도 승격하지 못하면 옷을 벗겠다는 배수진이 통했다. K리그1에서의 도전, 오히려 마음은 편하다. 그는 축구 특별시의 부활을 꿈꾸고 있다.

선수 경력

대우	상무	포항	서울	용인시청

지도자 경력

용인시청 플레잉코치	용인시청 코치	광저우 헝다 코치	강원 코치	전남 코치	울산 코치	창춘 야타이 코치	U-23 대표팀 코치	대전 감독(21~)

주요 경력

1998년 프랑스 월드컵	2002년 한-일 월드컵 대표

선호 포메이션	3-4-3	3가지 특징	풍부한 코치 경험	강도 높은 체력훈련	의외의 유연함

STAFF

수석코치	코치	GK코치	피지컬코치	B팀 감독	B팀 코치	B팀 GK코치	의무 담당관	장비담당관	통역
정광석	배효성	졸레	박근영	김경량	진경선	이선형	김진욱 권순민 조상제	김동률	김승현 김민혁

2022 REVIEW

다이나믹 포인트로 보는 대전의 2022시즌 활약도

시작은 좋지 않았다. 코로나 여파로 동계훈련 막판을 날린 여파가 컸다. 10위까지 내려간 대전은 이내 연승에 성공하며, 본연의 위치로 돌아왔다. 광주의 놀라운 질주로, 원했던 다이렉트 승격은 얻지 못했지만, 그래도 흔들림 없이 자신의 페이스를 이어갔다. 특히 K리그 역대 홈 경기 최다 무패 기록을 세울 정도로 홈에서 강했다. 주세종의 가세, 스리백의 안정화로 후반기 경기력이 눈에 띄게 좋아졌는데, 이는 결국 승강 플레이오프에서 빛을 발했다. 김천 상무를 상대로 1, 2차전 합계 6 대 1 대승을 거두며 그토록 원했던 K리그1 입성에 성공했다.

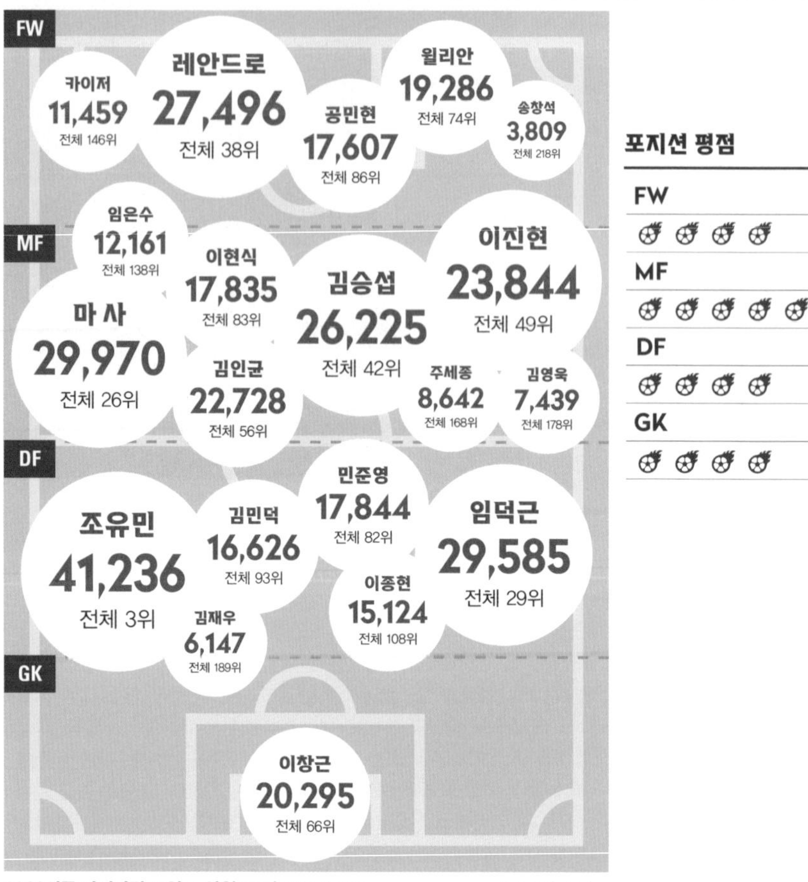

2022시즌 다이나믹 포인트 상위 20명 (K리그2 기록) ■ 포인트 점수

포지션 평점

FW
MF
DF
GK

출전시간 TOP 3

1위	김민덕	2,937분
2위	레안드로	2,508분
3위	임덕근	2,385분

■골키퍼 제외

득점 TOP 3

1위	마사	10골
2위	레안드로	9골
3위	윌리안	8골

도움 TOP 3

1위	이진현, 레안드로	5도움
2위	이현식, 마사, 임덕근	4도움
3위	주세종, 공민현, 김승섭	3도움

주목할 기록

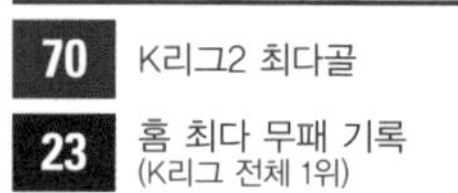

70	K리그2 최다골
23	홈 최다 무패 기록 (K리그 전체 1위)

성적 그래프

■K리그2 기록

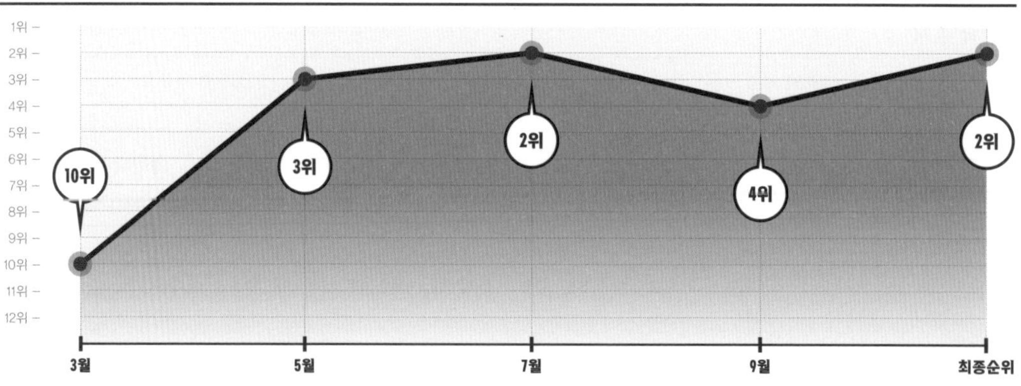

2023 시즌 스쿼드 운용 & 이적 시장 인앤아웃

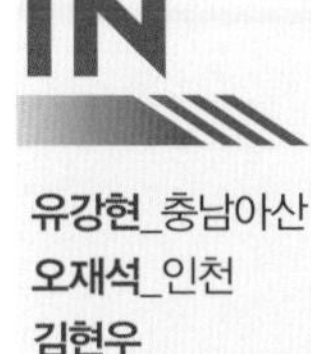

유강현_충남아산
오재석_인천
김현우_디나모자그레브
주세종_감바오사카
임유석_부산교통공사
티아고_경남
안톤_비슬라플록
최재현_소집해제
유선우 안태윤
김경환 김도윤
배상필 이동원
정강민 정원식
정진우_신인

OUT

김병엽_전남
이인규_대전코레일
김승섭_제주
권한진_인천
원기종_경남
양지훈_청주
김선호_부천
윌리안_서울
박준서_츠에겐가나자와
송창석_김포
김재우_입대
강세혁 김찬우
박태건_계약만료
김태양_계약해지

ⓒ 주장 ■ U-22 자원

기대만큼의 영입은 아니었다. 당초 모기업의 단단한 지원으로 '지축을 흔들 것'으로 평가받았던 대전은 예상과 달리 잠잠한 겨울을 보냈다. 당초 눈독을 들인 자원들이 타 구단들의 견제 속에 잘 영입이 되지 않았던 것도 있지만, 내심 기존 자원들에 대한 믿음이 두터웠던 게 더 컸다. 이민성 감독은 이전부터 "우리 선수들은 K리그1에서 더 잘할 수 있는 능력을 가졌다"고 강조했다. 주세종의 완전 이적, 오재석의 트레이드로 풍부한 경험을 가진 구심점을 확보했고, 'K리그2에서 성공한 공격수는 K리그1에서도 통한다'는 명제에 따라 유강현, 티아고를 데려와 약점인 최전방을 보강했다. 스쿼드만큼은 K리그1 중위권 이상이라는 평가. 결국 K리그1에서 첫 시즌을 보내는 이민성 감독의 지도력에 따라 성적표가 결정될 전망이다. 특히 타 포지션에 비해 다소 약한 수비진을 어떻게 만드느냐가 중요해 보인다.

주장의 각오

주세종

"첫 번째 목표는 잔류다. 우리는 12위에서 시작하는 팀이다. 한 단계씩 올라선 다음에 그 다음을 생각해보겠다. 분위기를 보면 재밌게 할 수 있을 것 같다."

2023 예상 베스트 11

이적시장 평가

포인트는 K리그2 득점 1, 2위 유강현, 티아고의 동반 영입이다. 탄탄한 미드필드에 비해 최전방이 아쉬웠던 대전은 K리그2에서 검증된 선수들로 승부수를 띄웠다. 지난 시즌 찰떡 궁합을 보였던 주세종과 이진현 콤비는 각각 완전 영입과 재계약으로 다시 한 번 호흡을 맞추게 됐다. 대전은 경험이 풍부한 오재석을 데려와, 측면에 경험을 더했다. 외국인 선수들은 알짜라는 평가다.

저자 6인 순위 예측

• 김 성 원 •

12위_2부와 다른 1부의 벽, 기대와 달리 크게 느껴지지 않는 '쩐의 위력'. 한 시즌 만의 추락 우려는 괜한 걱정일까.

• 이 원 만 •

12위_승강 플레이오프를 통해 드디어 K리그1에 입성했다. 축하한다. 하지만 여기서 끝이 아니다. 이제는 버텨야 한다.

• 김 진 회 •

11위_힘겹게 1부 리그로 올라왔지만, 외부영입이 잘 이뤄지지 않음. 또 다시 강등 우려.

• 윤 진 만 •

12위_조유민 앞세운 파이팅은 어느 팀에도 뒤지지 않을 것 같지만, 파이팅만으로 1부에서 성적을 낼 수 있을까.

• 박 찬 준 •

9위_전력이 좋긴한데, 확실한 에이스가 없다. 티아고-유강현이 터져야 산다.

• 김 가 을 •

12위_K리그1↔K리그2 무대의 '갭' 차이. 겨울 이적 시장 잠잠한 행보만 봐서는 올 시즌 최약체.

조유민

1996년 11월 17일 | 27세 | 대한민국 | 182cm | 79kg

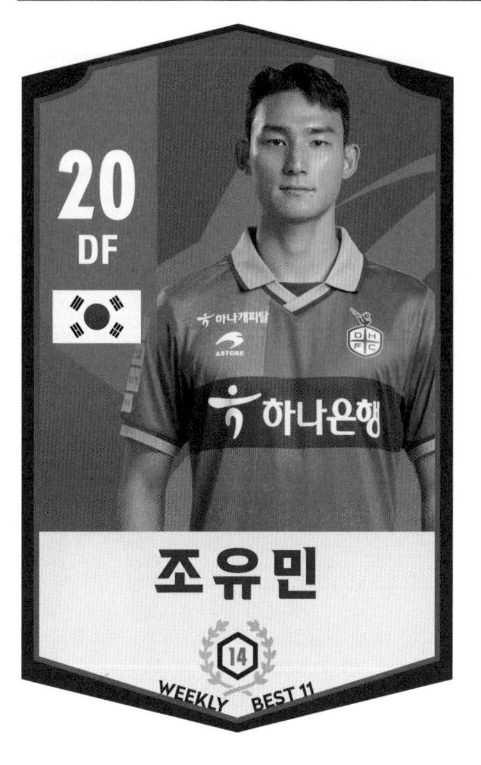

경력

수원FC(18~21)
▷대전(22~)

K리그 통산기록

147경기 15골 1도움

대표팀 경력

5경기
2022 월드컵

뭘 해도 되는 2022년이었다. 학창시절 팬이었던 걸그룹 티아라의 소연과 혼인신고를 했고, 11월에는 생애 처음으로 월드컵에 나섰다. 혹시 모를 가능성에 결혼식까지 미뤘는데, 최종 엔트리 승선에 성공했다. 거기서 끝이 아니었다. 포르투갈과의 조별리그 최종전에서 그라운드를 밟았고, 팀은 16강까지 올랐다. 무엇보다 K리그1 승격에 성공했다. 2018년 수원FC를 통해 K리그에 입성한 조유민은 2022년 대전의 러브콜을 받고, 처음으로 둥지를 옮겼다. 대전은 조유민의 수비력, 그리고 무엇보다 리더십을 믿었다. 입성하자마자 캡틴이 된 조유민은 승격 트라우마를 앓던 대전을 하나로 묶었다. 기량도 만개했다. 33경기에 나서 무려 14번이나 라운드 베스트11에 선정됐다. K리그1, 2를 통틀어 가장 많은 횟수였다. 조유민은 김천과의 승강 플레이오프에서도 득점포를 쏘아올리는 등 맹활약을 펼치며 팀을 1부리그에 올려놓았다. 사실 조유민은 공격수였다. 중앙대 시절까지 최전방에 섰던 조유민은 프로 입성 후 수비수로 변신했다. 대성공이었다. 단점 많은 공격수였던 조유민은 장점 많은 수비수가 됐다. 스피드, 높이, 빌드업 등을 두루 갖췄다는 평가다. 2021년 첫 K리그1 경험은 아쉽게 마무리됐지만, 이번은 다를 것이다. 조유민은 2023년도 자신의 한 해로 만들겠다는 각오다.

■ K리그2 기록

2022시즌 기록						14 WEEKLY BEST 11 주간베스트11
4	3,101(33) MINUTES 출전시간(경기수)	6 GOALS 득점	0 ASSISTS 도움	0		

강점	세트피스 한방, 정교한 빌드업, 수준급 스피드	특징	결혼까지 성공한 티아라 성덕, 초·중·고·대·프로까지 모두 캡틴
약점	아쉬운 위치선정, 부족한 운영능력	별명	조캡틴, 소연의 남자

주세종

1990년 10월 30일 | 33세 | 대한민국 | 174cm | 67kg

경력

부산(12~15)
▷서울(16~17)
▷경찰(18~19)
▷서울(20)
▷감바 오사카(21~22)
▷대전(22~)

K리그 통산기록

208경기 14골 28도움

대표팀 경력

29경기 1골
2018 월드컵
2019 아시안컵

리그 중반, 대전은 5경기 연속 무승의 수렁에 빠졌다. 반등이 필요했다. 승격 트라우마가 꿈틀대려던 그때, 대전이 승부수를 꺼냈다. 주세종 영입이었다. 대전은 감바 오사카에서 뛰던 '국대 미드필더' 주세종을 임대로 데려왔다. 선 굵은 축구를 원하던 이 감독은 빠른 전환 패스가 필요했다. 여기에 풍부한 경험을 통해 선수단 중심을 잡아주려는 의도까지 있었다. 주세종 카드는 멋지게 통했다. 주세종 입성 후 대전은 한결 정교한 빌드업을 하게됐고, 이는 안정적인 결과로 이어졌다. 주세종은 김천과의 승강 플레이오프 1차전에서 역전골을 성공시키며, 승격 일등공신이 됐다. 대전이 겨울이적시장에서 주세종의 완전이적 영입을 가장 먼저 시도한 것은 당연한 일이었다. 주세종은 리그 정상급 미드필더다. 2012년 부산에서 데뷔해 서울, 아산 등을 거치며 맹활약을 펼쳤다. 공격형, 수비형 가리지 않는 주세종은 정교한 킥과 넓은 시야를 바탕으로 K리그 최고의 중원 사령관으로 불렸다. 이러한 활약을 인정받아 러시아월드컵에도 나섰다. 카잔의 기적으로 불리는 독일전, 손흥민의 쐐기골을 만든 것은 주세종의 롱킥이었다. 첫 해외 진출이었던 일본에서 기대만큼의 활약을 펼치지 못하던 주세종은 대전 임대로 터닝포인트를 만들었다. 다시 돌아온 1부, 대전도, 주세종도 거는 기대가 크다.

■K리그2 기록

2022시즌 기록						
2	1,258(17) MINUTES 출전시간(경기수)	0 GOALS 득점	3 ASSISTS 도움	0	2 WEEKLY BEST 11 주간베스트11

강점	빠른 판단력, 정교한 롱패스	특징	카잔의 기적, 손흥민 골을 도운 주인공
약점	아쉬운 수비 포지셔닝, 부족한 스피드	별명	세종대왕, 킹세종

이진현

1997년 8월 26일 | 26세 | 대한민국 | 170cm | 69kg

경력

포항(17~19)
▷아우스트리아 빈(17~18)
▷대구(20)
▷대전(21~)

K리그 통산기록

109경기 14골 11도움

대표팀 경력

4경기
2017 U-20 월드컵

재능은 일찍부터 인정받았다. 포철동초 시절부터 알아주는 유망주였던 이진현은 포철중, 포철고, 성균관대를 거쳤다. 가는 팀마다 에이스였다. 프로데뷔도 유럽에서 했다. 오스트리아 아우스트리아 빈에서 뛰었다. 데뷔전 데뷔골로 강한 인상을 남겼지만, 이후 주전 경쟁에서 밀리고 말았다. 포항으로 돌아왔다. U-20 월드컵, 아시안게임, A대표팀까지 차례로 경험했지만, 기대만큼의 활약을 보이지 못했다. 2020년 대구로 이적한 뒤에도 마찬가지였다. 결국 2부에 있던 대전에 새 둥지를 틀었다. 아시안게임에서 함께 했던 이민성 감독의 강력한 요청이 있었다. 등번호 10번을 받을 정도로 기대를 모았지만, 터질 듯 터지지 않았다. 마침내 지난 시즌 폭발했다. 주세종이 파트너로 함께 하자, 특유의 창의성과 탈압박 능력이 빛났다. 김천과의 승강 플레이오프에서는 멀티골을 폭발시켰다. FA가 된 이진현은 유럽에 대한 미련으로 폴란드 명문 레기야 바르샤바의 전지훈련에도 참가했지만, 마음 속에는 대전이 있었다. 대전도 좋은 조건으로 이진현을 붙잡았다. 이진현은 올해도 대전의 중원을 지킨다. 무대는 K리그1. 또래들이 대표팀에서, K리그1에서 승승장구하던 모습을 지켜봐야 했던만큼, 각오는 남다르다. 지난 시즌 후반기 모습이라면, 다시 이진현 시대가 올 수도 있다.

■ K리그2 기록

2022시즌 기록						
3	1,979(27) MINUTES 출전시간(경기수)	4 GOALS 득점	5 ASSISTS 도움	0		4 WEEKLY BEST 11 주간베스트11

강점	정교한 왼발킥, 상대를 무너뜨리는 탈압박	특징	상탈 세리머니, 헤어스타일
약점	전술과 파트너 따라 요동치는 경기력	별명	성대모사, 고블린

티아고 Tiago Pereira da Silva

1993년 10월 28일 | 30세 | 브라질 | 188cm | 75kg

경력

아라리피나(12)
▷포르투 지카루아루(12~14)
▷소코렝시(14~15)
▷코루리피(15~16)
▷자퀴펜시(16)
▷콘피안사(16)
▷캄피넨시 클루비(17)
▷카디시아SC(17~18)
▷마링가(19)
▷아메리카 지 나타우(20)
▷포르탈레자(20~21)
▷알 자발라인(21~22)
▷경남(22)
▷대전(23~)

K리그 통산기록

37경기 19골 3도움

대표팀 경력

–

돌고 돌아 한국과 인연을 맺었다. 2017년, 경남은 티아고를 영입하기 위해 브라질 현지로 넘어갔다. 그런데 티아고보다 더 눈에 들어온 선수가 있었다. 바로 말컹이었다. 말컹은 말그대로 대박을 쳤다. 데뷔시즌 K리그2 득점왕, MVP를 차지하며 팀을 승격시킨 데 이어, 2018년 K리그1 득점왕, MVP를 거머쥐며 경남의 준우승을 이끌었다. 2019년 말컹은 거액의 이적료를 남기고 중국으로 떠났다. 이후 외인 잔혹사에 시달리던 경남은 쿠웨이트, 사우디 아라비아 등을 거친 티아고의 손을 잡았다. 또다른 대박이었다. 2022년 K리그 무대에 발을 들인 티아고는 입단 첫 해 18골을 폭발시켰다. K리그2 최고의 외국인선수라는 평가를 받았다. 190cm의 큰 키를 활용한 헤더는 그야말로 압도적이며, 볼키핑과 연계능력까지 좋다. 상대의 집중 견제가 이어진 후반기 다소 주춤했지만, 그래도 꾸준히 제 몫을 해냈다. 승격 후 검증된 공격수를 찾던 대전은 티아고를 데려왔다. 바이아웃을 지를 정도로 적극적이었다. 말컹을 비롯해, 아드리아노, 조나탄, 펠리페 등 K리그2 특급 외인은 K리그1에서도 통했다. 대전이 티아고를 데려온 이유다. 티아고가 기대만큼 터져준다면, 대전의 성적표는 생각보다 더 위에 있을 가능성이 높다. 성실함은 이미 팀 내에서 호평을 받고 있다.

■K리그2 기록

2022시즌 기록					
7	2,930(37) MINUTES 출전시간(경기수)	19 GOALS 득점	3 ASSISTS 도움	0	9 WEEKLY BEST 11 주간베스트11

강점	리그 최정상급 헤더, 의외로 양발잡이	특징	말컹과 묘한 공통점, 망원경 세리머니
약점	브라질 선수 답지 않은 투박함	별명	제2의 말컹

유강현

1996년 4월 27일 | 27세 | 대한민국 | 186cm | 75kg

경력

포항(15~16)
▷대구(16)
▷슬로바츠코(17~18)
▷춘천시민(18~19)
▷슬로반 리베레츠(19~21)
▷바니크 소콜로프(20)
▷흐루딤(20~21)
▷경남(21)
▷충남아산(22)
▷대전(23~)

K리그 통산기록

45경기 19골 2도움

대표팀 경력

–

유강현은 K리그2 최고의 신데렐라였다. 괜찮은 유망주 공격수였던 유강현은 2015년 포항 스틸러스를 통해 K리그 무대에 입성했지만, 자리를 잡지 못했다. 이후 대구FC로 이적했지만, 역시 기회를 얻지 못했다. 해외로 시선을 돌렸다. 체코 무대를 누볐다. FC슬로바츠코, FC슬로반 리베레츠 등에서 뛰었다. 2021년 경남FC를 통해 국내 무대로 돌아온 유강현은 2022시즌 마침내 자신의 잠재력을 폭발시켰다. 입단 테스트를 통해 충남아산 유니폼을 입은 유강현은 최고의 활약을 펼쳤다. 5라운드 김포FC전에서 연속골로 데뷔골을 폭발시킨 유강현은 이후 놀라운 득점력을 과시했다. 총 19골을 넣으며 K리그2 득점왕 자리에 올랐다. 2018년 나상호(서울) 이후 4년 만의 토종 득점왕이었다. K리그2 베스트11에도 선정됐다. 영민한 오프더볼 움직임과 탁월한 골결정력이 드디어 빛을 발했다. 군입대를 원했지만 아쉽게 상무에서 탈락한 유강현은 새 도전을 모색했고, 승격한 대전이 손을 내밀었다. 군입대를 앞둔 선수에게 적지 않은 돈을 썼다. 허리진에 비해 최전방이 아쉬웠던 대전은 기량이 만개한 유강현이 K리그1에서도 득점포를 쏘아올릴 것이라고 봤다. 유강현에게 K리그1은 새로운 도전이다. 언제나 도전을 즐기는 그답게 이번에도 당당히 파고를 넘겠다는 생각이다.

■ K리그2 기록

2022시즌 기록					
3	3,021(40) MINUTES 출전시간(경기수)	19 GOALS 득점	2 ASSISTS 도움	0	8 WEEKLY BEST 11 주간베스트11

강점	영리한 오프더볼 움직임, 탁월한 골결정력	특징	드문 체코파, K리그2 득점왕
약점	체격에 비해 아쉬운 몸싸움	별명	유반도프스키, 문어

이창근

1993년 8월 30일 | 30세 | 대한민국 | 186cm | 75kg
경력 | ▷부산(12~16)▷수원FC(16)▷제주(17~21)▷상무(20~21)▷대전(22~)
K리그 통산기록 | 192경기 255실점
대표팀 경력 | 1경기

대전의 확실한 넘버1. 민첩성이 좋아 반사신경에 관한 한 K리그 골키퍼 중 최고로 꼽힌다. 부산 유스 출신으로 연령별 대표팀을 두루 경험했던 이창근은 2016년 수원FC에서 맹활약을 펼치며 확실한 눈도장을 찍었다. 제주로 이적한 뒤 다소 부침있는 모습을 보였던 이창근은 2022년 3 대 2 트레이드로 대전 유니폼을 입었다. 대전에서는 한층 안정된 모습으로 팀 승격을 이끌었다. 킥과 빌드업이 뛰어난 반면, 침착성이 다소 부족하다는 평가였지만, 갈수록 좋아지는 모습을 보이고 있다. 참고로 동생 이창훈도 K리거로, 충남아산에서 활약하고 있다.

2022시즌 기록						강점	약점
2	0	2,905(30) MINUTES 출전시간(경기수)	80 SAVE 선방	32 LOSS 실점	4 WEEKLY BEST 11 주간베스트11	탁월한 반사신경	떨어지는 침착성

■K리그2 기록

서영재

1995년 5월 23일 | 28세 | 대한민국 | 182cm | 71kg
경력 | 함부르크2(15~18)▷뒤스부르크(18~19)▷홀슈타인킬(19~20)▷대전(20~)
K리그 통산기록 | 67경기 1골 5도움
대표팀 경력 | –

귀하디 귀한 왼발잡이 왼쪽 풀백이다. 한양대 시절 능력을 알아본 함부르크가 그를 영입했다. 1군 진입에 실패한 후 뒤스부르크, 홀슈타인 킬에서 뛰었다. 킬에서 마침내 자리를 잡는 듯 했지만, 한국에 돌아오고 싶었던 서영재는 대전의 손을 잡았다. 독일파로 많은 주목을 받았지만, 성장세가 기대에 미치지는 못했다. 지난 시즌에도 부상 등이 겹치며 부침 있는 모습을 보였지만, 컨디션이 좋은 날은 어김없이 상대 오른쪽을 유린했다. 올 겨울, 마지막 기회였던 상무 입단 실패로 미래가 불투명해졌지만, K리그1에서 자신의 능력을 입증하겠다는 각오다.

2022시즌 기록						강점	약점
1	0	997(14) MINUTES 출전시간(경기수)	0 GOALS 득점	1 ASSISTS 도움	- WEEKLY BEST 11 주간베스트11	리그 최고 수준의 스피드	집중력에 따라 요동치는 경기력

■K리그2 기록

3
DF
김민덕
WEEKLY BEST 11

김민덕

1996년 7월 8일 | 27세 | 대한민국 | 183cm | 78kg
경력 | 울산(19~20)▷대전(21~)
K리그 통산기록 | 70경기 1골
대표팀 경력 | –

전도유망한 센터백. 울산 유스 출신으로 2019년 울산에서 K리그 데뷔전을 치렀다. 울산의 두터운 선수층에 막혀 좀처럼 기회를 얻지 못했지만, 2020년 아시아챔피언스리그에서 맹활약을 펼쳤다. 당시 울산은 우승을 차지했다. 새롭게 수비수를 찾던 이민성 감독이 김민덕에 콜을 보냈고, 2021년 대전 유니폼을 입었다. 대전에 온 김민덕은 확실한 주전으로 자리매김했다. 부주장으로, 스리백과 포백을 오가며 맹활약을 펼쳤다. 공격수 출신 답게 스피드가 빠른데다, 점프력과 대인방어 능력도 빼어나다. 올 시즌에도 대전 수비 한축을 맡는다.

2022시즌 기록						강점	약점
3	0	2,937(33) MINUTES 출전시간(경기수)	0 GOALS 득점	0 ASSISTS 도움	- WEEKLY BEST 11 주간베스트11	공격수 출신 다운 스피드와 킥	아쉬운 경기 운영 능력

■K리그2 기록

임덕근

2000년 2월 25일 | 23세 | 대한민국 | 183cm | 77kg
경력 | 제주(19~20)▷대전(21~)
K리그 통산기록 | 50경기 2골 5도움
대표팀 경력 | –

임덕근은 고교 최고의 수비수로 불렸다. 센스가 뛰어나 프로에서도 통할 것이라 했다. 2019년 제주에 입단한 임덕근은 2020년 남기일 감독의 U-22 카드로 주목을 받았다. 하지만 프로의 벽은 높았다. 잦은 실수로 기회를 잃었다. 2021년 연령별 대표팀부터 재능을 눈여겨 본 이민성 감독이 임덕근을 품었다. 하지만 기대에 미치지 못했다. 2022년 새 옷을 입었다. 수비형 미드필더였다. 수비수로 아쉬웠던 부분이 수비형 미드필더에서는 도드라졌다. 데뷔 후 가장 많은 34경기를 소화했고, 2골 4도움으로 영플레이어상 후보도 선정됐다.

2022시즌 기록						강점	약점
5	1	2,385(34) MINUTES 출전시간(경기수)	2 GOALS 득점	4 ASSISTS 도움	5 WEEKLY BEST 11 주간베스트11	뛰어난 축구센스	경험과 집중력 부족

■ K리그2 기록

변준수

2001년 11월 30일 | 22세 | 대한민국 | 190cm | 82kg
경력 | 대전(20~)
K리그 통산기록 | 20경기 1도움
대표팀 경력 | –

대형 센터백 재목이다. 경희고와 한양대에서 수준 높은 플레이를 펼쳤다. 190cm 82kg로 신체 조건이 좋은데다, 경기를 읽는 눈까지 뛰어나다는 평가였다. 대전이 빠르게 변준수를 낚아챘다. 데뷔 첫 해인 2020년 아쉽게 데뷔전을 치르지 못했지만, 2021년부터 조금씩 기지개를 켰다. 이민성 감독은 B팀에서 맹활약을 펼치던 변준수를 주목했고, 2022년에는 준주전급으로 떠올랐다. 2001년생 센터백으로 19경기나 소화했다. 올림픽 대표팀에서도 핵심 자원으로 평가받고 있다. 올 시즌도 22세 이하 카드로 적지 않은 기회를 받을 전망이다.

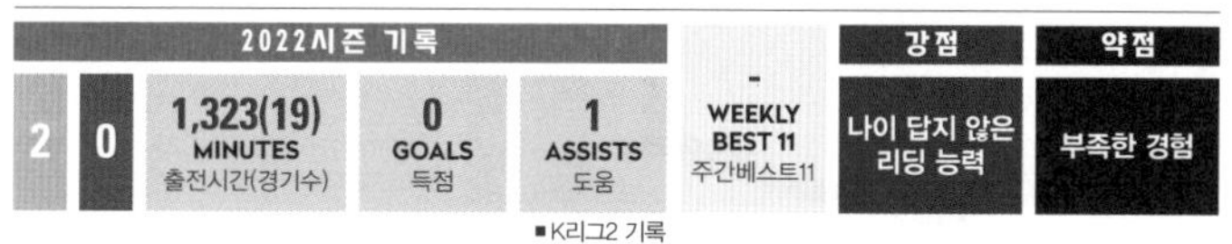

2022시즌 기록						강점	약점
2	0	1,323(19) MINUTES 출전시간(경기수)	0 GOALS 득점	1 ASSISTS 도움	- WEEKLY BEST 11 주간베스트11	나이 답지 않은 리딩 능력	부족한 경험

■ K리그2 기록

오재석

1990년 1월 4일 | 33세 | 대한민국 | 178cm | 74kg
경력 | 수원(10~11)▷강원(11~12)▷감바 오사카(13~20)▷도쿄(19)▷나고야 그램퍼스(20)▷인천(21~22)▷대전(23~)
K리그 통산기록 | 91경기 3골 7도움
대표팀 경력 | 4경기, 2012 올림픽

엘리트 코스를 두루 거친 베테랑 풀백이다. 수원과 강원에서 뛰던 오재석은 일본에서 전성기를 보냈다. 감바 오사카에서는 7년이나 뛰며 팀 역사상 최장수 외국인 선수가 됐다. 도쿄 임대 후 나고야 이적 후에도 핵심 풀백으로 활약하던 오재석은 인천의 열혈 구애를 받고 K리그로 복귀했다. 하지만 팀의 스리백에 적응하지 못하며, 부진을 거듭했다. 지난 시즌에는 장기 부상에 시달리며 3경기 출전에 그쳤다. 하지만 2년 전부터 오재석의 리더십을 높이 평가한 대전은 권한진과의 트레이드로 영입에 성공했다. 이제 적지 않은 나이, 남은 커리어를 위해서도 올 시즌이 중요하다.

2022시즌 기록						강점	약점
0	0	257(3) MINUTES 출전시간(경기수)	0 GOALS 득점	1 ASSISTS 도움	- WEEKLY BEST 11 주간베스트11	악착 같은 플레이	부상 후 떨어진 기동력

안톤

Anton Viktoroviç Krivotsyuk

1998년 8월 20일 | 25세 | 아제르바이잔 | 186cm | 76kg
경력 | 네프트치(17~21 ▷ 비스와 프워츠크(21~22) ▷ 대전(23~)
K리그 통산기록 | –
대표팀 경력 | 27경기

지난 시즌 이민성 감독 전술의 키는 김재우였다. 스리백 왼쪽에 자리한 김재우가 오버래핑하며 공격을 풀어나갔다. 수비에서도 빠른 스피드로 뒷공간을 커버했다. 그런 김재우가 군에 입대했다. 이 감독은 겨우내 이 역할을 해줄 선수를 찾았고, 그게 바로 안톤이었다. 안톤은 폴란드에서 센터백과 왼쪽 풀백을 모두 소화하던 선수였다. 스피드도 준수하다는 평가다. 김재우가 하던 역할을 그대로 물려받을 수 있다. K리그에 흔치 않은 아제르바이잔 출신이지만, 대표팀 경력도 있고, 한국 무대에서 통할만한 부분이 많다는게 안톤을 본 이들의 공통의견이다.

2022시즌 기록						강점	약점
2	0	828(10) MINUTES 출전시간(경기수)	1 GOALS 득점	1 ASSISTS 도움	- WEEKLY BEST 11 주간베스트11	탁월한 공격 전개 득점력	K리그 적응 여부

■ 폴란드 리그 기록

마사

Ishida Masatoshi

1995년 5월 4일 | 28세 | 일본 | 180cm | 68kg
경력 | 교토상가(14~18) ▷ 안산(19) ▷ 수원FC(20) ▷ 강원(21) ▷ 대전(21~)
K리그 통산기록 | 111경기 38골 12도움
대표팀 경력 | –

"승격, 그거 인생 걸고 합시다"라고 말했던 한국어 인터뷰는 마사를 상징하는 문장이다. 일본 최고의 유망주 중 하나였던 마사는 기대와 달리, 프로에서 자리잡지 못했다. 터닝포인트는 2019년 안산 입단이었다. 안산에서 9골로 가능성을 보인 마사는 이후 수원FC에서 K리그2 정상급 공격수로 자리매김했다. 2021년 강원FC를 통해 K리그1 무대에 입성했지만 부상이 겹치며, 제 모습을 보이지 못했다. 2021년 여름 대전으로 임대된 마사는 곧바로 팀의 에이스가 되며, 승격에 일조했다. 다소 투박하지만, 골감각, 무엇보다 헌신적인 플레이는 마사의 트레이드마크다.

2022시즌 기록						강점	약점
1	0	2,024(33) MINUTES 출전시간(경기수)	10 GOALS 득점	4 ASSISTS 도움	5 WEEKLY BEST 11 주간베스트11	매 경기 압도적 활동량 1위	역습 축구에선 닌자모드

■ K리그2 기록

김영욱

1991년 4월 29일 | 32세 | 대한민국 | 177cm | 70kg
경력 | 전남(10~19) ▷ 제주(20~21) ▷ 대전(22~)
K리그 통산기록 | 299경기 22골 31도움
대표팀 경력 | –

고등학교 무대를 평정한 김영욱은 전남 최고의 유망주였다. 첫 해 다소 어려움을 겪었지만, 갈수록 팀내 비중이 높아졌다. 해외에서도 주목하는 선수가 됐다. 전남의 에이스였지만, 2018년 팀의 강등을 막지 못했다. 성장세도 정체되는 모습이었다. 2020년 당시 강등된 제주에서 도움왕에 올랐고, 팀을 승격시키며 살아나는 듯 했지만, 2022년 대전 이적 후 다시 부침을 겪고 있다. 중앙 미드필더와 오른쪽 윙백을 오가고 있지만, 잦은 부상에 발목이 잡히고 있다. 백업이라면 괜찮은 카드지만, 이름값을 생각하며 아쉬운 행보다.

2022시즌 기록						강점	약점
4	0	905(13) MINUTES 출전시간(경기수)	0 GOALS 득점	1 ASSISTS 도움	1 WEEKLY BEST 11 주간베스트11	정교한 크로스	애매한 활용도

■ K리그2 기록

이현식

1996년 3월 21일 | 27세 | 대한민국 | 175cm | 66kg
경력 | 강원(18~20)▶대전(21~)
K리그 통산기록 | 143경기 14골 15도움
대표팀 경력 | –

강원 병수볼의 핵심이었다. 영남대 시절 알아주는 미드필더였던 이현식은 입단 첫 해부터 강원의 주요 전력으로 맹위를 떨쳤다. 정교한 드리블과 패스는 물론, 엄청난 활동량까지 갖춘 이현식은 차세대 국가대표로 평가받았다. 실제 벤투호에 소집되기도 했다. 군입대를 두고 강원과 갈등을 빚던 중 5각 트레이드로 대전 유니폼을 입었다. 나름 준수한 활약을 펼쳤지만, 기대만큼은 아니었다. 2022시즌에는 이진현 주세종에 밀려 중앙에 설자리를 잃었다. 하지만 오른쪽 윙백으로 위치를 변경해 새로운 길을 열었고, 이제는 팀에 없어서는 안 될 선수가 됐다.

2022시즌 기록						강점	약점
9	0	2,045(31) MINUTES 출전시간(경기수)	1 GOALS 득점	4 ASSISTS 도움	2 WEEKLY BEST 11 주간베스트11	높은 FQ 바탕 지능적인 플레이	떨어지는 판단력

■K리그2 기록

김인균

1998년 7월 23일 | 25세 | 대한민국 | 173cm | 66kg
경력 | 충남아산(20~21)▶대전(22~)
K리그 통산기록 | 79경기 15골 5도움
대표팀 경력 | –

대전의 특급 조커. 청주대 시절 크게 이름을 날린 날개였던 김인균은 2020년 자유계약으로 충남아산 유니폼을 입었다. 데뷔 첫 해 단 한 개의 공격포인트도 올리지 못했던 그는 두 번째 해인 2021시즌 최고의 활약을 펼쳤다. 아산의 돌격 대장으로 활약하며, 35경기에서 8골 3도움을 올렸다. 이같은 활약을 인정받아 K리그2 영플레이어상을 수상했다. 젊은 재능을 향해 수원 등 K리그1 팀들의 구애가 이어졌지만, 거액을 베팅한 대전의 품에 안겼다. 후반 조커로 맹위를 떨친 김인균은 7골 3도움을 올렸다. 대부분 극장골이라 영양가도 만점이었다.

2022시즌 기록						강점	약점
6	0	1,720(33) MINUTES 출전시간(경기수)	6 GOALS 득점	2 ASSISTS 도움	3 WEEKLY BEST 11 주간베스트11	빠른 스피드를 활용한 뒷공간 침투	아쉬운 위치선정

■K리그2 기록

배준호

2003년 8월 21일 | 19세 | 대한민국 | 180cm | 70kg
경력 | 대전(22~)
K리그 통산기록 | 10경기 1골
대표팀 경력 | –

대전이 애지중지 키우는 슈퍼 유망주다. 대전은 평택 진위FC 시절 고교랭킹 1위로 국내외 구단의 러브콜을 받던 배준호 영입에 많은 공을 들였다. 허정무 이사장이 직접 나설 정도였다. 왼발, 오른발을 자유자재로 구사하는 데다, 특히 빼어난 돌파력과 탈압박 능력은 일찌감치 초고교급으로 인정받았다. 입단 첫 해, 프로의 벽에 막히는 듯 했지만 재능은 어디 가지 않았다. 후반기 K리그의 템포에 적응하며 실력을 보여줬고, 승강 플레이오프에서도 맹활약을 펼쳤다. U-20 대표팀의 에이스이자, 2년차가 된 배준호는 올 시즌 가장 주목해야 하는 신예다.

2022시즌 기록						강점	약점
0	0	295(8) MINUTES 출전시간(경기수)	1 GOALS 득점	0 ASSISTS 도움	- WEEKLY BEST 11 주간베스트11	화려한 온더볼 플레이	아쉬운 오프더볼 움직임

■K리그2 기록

공민현

1990년 1월 19일 | 33세 | 대한민국 | 182cm | 70kg
경력 | 부천(13~16)▷경찰(16~17)▷부천(17~18)▷성남(19)▷제주(20~21)▷대전(21~)
K리그 통산기록 | -
대표팀 경력 | -

활발한 움직임과 성실한 플레이로 감독들이 좋아하는 유형의 선수다. 2013년 부천에서 데뷔한 공민현은 데뷔 첫 해 7골을 넣으며 주목을 받았고, 꾸준한 활약으로 부천 팬들의 사랑을 받았다. 이후 당시 1부에서 뛰던 성남 유니폼을 입었지만, 포인트가 아쉬웠다. 2020년 남기일 감독을 따라 2부에 있던 제주로 이적한 공민현은 커리어 하이를 기록했다. 하지만 1부 승격 후 부진한 모습을 보였고, 2021년 승격에 목마른 대전으로 다시 이적했다. 대전에서 또 한 번 맹활약을 펼치며 승격을 이끈 공민현은 아쉬웠던 K리그1에서의 성공과 활약을 꿈꾸고 있다.

2022시즌 기록						강점	약점
2	0	1,441(32) MINUTES 출전시간(경기수)	5 GOALS 득점	3 ASSISTS 도움	1 WEEKLY BEST 11 주간베스트11	활발한 공간 침투	아쉬운 마무리

■ K리그2 기록

레안드로

Leandro Joaquim Ribeiro

1995년 1월 13일 | 28세 | 브라질 | 178cm | 65kg
경력 | 인테르나시오나우(14~16)▷아로카(15~16)▷글로리아(16)▷빌라노바(16)▷달라고리(17~20)▷마카비 네타냐(17~18)▷셰리프 티라스폴(19)▷서울이랜드(20~21)▷대전(22~)
K리그 통산기록 | 96경기 22골 17도움
대표팀 경력 | -

2020년 서울이랜드를 통해 K리그에 입성한 레안드로는 K리그2 최고의 외국인 공격수 중 한 명이었다. 폭발적인 스피드와 저돌적인 움직임, 날카로운 드리블을 앞세운 레안드로는 첫 해 27경기에서 10골 5도움을 기록했다. 그는 K리그1 팀들의 적극적인 구애를 뒤로하고 2022년 대전으로 이적했다. 이미 검증을 마친 레안드로는 강력한 대전의 공격진 속에서도 에이스 역할을 톡톡히 했다. 도움이 다소 줄었지만 9골을 기록했다. 대전은 올 겨울 대대적인 외인 교체를 단행했지만, 레안드로의 실력을 믿기에 2023년 함께 K리그1 도전에 나선다.

2022시즌 기록						강점	약점
2	0	2,508(33) MINUTES 출전시간(경기수)	9 GOALS 득점	5 ASSISTS 도움	5 WEEKLY BEST 11 주간베스트11	폭발적인 스피드 날카로운 드리블	부족한 마무리 솜씨

■ K리그2 기록

신상은

1999년 8월 20일 | 24세 | 대한민국 | 185cm | 72kg
경력 | 대전(21~)
K리그 통산기록 | 25경기 3골 2도움
대표팀 경력 | -

전북 유스 출신으로 성대 에이스 공격수였다. 2021년 신인으로 대전에 입성한 신상은은 저돌적인 돌파를 앞세워 곧바로 이민성 감독의 눈을 사로잡았다. 부천과의 개막전에서 데뷔전 데뷔골을 넣으며 화려하게 데뷔한 신상은은 꾸준한 기회를 받으며 만족스러운 데뷔 시즌을 보냈다. 2022년에는 주로 B팀에서 활약했지만, 필요한 순간마다 콜업돼 공격진에 힘을 불어넣었다. 승강 플레이오프에서는 도움도 기록했다. 대전도 신상은을 팀의 미래로 인정하며, 2022년 12월30일 재계약을 발표했다. 특히 잘생긴 외모로, 대전의 아이돌로 불리고 있다.

2022시즌 기록						강점	약점
0	0	236(7) MINUTES 출전시간(경기수)	1 GOALS 득점	1 ASSISTS 도움	- WEEKLY BEST 11 주간베스트11	저돌적인 돌파 크로스	아쉬운 템포 조절 능력

■ K리그2 기록

전지적 작가 시점

박찬준이 주목하는 대전의 원픽!

티아고

승격팀의 과제는 K리그1에서도 통할 골잡이 수혈이다. 여태껏 잔류에 성공한 승격팀의 중심에는 말컹, 펠리페, 라스 등 특급 스트라이커가 있었다. 결국 결과는 골에서 갈리기 때문이다. 이미 K리그1급 전력이라는 평가를 받은 대전이지만, 최전방은 고민이 컸다. 애초 노렸던 K리그1 출신의 특급 공격수들은 꿈쩍도 하지 않거나, 몸값이 너무 비쌌다. 그렇다고 해외로 눈을 돌리자니, K리그 적응에 대한 리스크가 있었다. 선택은 K리그2에서 검증된 공격수들이었다. 'K리그2에서 성공한 공격수는 K리그1에서도 통한다'는 이미 검증된 명제다. 숱한 성공 사례가 있다. 아드리아노, 조나탄, 말컹, 나상호, 펠리페, 안병준 등 토종, 외국인 할 것 없이 K리그2 득점왕을 차지한 공격수들은 K리그1에서도 특급 활약을 펼쳤다. 이 부분에 기대를 건 대전은 티아고로 승부수를 띄웠다. 'K리그2 득점왕' 유강현도 있지만, 아무래도 전방에서 버텨주는 힘을 생각하면 공격의 중심은 티아고가 될 공산이 크다. 티아고가 K리그2에서 보여준 득점력을 이어가야 잔류 이상의 성적을 노리는 대전도 힘을 받을 수 있다. 이렇다할 대체자가 없다는 점에서 티아고에 거는 기대는 더욱 클 수 밖에 없다.

지금 대전에 이 선수가 있다면!

홍정운

대전의 올 겨울이적시장의 포인트는 '경험'이었다. 오랜만에 K리그1으로 복귀한만큼, 풍부한 경험을 가진 선수들을 요소요소 배치하기로 했다. 그래서 주세종을 완전이적으로 데려왔고, 트레이드를 통해 오재석을 영입했다. 둘은 그라운드 안팎에서 좋은 영향력을 가져다 줄 수 있는 선수들이다. 하지만 가장 중요한 수비진에는 '리더'가 보이지 않는다. '월드컵 대표' 조유민은 좋은 선수지만, 커맨더형 수비수는 아니다. 오히려 발빠른 김재우가 군입대로 빠져나가면서 뎁스가 약해졌다. 외국인 선수를 통해 수비진을 보강했지만, 소통이나 적응 면에서 수비진을 이끌기에는 적합하지 않다. 그래서 떠오른 선수가 대구의 홍정운이다. 홍정운은 부상만 없다면 늘 제 몫을 하는 선수다. 특히 수비 리딩면에서는 리그 최고 수준이다. 홍정운과 함께 하는 정태욱은 최강의 수비수였다. 대전은 올 시즌 스리백을 쓸 가능성이 높다. 그 중심에서 줄곧 뛰어온 홍정운이 딱이다. 김민덕 변준수 등 젊은 선수들에게 좋은 리더가 될 수 있다.

2023 K리그 스카우팅리포트

초판 1쇄 펴낸 날 | 2023년 3월 10일
초판 2쇄 펴낸 날 | 2023년 6월 9일

지은이 | 김성원, 이원만, 김진회, 윤진만, 박찬준, 김가을
펴낸이 | 홍정우
펴낸곳 | 브레인스토어

책임편집 | 김다니엘
편집진행 | 차종문, 박혜림
디자인 | 이예슬
마케팅 | 방경희
자료제공 | 한국프로축구연맹

주소 | (04035) 서울특별시 마포구 양화로 7안길 31(서교동, 1층)
전화 | (02)3275-2915~7
팩스 | (02)3275-2918
이메일 | brainstore@chol.com
블로그 | https://blog.naver.com/brain_store
페이스북 | https://www.facebook.com/brainstorebooks
인스타그램 | https://instagram.com/brainstore_publishing

등록 | 2007년 11월 30일(제313-2007-000238호)

ISBN 979-11-6978-005-6 (03690)